T0129808

Daniel Händel, Andrea Kresimon und Jost Schneider

Schlüsselkompetenzen: Reden – Argumentieren – Überzeugen

Mit 12 Abbildungen und Graphiken

Verlag J. B. Metzler Stuttgart · Weimar

Die Autoren

Daniel Händel (geb. 1972) ist seit 2001 freier Dozent und Trainer vor allem im Bereich Text und Kommunikation; vorher wissenschaftlicher Mitarbeiter im Bereich Germanistische Linguistik an der Ruhr-Universität Bochum.

Andrea Kresimon (geb. 1969), 2003 Promotion, ist Wissenschaftliche Mitarbeiterin am Centrum für Rhetorik, Kommunikation und Theaterpraxis an der Universität Münster sowie freiberufliche Sprecherzieherin und Projektleiterin.

Jost Schneider (geb. 1962) ist Professor für Deutsche Philologie an der Ruhr-Universität Bochum und Leiter des Querenburg-Instituts im Technologiezentrum Ruhr.

Bibliografische Information der Deutschen Nationalbibliothek
Die Deutsche Nationalbibliothek verzeichnet diese Publikation in
der Deutschen Nationalbibliografie; detaillierte bibliografische
Daten sind im Internet über < http://dnb.d-nb.de > abrufbar.

ISBN: 978-3-476-02165-6
ISBN 978-3-476-05052-6 (eBook)
DOI 10.1007/978-3-476-05052-6

© 2007 Springer-Verlag GmbH Deutschland
Ursprünglich erschienen bei J. B. Metzler'sche Verlagsbuchhandlung
und Carl Ernst Poeschel Verlag GmbH in Stuttgart 2007

www.metzlerverlag.de
info@metzlerverlag.de

Inhaltsverzeichnis

Einleitung

Geschwätz, Gerede, Gewäsch, Geplapper, Phrasendrescherei, Wortklingelei, Gefasel, Geschwafel: Die deutsche Sprache ist reich an Begriffen, die einen viel beklagten Missstand beschreiben sollen, nämlich den **zu hohen Anteil des Überflüssigen, Verlogenen, Unerwünschten an der mündlichen Kommunikation.** Die inhaltsleeren Floskeln der Partykonversation, die trügerischen Slogans der Werbung, die gleißnerischen Parolen vieler Parteipolitiker, das oberflächliche Gequatsche der Talkshow-Gäste, die völlig banalen, aber demonstrativ mit dem neuesten Handymodell verschickten Zustands- und Lageberichte des Restaurantbesuchers am Nebentisch und viele vergleichbare Phänomene lassen sich zitieren, um diesen Missstand zu illustrieren.

Die Maßnahmen zur Beseitigung dieses Übels scheinen unterdessen in das Blickfeld und in die Zuständigkeit der Kommunikationsdesigner, der Reiseveranstalter und der Betreiber von Klosterpensionen und Wellness-Oasen geraten zu sein. Stille, Ruhe, Einkehr und Besinnung sind die Schlüsselbegriffe, mit denen eine florierende Meditationsindustrie die des Geredes Überdrüssigen in künstliche Enklaven lockt, in denen das ›Zu-sich-Finden‹ und das ›gute Gespräch‹ zur begehrtesten aller Waren werden. Dass die solcherart zum Verstummen Gebrachten mit diversen Merchandising-Produkten ausgestattet werden können, ist ein interessanter Nebeneffekt, der die **kommerzielle Verwertung des Trends zum großen Schweigen** zusätzlich erleichtert.

Zwischen den Extremen der haltlosen Plapperei und des erkünstelten Verstummens existiert es in einigen Nischen freilich immer noch: das treffende Wort, das uns durchfährt wie ein Blitz, das uns die Augen öffnet und das Momente der Wahrheit und der Wahrhaftigkeit entbindet. Solche Worte können folgenschwer sein und nachhaltige Wirkungen erzeugen, wie sie von keinem noch so ausgeklügelten Werbeslogan und von keinem noch so tiefgründigen Schweigen zu erzielen sind. Ihre Entstehung ist jedoch an viele Voraussetzungen geknüpft, die eine genauere Beschäftigung mit dem Thema erfordern. In der Dichtkunst und in der Religion ist die Frage nach dem rechten Wort seit Jahrhunderten immer wieder gestellt worden. Aber auch und gerade in der Rhetorik wurde dieses Problem erörtert. Denn diese ehrwürdige, auf eine mehr als zweitausendjährige Tradition zurückblickende Disziplin war und ist kein bloßes Instrument der Manipulation oder der Wortverdreherei, sondern schon seit der Antike eine philosophisch-ethisch fundierte Disziplin, die sich verzweifelt gegen ihre **missbräuchliche Verwendung durch Demagogen aller Art** aufzulehnen versucht.

Solche Demagogen hat es freilich immer wieder gegeben, und auch das ist ein Grund dafür, weshalb sich tunlichst jede und jeder mit den Grundlagen der Redetechnik, des Argumentierens und der Überzeugungskunst vertraut machen sollte. Denn auch wer selbst nicht ständig und von Berufs wegen sprechen, vortragen oder debattieren muss, wird doch als Mediennutzer wie auch als Nachbar, Freund, Kollege oder Vereinskamerad tagtäglich zur Zielscheibe der unterschiedlichsten Überzeugungs- und Überredungsversuche. Auch wenn mich nur ein netter Nachbar von den Vorzügen dieses oder jenes Kandidaten für den Vereinsvorstand überzeugen möchte, sollte ich zwischen seinen Absichten und seinen Äußerungen unterscheiden können. Ja selbst die eifrigsten Liebesschwüre müssen kompetent auf ihre Authentizität hin befragt werden, wenn nicht eine etwaige **Kluft zwischen Gesagtem und Gemeintem** für ein böses Erwachen sorgen soll. In privaten nicht minder als in öffentlichen Kontexten gehört die Produktion und Analyse von adressatengerecht gestalteten Texten und Äußerungen deshalb zu den zentralen Schlüsselkompetenzen, die man unbedingt besitzen muss, wenn man nicht ins Hintertreffen geraten oder gar zum Opfer gemeiner Überredungskünste werden soll.

Für die neuen, stark praxisorientierten B.A.-Studiengänge und allgemein für alle beruflich-akademischen Kontexte gilt dies in besonderem Maße. Denn nicht selten wird in unserer Wettbewerbsgesellschaft die Täuschung als eine Art Kavaliersdelikt angesehen oder sogar als Ausdruck besonderer Ausgefuchstheit und Raffinesse beklatscht. Das gilt nicht nur für den Verkäufer, der seinem Kunden die Vorzüge eines Produktes in den höchsten Tönen anpreist und seine Mängel in Nebenbemerkungen versteckt oder ganz verschweigt. Es gilt auch für den Lehr- und Lernbetrieb an Hochschulen und anderen Bildungseinrichtungen, die das Ideal der Bildungsautonomie unter den Bedingungen knapper Ressourcen immer mehr auf dem Altar des Effizienz- und Wettbewerbsdenkens opfern müssen.

Auch das ökonomische Prinzip des Täuschens und Übervorteilens begegnet uns hier, und zwar in der Erscheinungsform des Bluffs. In seiner drastischsten Variante, als Plagiat, ist der Bluff ein juristisch relevanter Tatbestand, der mit ernsten Konsequenzen einhergeht und deshalb zum Glück die Ausnahme darstellt. In seinen harmloseren Erscheinungsformen gehört er hingegen zum Hochschulalltag, ja es muss vielleicht sogar eingeräumt werden, dass man sich heute im Studium – wie auch im Berufsleben – kaum noch behaupten kann, wenn man Bluffs nicht durchschauen und seinerseits nicht auch ein wenig mitbluffen kann.

Das vorliegende Buch bewegt sich deshalb in einem Spannungsfeld zwischen dem Wunsch nach **Wahrhaftigkeit, Authentizität und Geltungshaftigkeit des Gesagten** auf der einen Seite und pragmatischen Überlegungen zur **Selbstbehauptung in einer immer mehr auf Effizienz und Wettbewerb ausgerichteten Berufs- und Hochschullandschaft** auf der anderen Seite. Wie jedes Instrument so kann auch die Rede-, Argumentations- und Überzeugungskunst missbraucht werden. Doch auch und gerade, um solchen Missbrauch zu erkennen und abzuwehren, benötigt man Kenntnisse und Erfahrungen im Umgang mit diesem Instrument. Dabei sind nicht nur die im engeren Sinne rhetorischen Techniken und Praktiken von Bedeutung, sondern auch Erkenntnisse aus vielen Nachbardisziplinen. Im Folgenden werden deshalb wichtige Ergebnisse der neueren Textwirkungsforschung, der Mediensoziologie und -psychologie, der Gesprächsanalyse, der Psycholinguistik und der Verhaltens- und Einstellungsforschung Berücksichtigung finden.

Die drei Autoren dieses Bandes – in dem übrigens aus pragmatischen Gründen durchgängig das generische Maskulinum benutzt wird – sind für eine u. a. auf die Vermittlung von Präsentationstechniken spezialisierte Fortbildungseinrichtung (www.querenburg-institut.de) tätig und verfügen außerdem über langjährige Erfahrung in der akademischen Lehre. Die vorliegende Einführung enthält deshalb sowohl eine Übersicht über die praxisrelevanten Inhalte der klassischen Rhetorik und Stilistik als auch eine Vielzahl von konkreten praktischen Tipps, die im beruflichen und akademischen Alltag von unmittelbarem Nutzen sind. Jost Schneider hat die Kapitel »Rede- und Gesprächsgattungen«, »Rhetorik«, »Stilistik« und »Überzeugen« verfasst. Andrea Kresimon zeichnet für die Abschnitte über »Argumentieren« sowie über »Paraverbale und nonverbale Kommunikation« verantwortlich. Und von Daniel Händel stammen die Kapitel »Kommunikationssituationen vorbereiten«, »Verständlichkeit«, »Mediale Unterstützung und Hilfsmittel« sowie »Praktische Hinweise für konkrete Kommunikationssituationen«.

1. Rede- und Gesprächsgattungen

Das Wichtigste in Kürze

Bei unterschiedlichen Rede- und Gesprächsanlässen müssen jeweils unterschiedliche Konventionen beachtet werden. Das Studium der diversen Rede- und Gesprächsgattungen eröffnet Einblicke in diese Konventionen und bewahrt uns davor, aus Unwissenheit oder vielleicht sogar ohne es zu bemerken in Fettnäpfchen zu treten.

In der Geschichte der Rhetorik und der Kommunikationstheorie gibt es eine Fülle an Versuchen, möglichst plausible und vollständige Typologien zu entwickeln, die einen Überblick über die verschiedenen Spielarten der mündlichen Kommunikation gewähren sollen. Eine der traditionsreichsten und wirkungsmächtigsten geht auf Karl Bühler zurück, der schon 1934 in seiner *Sprachtheorie* eine Unterscheidung zwischen **drei Hauptfunktionen der Sprache** einführte, nämlich

- Kundgabe (Symptom/Ausdruck)
- Appell (Signal/Aufforderung) und
- Darstellung (Symbol/Repräsentation).

Demgemäß lässt sich zwischen Rede- und Gesprächsgattungen differenzieren, die in erster Linie eine bestimmte Haltung oder Einstellung des Sprechenden zum Ausdruck bringen sollen (Versprechen, Liebeserklärung usw.), anderen, die hauptsächlich an die jeweiligen Rezipienten appellieren (Gerichtsplädoyer, Befehl usw.), und wieder anderen, die eine Tatsache oder einen Sachverhalt möglichst neutral zu beschreiben und zu benennen versuchen (Referat, Augenzeugenbericht, Wegbeschreibung usw.).

Hauptgattungen

Ein daran anknüpfendes, jedoch wesentlich differenzierteres Modell hat der Linguist Hennig Brinkmann 1962 in seinem Buch *Die deutsche Sprache* vorgestellt. Brinkmann unterscheidet zunächst grundsätzlich zwischen **linearen (monologischen) Gattungen** wie der Predigt oder der Vorlesung einerseits und **alternierenden (dialogischen/polylogischen)** Gattungen wie der Debatte oder dem Verhör andererseits. Diese beiden Hauptgruppen differenziert er dann nach situativ-inhaltlichen Gesichtspunkten weiter aus, so dass beispielsweise zwischen ›Kontaktgesprächen‹, die nur der Aufrechterhaltung bestehender Beziehungen dienen (Kurzkonversation im Aufzug usw.), ›zielgerichteten Gesprächen‹, die zu einem ganz bestimmten Ergebnis führen sollen (Verkaufsgespräch, Verhör usw.), und schließlich ›pluralistischen Gesprächen‹, die mehr oder minder ergebnisoffen geführt werden, unterschieden werden kann.

Weitere Kriterien, die in der modernen Textsortentypologie diskutiert wurden, sind etwa:

- die Kommunikationssituation (Anzahl und Art der beteiligten Sender, Medien und Empfänger)
- die Autoritäts- oder Machtverteilung zwischen Sendern und Empfängern
- der Kommunikationskontext (z. B. öffentliche vs. private Kontexte) oder auch
- die tatsächliche Wirkung der Äußerungen

Grundsätzlich kann heute festgestellt werden, dass immer **interne und externe Faktoren** zusammenwirken müssen, wenn es zum Gelingen eines den Gattungskonventionen gerecht werdenden Sprechaktes kommen soll. Wenn eine Taufe vorgenommen wird, muss das Kind mit Taufzeugen zum Taufbecken gebracht werden, doch außerdem muss der Geistliche auch bestimmte Formeln und Wendungen benutzen, damit die Taufe als vollzogen gelten kann. Und auch ein Referat, eine Wegbeschreibung, ein Verkaufsgespräch oder eine Vorlesung setzen einerseits ganz bestimmte äußere Rahmenbedingungen voraus, andererseits aber auch die Realisierung eines ganz bestimmten Sprech- und Ausdrucksstils, die Verwendung eines bestimmten Vokabulars, die ausdrückliche Äußerung bestimmter Formeln usw.

Nutzen des Studiums von Gattungskonventionen: Die Erstellung und das Studium derartiger **Gattungskonventionen** sind kein Selbstzweck. Vielmehr dienen sie der Bewusstmachung und damit der sichereren Beherrschung (oder der bewussten, nicht unwillkürlichen oder zufälligen Sprengung) von Rollenzwängen. Sehr subtile, manchmal fast unmerkliche Zeichen und Signale weisen uns im Alltag, im Beruf, in der Hochschule und allgemein in jeder Kommunikationssituation darauf hin, dass nun eine bestimmte Rede- oder Gesprächssituation beginnt und dass sich alle daran Beteiligten, sei es als Sprechende oder als Zuhörende, an die dafür geltenden Konventionen zu halten haben. Die Verletzung derartiger Konventionen wird registriert und, wenn sie ein bestimmtes Maß überschreitet, im Privatleben wie auch im Beruf oder in der Ausbildung sanktioniert.

Beginn und Ende der Situation werden dabei fast nie explizit benannt. Ein Referent beginnt seine Darlegungen nicht mit den Worten »Nun halte ich ein Referat«. Und der Schalterbeamte sagt nicht ausdrücklich »Jetzt gebe ich Ihnen eine Reiseauskunft« oder »Die Beratung ist nun beendet«. Vielmehr sind es oftmals ganz unscheinbare, nebenher geäußerte Begrüßungsformeln, nonverbale Signale (Gestik, Mimik, Augenkontakt usw.) oder sogar ein Schweigen, wodurch Anfang oder Ende einer solchen Situation markiert werden. Wie auf das blitzartige Aufleuchten einer Signallampe hin verändern die am Kommunikationsprozess Beteiligten sofort ihr Sprachverhalten. Der Dialektsprecher redet dann am Bahnschalter ggf. vielleicht Hochdeutsch, der Macho legt vielleicht bei der Liebeserklärung einen bestimmten ungewohnten Schmelz in seine

Stimme oder was der Anzeichen mehr sein mögen, die dem aufmerksamen Beobachter einen Wechsel der Rede- oder Gesprächsgattung anzeigen.

Bereits in der Antike waren diese Sachverhalte übrigens bekannt, denn schon bei Aristoteles, Cicero und vielen anderen berühmten Repräsentanten der griechischen und lateinischen Rhetorik finden sich detaillierte Hinweise auf die Situationsangemessenheit einer Rede, wie sie sich aus dem Anlass, der Thematik, der Persönlichkeit des Sprechenden, den Interessen, Kompetenzen und Neigungen der Adressaten und aus vielen weiteren Faktoren von Fall zu Fall ergibt. In der klassischen Rhetorik hat sich hierbei in Anlehnung an Platon eine nützliche Unterscheidung zwischen der ›Verbrauchsrede‹ und der ›Wiedergebrauchsrede‹ eingebürgert.

Zum Begriff	Bei der Verbrauchsrede handelt es sich um längere, zusammenhängende Äußerungen, die speziell für einen nicht wiederkehrenden Anlass formuliert werden und die dementsprechend ganz individuell der gegebenen Situation angepasst werden müssen. Im Falle der Wiedergebrauchsrede haben wir es dagegen mit solchen Reden zu tun, die in identischer oder nur leicht abgewandelter Form mehrfach oder sogar ganz regelmäßig gehalten werden.

Natürlich ist die Grenze zwischen diesen beiden Redeformen letzten Endes fließend, doch gerade im Hinblick auf die jeweils erforderlichen Arbeitstechniken ist es sinnvoll, diese Unterscheidung zunächst beizubehalten. So erfordert die Verbrauchsrede im Durchschnitt größeren Vorbereitungsaufwand und allgemein ein genaueres Studium der Rahmenbedingungen, unter denen die konkrete Rede zu halten ist, während es bei der Wiedergebrauchsrede typischerweise mehr auf die möglichst korrekte Einhaltung bestimmter Regeln und Konventionen ankommt und auch das Publikum oft mehr auf diese Regelbefolgung als auf die Berücksichtigung seiner jeweiligen speziellen Dispositionen erpicht ist.

Beispiel	Ein **Musterbeispiel für die Verbrauchsrede** wäre etwa das Referat einer/-s Studierenden, das in einem Seminar zu einem bestimmten Zeitpunkt gehalten wird und das nicht in ähnlicher Form wiederholt werden kann.
	Ein gutes Beispiel für eine im akademischen Kontext immer wieder auftretende Form der **Wiedergebrauchsrede** ist hingegen der im Rahmen einer semesterweise wiederholten Einführungs- oder Ringvorlesung gehaltene Vortrag eines Professors, in welchem der Aufbau des Studiums erläutert oder bestimmte Grundkenntnisse vermittelt werden sollen. Es liegt auf der Hand, dass ein solcher Vortrag im Interesse aller Zuhörer zunächst darauf abzielen muss, allen die gleiche Grundinformation zu geben und damit eine Gleichbehandlung sicherzustellen.

Es mag also im Laufe der Zeit kleinere Korrekturen und Überarbeitungen des Manuskriptes geben, doch der wesentliche Inhalt sollte nicht variiert werden.

Das als Beispiel genannte Referat steht demgegenüber in einem ganz bestimmten, sich nicht wiederholenden Argumentations- oder Themenzusammenhang, wie ihn der Seminarverlaufsplan jeweils vorgibt, und muss deshalb ganz auf diesen speziellen Kontext sowie auf die Seminarsituation, auf die Interessen und Kompetenzen der anderen Seminarteilnehmer usw. zugeschnitten werden.

Typologie nach Aristoteles: Eine schon in der Antike gebräuchliche Differenzierung der Redegattungen betrifft den **Funktionszusammenhang**, in dem eine Rede steht. Aristoteles – und in ganz ähnlicher Form auch Cicero – traf hierbei eine Unterscheidung in drei Hauptgattungen, wobei er sich offenkundig von praktischen Erfahrungen und Eindrücken leiten ließ, wie sie ein am öffentlichen Leben interessierter Bürger des griechischen (bzw. bei Cicero: des römischen) Gemeinwesens im Alltagsleben sammeln konnte.

Als erste dieser drei Hauptgattungen nennt Aristoteles die judiziale Rede, also die bei Gerichtsverhandlungen zu hörende Form des Sprechens, wobei sich naturgemäß noch weiter zwischen der Anklagerede des Staatsanwaltes oder des Opfers, der Verteidigungsrede des Angeklagten oder seines Verteidigers sowie der Urteilsverkündigung bzw. Entscheidungsbegründung des Richters unterscheiden lässt. Die judiziale Rede ist durch eine starke Ritualisierung der Redeabläufe, eine unter Umständen (z.B. drohendes Todesurteil) besondere Schwere der Konsequenzen und allgemein durch eine starke emotionale Beteiligung der einander gegenüberstehenden Parteien gekennzeichnet. Je gravierender die möglichen Konsequenzen für den Angeklagten sein können, desto höher ist in der Regel die innere Beteiligung der Prozessbeteiligten. Die starke Ritualisierung der Kommunikationsprozeduren vor Gericht dient deshalb nicht zuletzt der Eindämmung von starken Emotionen wie z.B. Hass oder Rachelust.

Bei der zweiten Hauptgattung handelt es sich um die deliberative Rede, d.h. die erwägende, zu- oder abratende Rede, wie sie insbesondere im politischen Raum in den verschiedensten Spielarten anzutreffen ist. Im direkten Kontakt mit den Wählern, bei der Verteidigung eigener politischer Positionen in Parlamenten oder vor den Medien sowie schließlich bei der Durchsetzung eigener Positionen in Parteien, Fraktionen, Ausschüssen und Arbeitskreisen bieten sich den Politikern zahlreiche Gelegenheiten, um mit Hilfe des gesprochenen Wortes eigene Positionen darzustellen und zu verteidigen. Obwohl in der Regel für die unmittelbar Betroffenen nicht so viel auf dem Spiel steht wie für Opfer oder Angeklagte in einem Gerichtsverfahren, sind auch die Kommunikationsabläufe im politischen Raum hochgradig konventionalisiert, so dass es auch hier eine Vielzahl von versteckten Fußangeln oder Fettnäpfchen gibt, de-

Hauptgattungen
nach Aristoteles

7

nen auszuweichen spezielle rhetorische Kenntnisse und Fertigkeiten erfordert.

Im Falle der dritten Hauptgattung sind diese Probleme im Durchschnitt weniger gewichtig, wenngleich es auch hier noch eine Fülle von Blamagemöglichkeiten gibt. Es handelt sich hierbei um den Typus der sogenannten epideiktischen Rede, d. h. der Festansprache, in der oftmals Lob und Anerkennung auszusprechen, bestimmte Gesinnungen oder Einstellungen zu bekräftigen bzw. Leistungen zu würdigen sind. Wer sich hierbei im Ton vergreift, hat zwar kaum juristische Nachteile oder direkten Einflussverlust zu befürchten, doch Ehre und Ansehen gebieten es auch hier, sich an bestimmte Konventionen und Stilideale zu halten. Abweichungen von diesen Idealen werden auf jeden Fall registriert und – wenn sie ein bestimmtes Maß überschreiten – sanktioniert – und sei es auch nur durch ironische oder spöttische Kommentare und Seitenhiebe.

Neben der judizialen, der deliberativen und der epideiktischen Rede, die – wie gesagt – schon den antiken Rhetorikern bestens vertraut waren, kann man heute sicherlich die pädagogisch-didaktische Rede als einen eigenen, vierten Redetypus beschreiben. In der modernen Wissensgesellschaft spielen Lehr-/Lernsituationen, in denen individuelle Wissens- und Erfahrungsrückstände auf systematische Weise ausgeglichen werden sollen, eine wichtige Rolle, was sich auch in der Herausbildung detaillierter Regeln für die Gestaltung entsprechender Kommunikationssituationen niederschlägt. Auch wenn es eine Fülle an unterschiedlichen Unterrichtsformen gibt und auch wenn in ein und derselben Unterrichtseinheit nicht selten mehrere dieser Unterrichtsformen miteinander kombiniert werden, gibt es doch für jede einzelne Form sehr präzise und ausdifferenzierte Kommunikationsregeln sowohl für die Lehrenden als auch für die Lernenden. Im neunten Kapitel des vorliegenden Buches werden deshalb konkrete Hinweise darauf gegeben, wie in den unterschiedlichen Kommunikationsformen, die in Lehr-/Lern-Situationen vorzufinden sind, jeweils zu agieren ist.

Kontrollierter Nonkonformismus: Es sei zum Abschluss noch einmal betont, dass diese Darstellung von redegattungsspezifischen Konventionen keineswegs einer unkritischen Unterwerfung unter diese Konventionen das Wort redet. Auch und gerade dann, wenn die Abweichung von der Regel kein bloßer Tritt ins Fettnäpfchen, sondern die gezielte Sprengung einer vielleicht fragwürdig gewordenen oder ideologisch instrumentalisierten Ordnung des Diskurses sein soll, ist eine genaue Kenntnis dieser Konventionen erforderlich.

Tipp

> → In seinem anregenden Standardwerk *Die Ordnung des Diskurses* (1971; dt. 1974) hat der französische Philosoph Michel Foucault in leicht verständlicher Form die erstaunliche Fülle an Regeln und Konventionen beschrieben, die unser aller Denken und Sprechen prägen, ohne dass wir uns dessen im Normalfall bewusst sind.

2. Rhetorik

In ihrer zweitausendjährigen Entwicklungsgeschichte hat die Rhetorik de-   Das Wichtigste
tailliert erforscht, wie die Wirkung unserer Äußerungen gezielt gesteigert   in Kürze
und verbessert werden kann. Wer diesen reichen Erfahrungsschatz aus-
nutzt, hat jederzeit klare Vorstellungen davon, wie bei der Ausarbeitung
von Vorträgen und bei der Vorbereitung auf Gespräche vorgegangen werden muss.

2.1 | Officia oratoris (Pflichten des Redners)

Wie soll nun aber konkret vorgegangen werden, wenn es darum geht,
eine Festansprache, ein Referat oder eine andere Form der öffentlichen
Rede effizient vorzubereiten und wirkungsvoll zu gestalten? Gibt es ein
Schema, nach welchem die dabei durchzuführenden Arbeitsschritte systematisch erfasst und erledigt werden können?

   Die Rhetorik beantwortet diese Frage mit einem klaren Ja und stützt
sich dabei auf eine mehr als zweitausendjährige Forschungstradition, in
der unter der Bezeichnung ›officia oratoris‹ (Pflichten/Aufgaben des Redners) genau **fünf Arbeitsschritte** unterschieden werden, die der Reihe
nach in Angriff zu nehmen und möglichst sorgfältig zu erledigen sind. Sie
tragen die Bezeichnungen:

- inventio   Fünf Arbeits-
- dispositio   schritte
- elocutio
- memoria
- pronuntiatio

Schon in der antiken und mittelalterlichen Rhetorik sind diese fünf Arbeitsschritte bis in das kleinste Detail untersucht und den konkreten Bedürfnissen der Redenden angepasst worden. Es wäre unsinnig, auf dieses
reiche Inventar an Methoden und Tricks nicht zurückzugreifen, auch
wenn dabei die eine oder andere Fachvokabel zu lernen ist, die zunächst
womöglich ungewohnt klingt.

2.1.1 | Inventio (Auffindung der Redeinhalte)

Bei der inventio handelt es sich um den ersten Schritt bei der Erstellung eines Referates oder einer Rede. Es geht dabei um die möglichst vollständige, aber zunächst noch ungeordnete Sammlung aller Aspekte und Argumente, die überhaupt zur Sprache gebracht werden sollen.

Dabei wird unterstellt, dass das zu behandelnde Thema (materia) bereits vorgegeben ist. Die inventio liefert also keine Antwort auf die Frage, welches Thema überhaupt behandelt werden sollte, sondern nur eine Methode zur **möglichst vollständigen Erfassung aller bei einem gegebenen Thema zu berücksichtigenden Gesichtspunkte**. Obwohl dies zunächst eine starke Einschränkung zu sein scheint, erweist es sich doch in der Praxis als unproblematisch. Denn abgesehen vom Künstler oder Schriftsteller sehen sich nur ganz wenige Redner im Alltag mit der Schwierigkeit konfrontiert, ein Thema erfinden zu müssen, über das sie sprechen sollen. In der Regel ist dieses Thema durch die Situation oder den Auftraggeber ganz oder weitgehend vorbestimmt, so dass es in der Praxis nur noch um das Wie und nicht mehr um das Was der Rede geht.

Beispiel

So sind etwa Referatthemen für Studierende im Normalfall durch das Seminarthema und den Seminarverlaufsplan vorgegeben oder jedenfalls stark eingegrenzt. Und auch der Festredner, der Staatsanwalt oder der Politiker brauchen in aller Regel nicht zu überlegen, worüber sie überhaupt sprechen sollen. Wichtig ist jedoch, dass sie nichts Wesentliches vergessen und möglichst alle Punkte berücksichtigen, welche die jeweilige Zuhörerschaft im gegebenen Kontext voraussichtlich erörtert sehen möchte.

Um keine Unterlassungssünden zu begehen, sollte man im Sinne einer professionellen inventio systematisch einen Fragenkatalog durchgehen, der sich an den **acht W-Fragen** orientieren kann:

Checkliste

→ Wer? – Welche Personen müssen erwähnt werden? Welche Namen (von Akteuren, Autoren, Zuhörern usw.) müssen oder sollten fallen?
→ Wo? – Welche Orte oder Räumlichkeiten waren und sind betroffen? Für welchen Umkreis gilt das Gesagte?
→ Wann? – Welche Daten und Termine sind zu erwähnen? Für welche Epochen oder Zeitabschnitte gilt das Gesagte?

> → Was? – Welche Tatsachen und Sachverhalte sind für das Thema relevant? Welche Phänomene und Kontexte müssen berücksichtigt werden?
> → Wofür? – Welche inhaltlichen Positionen sollen unterstützt und verteidigt werden? Wie grenzen sie sich von benachbarten Positionen ab?
> → Wogegen? – Wie sieht die inhaltliche Gegenposition aus? Welche Gegenargumente werden typischerweise vorgebracht?
> → Wozu? – Welche Ziele sollen erreicht werden? Welche konkreten Schritte sind als nächstes zu unternehmen?
> → Warum? – Wie kann das vorgeschlagene Handeln gerechtfertigt werden? Welche Argumente sprechen für die eigene Position?

Es mag einzelne Redeanlässe geben, bei denen die Orientierung an diesem Schema keinen nennenswerten Ertrag verspricht (z. B. Büttenrede). In der Mehrzahl der Fälle wird man jedoch überrascht sein, welche Fülle an Aspekten und Ideen man zusammen bekommt, wenn man einmal systematisch diesen Fragenkatalog durchgeht und die Antworten notiert. Fast immer wird man am Ende dieser Prozedur einen wohlgefüllten Stichwortzettel besitzen, der zwar noch ungeordnet ist, der aber genug Stoff bietet, um die zur Verfügung stehende Redezeit zu füllen. Jedenfalls ist eine solche systematische inventio in vielen Fällen ertragreicher und auch **sicherer als das beliebte Brainstorming**, bei dem spontane Ideen und Assoziationen gesammelt werden.

> → Wer darauf nicht verzichten will, kann zuerst ein solches Brainstorming durchführen und anschließend eine sorgfältige inventio durchführen, um Lücken und Versäumnisse auszuschließen. Wer immer wieder dieselben Redeaufgaben zu meistern hat, kann den Katalog der W-Fragen auch weiter nach Themen oder Situationen ausdifferenzieren und immer genauer auf seinen individuellen Bedarf zuschneiden.

Tipp

Die inventio ersetzt nicht die Recherche: Zu erwähnen bleibt noch, dass es sich bei der inventio nicht um eine Recherchetechnik, sondern nur um eine Methode zur Rekapitulation bereits vorhandener Kenntnisse und Erinnerungen handelt. Erst wenn – etwa zur Vorbereitung auf ein Referat – fleißig und systematisch bibliographiert und exzerpiert wurde, kann bei einer inventio stichwortartig z. B. eine Liste mit Forscher- und Autorennamen zusammengetragen werden, die sich in Büchern oder Artikeln mit der zu behandelnden Thematik auseinandergesetzt haben und die deshalb im Vortrag Erwähnung finden sollten. Wenn man bei der inventio feststellt, dass man nicht genügend Material zusammenbekommt oder dass man mit den einzelnen Namen oder Stichwörtern inhaltlich noch nicht genug verbindet, um darüber etwas Substanzielles zu sagen, muss natürlich nachrecherchiert werden. Über geeignete Techniken zur rationellen Ermittlung, Beschaffung und Auswertung von themenrelevanten Texten und Materialien informiert der in dieser Reihe geplante Band mit dem Titel »Wissenschaftliches Arbeiten«.

2.1.2 | Dispositio (Gliederung der Rede)

Als Ergebnis einer planvoll und gründlich durchgeführten inventio halten wir zunächst nur einen Zettel in der Hand, auf dem stichwortartig notiert wurde, was überhaupt zur Sprache kommen soll oder muss. Der zweite Schritt, also die zweite der nach antikem Verständnis obligatorischen Pflichten eines Redners, besteht nun darin, diese ungeordneten Stichwörter in eine **sinnvolle, dem jeweiligen Redeanlass angemessene Reihenfolge** zu bringen. Dabei kann zwischen einer externen und einer internen dispositio unterschieden werden.

Externe und interne Dispositio

Die externe dispositio betrifft die äußeren Faktoren oder Rahmenbedingungen der Rede, die sich unmittelbar auf ihre innere Gliederung auswirken können. So liegt es auf der Hand, dass sehr komplizierte, verschachtelte Gliederungen mit vielen Dutzend Unterpunkten ein eher ungebildetes Publikum abstoßen würden, während umgekehrt eine zu simple Konstruktion bei sehr gebildeten Zuhörern Unmut erzeugen würde. Darüber hinaus ist natürlich auch oftmals durch die Redesituation vorgegeben, dass bestimmte Redeelemente obligatorisch eingeplant werden müssen. Beispielsweise ist es selbstverständlich, dass bei einer Festansprache vor geladenen Gästen zunächst eine förmliche Begrüßung erfolgen muss, bei der Ehrengäste oder besonders angesehene und bedeutende Festteilnehmer namentlich zu nennen sind (z. B. Studienabschlussfeier). Da die externe dispositio letztlich darauf abzielt, den – um es in der Sprache der klassischen Rhetorik zu formulieren – Situationsmächtigen von der Parteimeinung des Redners zu überzeugen, werden die unter dieser Rubrik zu behandelnden Phänomene ausführlich im folgenden Kapitel des vorliegenden Buches behandelt.

Hier interessiert zunächst nur die interne dispositio, bei der es um die Frage geht, welche Gliederungs- oder Einteilungsmöglichkeiten überhaupt zur Verfügung stehen, um aus dem Stichwortzettel ein strukturiertes Redekonzept zu machen. Grundsätzlich wird auch hier wieder zwischen zwei Möglichkeiten unterschieden, und zwar zwischen einer eher unauffälligen, alltäglichen und praktisch jedermann geläufigen Struktur einerseits (ordo naturalis) und einer unkonventionellen, überraschenden Einteilung (ordo artificialis) andererseits.

Ordo naturalis (natürlich wirkende Anordnung)

Der ordo naturalis lässt sich wiederum in **vier Hauptvarianten** unterteilen:

1. Chronologisch-historische Gliederung: Hierbei wird das Darzustellende vom Anfang bis zum Ende in einer einfachen zeitlichen Abfolge präsentiert, so wie es sich tatsächlich sukzessive entwickelt hat.

> Bei einer Festansprache zum 75. Geburtstag eines Menschen könnte so beispielsweise von der Kindheit über die Jugend und das Berufsleben bis hin zum Rentenalter in chronologischer Abfolge rekapituliert werden, was sich alles an bemerkenswerten Geschehnissen im Leben des Betreffenden ereignet hat. Und in einem Referat könnte in zeitlicher Abfolge dargestellt werden, welche Forscher und Autoren sich wann über den betreffenden Sachverhalt geäußert haben.

Beispiel

Eine chronologische Darstellung ist einerseits äußerst übersichtlich, kann jedoch andererseits langweilig und banal-additiv wirken, wenn die aufeinander folgenden Stationen keinen ›roten Faden‹, keinen interessanten inneren Entwicklungszusammenhang erkennen lassen.

2. Räumlich-geographische Gliederung: Die einzelnen Schauplätze eines Geschehens bzw. die themenrelevanten Lokalitäten werden der Reihe nach, so wie sie auf der Landkarte nebeneinander liegen, dargestellt.

> Bei einem Referat über die Bevölkerungsentwicklung in Europa könnte so z. B. von Portugal und Spanien über Frankreich, Belgien usw. bis hin zu den osteuropäischen Staaten jedes einzelne Land behandelt werden. Interessant ist eine solche Gliederung natürlich nur, wenn sich die einzelnen berücksichtigten Lokalitäten unter dem im Vortrag angesprochenen Gesichtspunkt in signifikanter Weise voneinander unterscheiden, wenn also z. B. die Bevölkerungsentwicklung in den einzelnen Ländern auch tatsächlich unterschiedlich verlaufen ist.

Beispiel

3. Exemplarische Vorgehensweise: Zu Beginn der Rede wird ein ganz konkreter Beispielfall für das zu erörternde Phänomen vorgestellt, von dem aus dann – gleichsam in konzentrischen Kreisen – die Rahmenbedingungen auf steigendem Abstraktionsniveau mit in die Darstellung einbezogen werden.

> Als Beispiel könnte ein Referat über die Probleme der Wasserversorgung im Nahen Osten genannt werden, bei dem zu Beginn ein ganz

Beispiel

konkretes jordanisches Dorf mit seinen Bewohnern, seinen Versorgungsproblemen usw. vorgestellt wird. Dabei können Interviews, Augenzeugenberichte, Landkarten und ähnliche Materialien benutzt werden, die diesen konkreten Einzelfall anschaulich, nachvollziehbar, miterlebbar machen und auf diese Weise die Anteilnahme und das Interesse der Zuhörer wecken. Danach würde dann schrittweise die Problematik der Wasserversorgung in Jordanien, im Nahen Osten, in vergleichbaren Klimazonen und letztlich auf der ganzen Welt unter Einbeziehung der Probleme des Klimawandels thematisiert werden. Wie bei einem Zoomobjektiv würde also ein allmählicher Übergang von einer Tele- zu einer Weitwinkeleinstellung erfolgen, so dass nach und nach das gesamte Umfeld des behandelten Phänomens in den Blick käme.

4. Systematische Gliederung: Die sachlich-logische Verbindung zwischen den darzustellenden Phänomenen wird als Vorgabe für die Strukturierung der Rede verwendet. Der einfachste Fall einer derartigen Strukturierung liegt dort vor, wo eine Kausalverbindung zwischen Tatsachen oder Sachverhalten vorliegt oder unterstellt werden kann. Bei naturwissenschaftlichen Themen treten hierbei selten Schwierigkeiten auf; ein chemischer Prozess lässt sich auf diese Weise etwa sehr plausibel als ein Zusammenspiel von Wirkfaktoren darstellen. Schwieriger wird es, wenn z. B. historische Geschehnisse wie der Ablauf einer Revolution oder die Entstehung eines Staates kausallogisch erklärt werden sollen. Oft kommen hierbei andere Gedankenfiguren mit ins Spiel, wie beispielsweise die Idee einer dialektischen Entwicklung (These, Antithese, Synthese) oder ein bestimmter Syllogismus (geregelte Prozedur zur Gewinnung zutreffender Schlussfolgerungen aus gegebenen Prämissen).

Die Grenze zwischen ordo naturalis und ordo artificialis ist fließend. Was für den einen geläufig und alltäglich wirkt, empfindet ein anderer womöglich bereits als unkonventionell. Es hängt letztlich vom Erwartungshorizont der Rezipienten ab, ob eine Redegliederung für natürlich oder künstlich gehalten wird.

Ordo artificialis (künstlich wirkende Anordnung)

Die Gliederung nach dem ordo artificialis scheint auf den ersten Blick nur Nachteile mit sich zu bringen, denn sie irritiert und überrascht und kann dazu führen, dass die Darstellung insgesamt als nicht regelkonform wahrgenommen und pauschal abgelehnt wird. Auf der anderen Seite hat diese Gliederung jedoch den großen Vorteil, die Zuhörer ›aufzuwecken‹ und aus ihrer Denkroutine herauszulösen. Auch komische Effekte lassen sich, wenn sie denn gewünscht und am Platze sind, auf wirkungsvolle Weise mit Hilfe des ordo artificialis erzeugen. Es bedarf aber jedenfalls einer gewissen Meisterschaft, wenn man diese Gliederungsformen einsetzen und gleichzeitig die gewünschten Redewirkungen erzielen will. Grundsätzlich können **drei Hauptformen des ordo artificialis** unterschieden werden, und zwar die künstlerisch-kompositorische, die transmediale und schließlich die desintegrierende.

1. **Künstlerisch-kompositorische Strukturierung:** Hier haben wir es mit Anordnungsprinzipien wie der Symmetrie, dem Goldenen Schnitt, der Komplementarität oder dem Zirkel zu tun, die ästhetikgeschichtlich ihre ganz eigene Funktion und Bedeutung haben und die oftmals mit Wertbegriffen wie ›harmonisch‹, ›klassisch‹, ›ausgewogen‹ usw. assoziiert werden.

> Eine symmetrische Komposition liegt beispielsweise vor, wenn bei sechs Textabschnitten der erste und der letzte, der zweite und der vorletzte sowie die beiden mittleren jeweils die gleiche Länge haben. Von einer Zirkelstruktur lässt sich sprechen, wenn im letzten wieder auf den ersten Abschnitt zurückgekommen wird, so dass sich ›der Kreis schließt‹.

Beispiel

Manche dieser künstlerischen Gliederungsprinzipien sind nur bei sorgfältiger nachträglicher Analyse wahrnehmbar und wirken dann u.U. gesucht. Wenn z.B. die zwei Teile einer Rede nach dem Goldenen Schnitt proportioniert sind, wenn sich also umfangmäßig der größere zum kleineren wie die Summe aus größerem und kleinerem zum größeren verhält, dürfte das für die Zuhörenden nicht wahrnehmbar sein. Doch der Sprechende stellt sich durch Anwendung dieses Prinzips in eine reiche Darstellungstradition, und wenn die Rede nachträglich gedruckt wird, können solche subtilen Kompositionsprinzipien durchaus deutungsrelevant werden. In den meisten alltäglichen, privaten oder beruflichen, Kontexten ist die künstlerisch-kompositorische Gestaltung jedoch fehl am Platze.

2. **Transmediale Gliederung:** Hierbei werden Strukturierungsprinzipien aus anderen Zeichensystemen oder Künsten auf die Sprache bzw. auf die Rede übertragen.

> So kann beispielsweise das Aufbauprinzip einer Fuge oder einer Sonate, einer Tempelfassade oder eines Kirchenportals, einer Filmsequenz oder eines Gemäldes auf abstrakte Proportionsverhältnisse zurückgeführt und auf den Aufbau einer Rede transferiert werden. Demgemäß kann etwa die musikwissenschaftliche Analyse einer Sonate selbst den sonatentypischen Aufbau zeigen, oder eine maschinenbautechnische Studie kann ihrerseits die Proportionen des zu beschreibenden Apparates aufweisen.

Beispiel

Wie die künstlerisch-kompositorischen so sind auch die transmedialen Gliederungsprinzipien in hohem Maße intransparent und erklärungsbedürftig. In alltäglichen Anwendungen spielen sie kaum eine Rolle.

3. Desintegrierende Gliederung: Es handelt sich hierbei um zerstörerische oder chaotisch-zufällige Anordnungen von Elementen, wobei entweder eine als solche im Hintergrund noch erkennbare natürliche Anordnung gestört oder aber bewusst auf jedwede Art von sinnhafter Strukturierung verzichtet wird. Ersteres ist etwa dann der Fall, wenn in eine im Wesentlichen chronologisch gegliederte Darstellung an einigen Stellen achronische oder anachronische Elemente integriert werden, die das natürliche Ordnungsprinzip zwar stören und auf irritierende Weise unterbrechen, die es jedoch nicht vollständig auflösen. Letzteres ist hingegen dann der Fall, wenn die Anordnung der einzelnen Elemente per Würfelwurf oder mit Hilfe eines Zufallsgenerators ermittelt wird, so dass der Eindruck völliger Regellosigkeit entsteht.

Zwischen diesen beiden Extremen gibt es natürlich zahlreiche Übergangsformen. Und außerdem kann die Skala größer oder kleiner sein, auf der entsprechende Umstellungen vorgenommen werden: Auf der Ebene von Kapiteln oder Sinnabschnitten ist der Desintegrationseffekt von versierteren Zuhörern noch gut kontrollierbar. Wird hingegen auf der Satz- oder sogar auf der Wort- und Buchstabenebene desintegriert, so entstehen extreme Verständnisschwierigkeiten, die sich nur noch eine kleine Avantgarde von Rezipienten gefallen lässt. In der alltäglichen Kommunikationspraxis stellen derartige Satz-, Wort- oder Buchstaben-›Salate‹ eine Rarität dar, während die Umstellung von Sinnabschnitten – maßvoll dosiert – immer mal wieder anzutreffen ist. Es hängt letztlich von der Zusammensetzung der Zuhörerschaft ab, welcher ordo in welcher Spielart welche Redewirkung erzeugt. Derartige Wirkungen im Vorhinein zuverlässig abzuschätzen, erfordert umfangreiche Kenntnisse und Erfahrungen.

2.1.3 | Elocutio (Ausformulierung)

Nach Abschluss der dispositio sind wir unserem Ziel, der Verfertigung einer wirkungsvollen und situationsgerechten Rede, schon ein gutes Stück näher gekommen. Vor uns liegt jetzt ein Stichwortzettel, auf dem wie bei einem stark ausdifferenzierten Inhaltsverzeichnis in einer wohldurchdachten Reihenfolge sämtliche inhaltlichen Elemente aufgelistet sind, die im fertigen Text zur Sprache kommen sollen. Wir wissen jetzt also im Detail, was alles zu sagen ist und in welcher Abfolge wir es vortragen wollen.

Der Schritt zur konkreten Ausformulierung: Wie soll es aber formuliert werden? Welche Regeln und Konventionen sind bei der konkreten sprachlichen Ausgestaltung zu beachten? Die klassische Rhetorik gibt

eine Fülle von Hilfestellungen für die Ausformulierung, ja man kann feststellen, dass diese dritte der fünf Pflichten des Redners in den meisten
Rhetorik-Lehrbüchern von Beginn an den meisten Raum zugewiesen be-
kam und bekommt. Ergänzt wurden diese Hinweise in neuerer Zeit durch
die Erkenntnisse der modernen Stilistik (s. Kap. 3). Bleiben wir aber zunächst bei jenen wichtigen Tipps und Hinweisen, die schon bei Isokrates,
Platon, Aristoteles, Cato, Cicero, Quintilian und den anderen Repräsentanten der klassischen Rhetorik zu finden sind und die traditionell unter
der Bezeichnung ›elocutio‹ zusammengefasst werden.

Vier Aspekte stehen dabei im Vordergrund:
- aptum
- puritas
- perspicuitas
- genus dicendi

Alle **vier Gesichtspunkte**, aus deren Berücksichtigung sich die jeweils
geeignete Verwendung des sogenannten Redeschmucks (ornatus) ableiten lässt, seien hier zunächst etwas genauer erörtert. Den einzelnen Elementen des Redeschmucks, die sich in Tropen und rhetorische Figuren
unterteilen lassen, werden dann im Anschluss zwei eigene Unterkapitel
gewidmet.

Aptum (Angemessenheit)

Der Begriff ›aptum‹ wird in der Rhetorik manchmal in einem sehr weitge-
fassten Sinne verwendet. Er bezieht sich dann auf alle fünf Rednerpflich-
ten und meint die Situationsgemäßheit und Kunstgerechtheit einer Rede.

Hier im Kontext der elocutio bezeichnet der Ausdruck ›aptum‹ in
einem engeren Sinne die Angemessenheit der Wortwahl und des
Satzbaus im Hinblick auf den Redeanlass, die Rahmenbedingungen
des Vortrags (inkl. Zusammensetzung der Zuhörerschaft) und den
Sprecher.

Zum Begriff

Was zunächst den **Redeanlass** betrifft, so liegt es auf der Hand, dass z. B.
bei der offiziellen Eröffnung einer Gedenkstätte ein anderer Ton anzu-
schlagen ist als bei der Moderation eines Hip-Hop-Contests. Aus der jeweiligen Sache selbst, aus dem Grad ihrer Ernsthaftigkeit und Feierlich-
keit, ergeben sich also erste Hinweise darauf, ob ein eher würdevoller
und getragener oder ein möglichst unverkrampfter und lässiger Ton ange-
schlagen werden sollte.

Hinsichtlich der **Rahmenbedingungen** sind vor allem die Örtlichkeit
und der Kontext zu bedenken, in denen die Rede zu halten ist. Wenn

etwa der besagte Hip-Hop-Contest ›just for fun‹ von einem privaten Veranstalter in einem Fitness-Center durchgeführt wird, hat dies eine andere Wertigkeit, als wenn es im Rahmen einer offiziellen Gala präsentiert wird, bei dem den Medien prämierte, erzieherisch wertvolle Jugendhilfeprojekte vorgestellt werden sollen.

Wenn bei einer solchen Gala die zuständigen Minister, Sponsoren oder andere Entscheidungsträger anwesend sind, macht auch dies natürlich einen für die Sprechsituation entscheidenden Unterschied aus. Die Kunst des Moderators würde dann darin bestehen, sich in jeweils angemessenem Tonfall an die Tänzer und an die Honoratioren zu wenden, ohne die einen oder anderen vor den Kopf zu stoßen.

Bei alledem ist jedoch auch die **Funktion und Stellung des Redners selbst** mit in das Kalkül einzubeziehen. Denn auch in sehr förmlichen Kontexten bleibt ein gewisses Maß an Authentizität immer erforderlich, wenn die Rede nicht als ›bloß auswendig gelernt‹ und unecht empfunden werden soll. Als angemessen wird es wahrgenommen, wenn der Redner einerseits seine geistig-sprachliche Flexibilität und sein Empfinden für die Situation unter Beweis stellt, andererseits aber auch echt und ungekünstelt wirkt.

Alle diese Kriterien zu erfüllen, ist eine sehr schwierige Aufgabe, die viel Feingefühl, Eloquenz und Geistesgegenwart erfordert. Insbesondere ist hierbei die **Fähigkeit gefordert, über den Tellerrand der eigenen Lebenssphäre hinauszublicken** und zu erkennen oder wenigstens nachzuempfinden, was wer in welcher Situation angemessen findet und welche konkreten Auswirkungen das im Hinblick auf Wortwahl und Satzbau hat. Detaillierte Hinweise auf die verschiedenen Möglichkeiten, diese sprachlichen Elemente zu variieren, finden sich unten im Kapitel zur Stilistik.

Puritas (sprachliche Korrektheit)

Cicero, Quintilian und andere Klassiker der antiken Rhetorik schreckten nicht davor zurück, die Beherrschung der grammatischen Normen der lateinischen Sprache zu einem Muss und die Verletzung derartiger Normen für unakzeptabel und blamabel zu erklären. Da diese Normen in der gelehrten Welt jedoch ein Gegenstand fortwährender Auseinandersetzungen waren und auch weiterhin sind, wurde in der traditionellen Rhetorik nicht selten die Empfehlung ausgesprochen, sich an berühmten Vorbildern – also etwa an Cicero selbst – zu orientieren.

In der demokratisch-pluralistischen Gesellschaft der Gegenwart haben solche Empfehlungen nur noch geringe Durchsetzungschancen. Die sprachlich-grammatische Korrektheit von Äußerungen stellt aus dem Blickwinkel der linguistischen Pragmatik, die häufig einem stilistischen Relativismus verpflichtet ist, nur eines unter vielen relevanten Kriterien zur Bewertung des Gelingens von Kommunikationsakten dar.

Von der absoluten zur relativen Richtigkeit: Für den Redner resultiert daraus eher eine Erschwerung als eine Vereinfachung seiner Aufgabe.

Denn er kann sich nicht mehr an einem einzigen, klar definierten Regel-
set orientieren, sondern muss in der Lage sein, seine Ausdrucksweise
auch in dieser Hinsicht den Erfordernissen der jeweiligen Situation anzu-
passen. An die Stelle der pauschalen Forderung nach Übereinstimmung
mit den grammatischen Regeln tritt somit das Postulat, den jeweils angemessenen Grad der **Übereinstimmung mit den Grammatikalitätsvor-
stellungen der Zuhörerschaft** zu realisieren.

An einem kurzen Beispiel sei dies verdeutlicht: In mit der Konjunktion   *Beispiel*
›weil‹ eingeleiteten Nebensätzen hatte und hat in geschriebener Spra-
che das Prädikat an letzter Stelle zu stehen (»Ich stimme zu, weil ich
das gut finde«). Für die gesprochene Sprache akzeptiert die neuere
Grammatik jedoch auch die Verbzweitstellung nach dieser Konjunktion
(»Ich stimme zu, weil ich finde das gut«). Ein Redner steht nun vor der
Frage, ob er in einem solchen Fall ›wie gedruckt‹ und damit förmlicher
sprechen soll oder aber so, wie ihm (bzw. seiner Zuhörerschaft) ›der
Schnabel gewachsen ist‹, d. h. umgangssprachlicher und lässiger.

Es hängt also mit Veränderungen in der Grammatik selbst zusammen,
dass die Forderung nach puritas heute nicht mehr ohne Weiteres erfüllt
werden kann. Echte grammatische Schnitzer (z. B. falsche Deklination
oder Zeitenfolge) wird jedoch niemand in seine Rede einbauen wollen,
selbst wenn solche Fehler im Kreis seiner Zuhörer kein Aufsehen erregen
würden. Doch der virtuose Redner muss in jedem Fall auch ein versierter
Grammatiker sein, um sich auf unterschiedliche Grammatikalitätsvorstel-
lungen einstellen zu können.

Perspicuitas (Verständlichkeit)

Bei der Ausformulierung einer Rede ebenfalls immer zu beachten ist das
Gebot der Deutlichkeit und Verständlichkeit. Die antike Rhetorik hat
hierzu weniger fundierte und plausible Hinweise geben können als die
neuere Forschung, weshalb es sinnvoll erscheint, hierbei auch die Ergebnisse der aktuellen Textwirkungsanalyse und Rezeptionspsychologie mit
einzubeziehen. **Vier Aspekte stehen dabei im Vordergrund:**
    Erstens wäre dies die **sprachliche Einfachheit**. Kurze, geläufige und
konkrete Vokabeln werden – was kaum überraschen dürfte – im Allgemeinen schneller und leichter aufgefasst als mehrgliedrige Komposita
(Wortzusammensetzungen), seltene Fremdwörter, Fachtermini oder sehr
abstrakte Kategorien. Und auch für die Syntax gilt, dass kürzere Sätze,
geläufigere Satzbaupläne und übersichtliche Satzkonstruktionen das Verständnis erleichtern.
    Zweitens ist das Phänomen der **Redundanz** zu berücksichtigen, wo-
bei aber nicht etwa ein besonders hoher, sondern ein mittlerer Wert die
besten und nachhaltigsten Effekte erzielt. Zu wenige Wiederholungen

überfordern einen Großteil der Rezipienten. Aber auch zu viele Wiederholungen sind von Nachteil, weil sie Langeweile erzeugen und die Aufmerksamkeit der Zuhörer tendenziell reduzieren. Als Mittel der Redun-
danzbildung können und sollen auch Beispiele verwendet werden, die es
ermöglichen, einen zunächst abstrakt geschilderten Sachverhalt in einem
zweiten Durchgang noch einmal in anschaulicherer Form vorzustellen.

Drittens und vor allen Dingen ist eine möglichst **übersichtliche und
klare Gliederung** des Redetextes vorzunehmen.

<table>
<tr><td>Tipp</td><td>→ Zu Beginn sollte eine Übersicht über die einzelnen Abschnitte oder Argumentationsschritte gegeben werden (»In den folgenden zwanzig Minuten werde ich auf vier Punkte näher eingehen, näm- lich ...«). Die Grenzen zwischen diesen Abschnitten sollten ausdrück- lich markiert werden (»Ich komme damit zum dritten und vorletzten meiner Argumente ...«), und am Ende sollte noch einmal eine kurze Zusammenfassung geliefert werden. Auch Nummerierungen sowie Hervorhebungen besonders wichtiger Redeelemente (»Meine zen- trale These lautet also ...«) erleichtern vielen Zuhörern das Verständ- nis.</td></tr>
</table>

Viertens und letztens gehören zu den Methoden der Verständlichkeits-
steigerung auch die verschiedenen Instrumente der **Interessens- und
Aufmerksamkeitslenkung.** Insbesondere direkte Fragen an die Zuhörer,
die Präsentation von Dilemmas oder Konflikten sowie der gezielte Einsatz von Neuigkeiten können als geeignete Mittel gelten, mit deren Hilfe
die Konzentration der Zuhörer gesteigert werden kann.

Genus dicendi (Redegattung)

Die moderne Textsortenlehre stellt, wie im ersten Kapitel des vorlie-
den Buches zu sehen war, eine differenzierte Typologie der verschiedenen Rede- und Gesprächsgattungen zur Verfügung. In der antiken Rhetorik operierte man hingegen oft mit einem gröberen, nur drei Hauptkate-
gorien umfassenden Schema, in dem zwischen einem niederen,
belehrenden Stil (genus humile), einem mittleren, unterhaltenden Stil
(genus medium) und einem gehobenen, pathetisch-emotionalen Stil (genus grande) unterschieden wurde.

Diese drei genera dicendi unterschieden sich vor allem durch die spar-
samere oder reichere Verwendung des Redeschmucks, also jener Tropen
und rhetorischen Figuren, von denen weiter unten in gesonderten Kapiteln die Rede sein wird und zu denen etwa die Metapher, die Periphrase,
die Anapher und das Oxymoron gehören.

Drei
genera dicendi

■ Als typisch für das nüchtern-sachliche genus humile galt die Konzentration auf die Aspekte der sprachlichen Korrektheit sowie der Deut-

lichkeit und Verständlichkeit; der Redeschmuck musste hier ganz in den Hintergrund treten.

- Im genus medium sollte ein maßvoller Gebrauch von diesem Schmuck gemacht werden, wodurch man eine mittlere emotionale Anteilnahme der Zuhörer (ethos) zu erzielen hoffte.
- Im genus grande, das man z. B. in der Tragödie realisiert sehen wollte, konnte dann schließlich das ganze Füllhorn des ornatus ausgeschüttet werden, um auf diese Weise eine starke innere Beteiligung der Zuhörer (pathos) zu erzielen.

2.1.4 | Memoria (Auswendiglernen, ›freies Sprechen‹)

Die vierte der fünf Pflichten eines Redners bestand nach Auffassung der antiken Rhetoriker im zuverlässigen Auswendiglernen der Rede. Es steht außer Zweifel, dass ein frei gehaltener Vortrag erheblich größere Wirkungen erzeugen kann als eine vom Blatt abgelesene Rede. Der frei Sprechende kann mehr Blickkontakt herstellen, klebt nicht am Pult und wirkt – wenn er es geschickt anstellt – insgesamt souveräner und selbständiger.

Andererseits neigen manche Sprecher dazu, etwas wortwörtlich auswendig Gelerntes ›aufzusagen‹ oder gar herunterzuleiern, und auch die Gefahr der völligen Blockade ist bei diesem Verfahren größer.

→ Es wird deshalb heute oft als günstig angesehen, nach einem ›halbfreien‹ Verfahren vorzugehen, d. h. ein Redemanuskript zu benutzen, in dem besonders wichtige oder schwierige Abschnitte ausformuliert, andere hingegen nur stichwortartig zusammengefasst sind. Der Redner kann dann an heiklen Stellen (z. B. bei einer Häufung wichtiger Zahlenangaben) auf sein Papier zurückgreifen und ansonsten frei formulieren bzw. das Vorformulierte und Eingeprägte je nach Zuhörerreaktion frei variieren. Für fortgeschrittene Redner empfehlen wir das im Kapitel über »Wiedergabe zentraler Inhalte« erläuterte Kondensationsverfahren (s. S. 149 f.).

Tipp

2.1.5 | Pronuntiatio (Deklamation, ›Präsentationstechnik‹)

Die fünfte und letzte Pflicht des guten Redners besteht nach Auffassung der Rhetoriker darin, seine Vortragsweise im Hinblick auf die **Artikulationstechnik**, auf die **Mimik**, die **Gestik** usw. zu optimieren. Obwohl sich in den antiken Lehrbüchern bereits diverse, z. T. überraschend ›modern‹ wirkende Hinweise hierzu finden, wurde dieser fünfte Schritt erst in jüngster Zeit in seiner ganzen Bedeutung und Wichtigkeit erkannt. Wir wissen heute, dass das Auftreten, die Präsentationsweise eines Redners von außerordentlich großer Bedeutung ist. Im sechsten Kapitel des vorliegenden Buches wird deshalb ganz detailliert auf diese Problematik eingegangen.

2.2 | Tropen

Wer die bisher beschriebenen Pflichten des Redners sorgsam erfüllt hat, hält in seinen Händen ein fertiges Redemanuskript, mit dem er keinen Anstoß erregen, aber vermutlich auch keine besondere Begeisterung bei seinen Zuhörern erzielen wird. Was noch fehlt, ist die eigentliche Würze, also das gewisse Etwas, das den Zuhörer fesselt und wirksam beeinflusst. Wie in den nachfolgenden Kapiteln 4 und 5 noch zu lesen sein wird, gibt es vielerlei Möglichkeiten, um dieses gewisse Etwas zu erzeugen. Aber auch schon im Rahmen der elocutio, des dritten Schrittes bei der Verfertigung einer Rede, können und sollen verschiedene Mittel Verwendung finden, die solche Effekte unterstützen. Im Einzelnen handelt es sich hierbei um die so genannten ›Tropen‹ und um die ›rhetorischen Figuren‹, die ganz wesentlich zu einer Emotionalisierung der Rede und damit zu einer Steigerung der inneren Anteilnahme der Zuhörer führen.

Zum Begriff

> Tropen zielen auf eine absichtsvolle, durchkalkulierte Sympathielenkung, während es im Falle der rhetorischen Figuren um die Aufmerksamkeitslenkung und um die Steigerung der Behaltbarkeit geht. Tropen sind – der Etymologie des griechischen Wortes ›tropos‹ nach – als Wendepunkte oder Richtungsänderungen zu verstehen, also als jene sehr wichtigen Punkte in einer Rede, an denen das Verständnis und die Deutung gezielt in eine bestimmte Richtung gelenkt werden.

Schon in der antiken Rhetorik fanden die Formen des Redeschmucks (ornatus), der nicht als überflüssiges schmückendes Beiwerk aufgefasst werden darf, große Beachtung, weshalb in den Rhetorik-Lehrbüchern traditionell eine breite Palette an Tropen und rhetorischen Figuren präsentiert wird. Auch hier soll beiden Phänomenen jeweils ein eigenes Kapitel gewidmet werden. Dabei werfen wir zunächst einen Blick auf die wichtigsten und gängigsten Tropen.

2.2.1 | Metapher

Der wahrscheinlich bekannteste und gängigste Tropus ist die Metapher, die als **verkürzter Vergleich** aufgefasst werden kann, bei dem die den Vergleich signalisierenden Partikel (›wie‹, ›als ob‹) einfach weggelassen werden.

Um die Wirkung dieses Instrumentes zu analysieren, können wir drei kurze Satzfolgen miteinander vergleichen:

a) Die Universität soll reformiert werden. Doch diese Institution lässt sich nur mit viel Energie und Ausdauer verändern.

b) Die Universität soll reformiert werden. Doch dieser *Tanker* lässt sich nur schwer auf einen neuen Kurs bringen.

c) Die Universität soll reformiert werden. Doch dieser *Dinosaurier* lässt sich nur schwer vom einmal eingeschlagenen Weg abbringen.

Die Begriffe ›Tanker‹ und ›Dinosaurier‹ fungieren hier als Metaphern, die sehr leicht in direkte Vergleiche rückverwandelt werden könnten (»Doch diese Institution ist wie ein Tanker/wie ein Dinosaurier ...«). Will man den Unterschied zwischen der Wirkung der drei Beispielsätze beschreiben, so wird man zunächst davon ausgehen können, dass die Metaphern bestimmte zusätzliche Eigenschaften mit ins Spiel bringen, die durch die neutralere Bezeichnung ›Institution‹ aus dem ersten Beispielsatz nicht mit aufgerufen werden. So suggeriert der Ausdruck ›Tanker‹ beispielsweise, dass das so bezeichnete Objekt sehr groß, plump, schwer zu bremsen und zu steuern, von Technikern konstruiert, vielleicht auch verrostet und unansehnlich ist. Die Bezeichnung ›Dinosaurier‹ impliziert teilweise ähnliche, teilweise aber auch andere Vorstellungen, nämlich vor allem Gefährlichkeit, Zukunftslosigkeit, Altertümlichkeit und Rücksichtslosigkeit. Durch die Verwendung dieser Metaphern erhalten die Beispielsätze b und c also gewisse inhaltliche Färbungen, die einerseits der Veranschaulichung dienen, andererseits aber auch Bewertungen und allgemein emotionale Eindrücke transportieren und dadurch unterschwellig Sympathie oder Antipathie erzeugen.

Beispiel

Die in einem Text benutzten Metaphern werden oft **einem den Zuhörern vertrauten Bildbereich entnommen**, um die Wirkung der Implikationen zu sichern und zu intensivieren. Die Bildbereiche ›Schifffahrt‹ und ›Urwelttiere‹ können also in unterschiedlichen Kontexten jeweils größere oder kleinere Wirkung entfalten. Allgemein gibt es metaphernreiche und metaphernarme Textsorten, wobei zu berücksichtigen ist, dass es nicht nur substantivische, sondern **auch verbale und adjektivische Metaphern** gibt (z. B. ›über den grünen Klee loben‹, ›dickes Lob‹).

2.2.2 | Metonymie

Bei diesem Tropus handelt es sich um eine ebenfalls sehr geläufige Technik der Wortersetzung, bei der jedoch – anders als bei der Metapher – keine ganz neuen Bildbereiche mit ins Spiel gebracht werden, sondern nur **einzelne Aspekte oder Elemente eines Gegenstandes stellvertretend für diesen selbst genannt** werden. Zwischen dem ersetzenden und dem ersetzten Gegenstand besteht dabei oftmals eine Teil-Ganzes- bzw. Ganzes-Teil-Beziehung oder eine kausale Relation, so dass kaum jemals Verständnisschwierigkeiten entstehen.

Beispiele

a) Das *Weiße Haus* (= die US-Regierung) protestierte.
b) Sie liest gerne *Lessing* (= Lessings Werke).
c) Er hat vier *Tassen* (= den Inhalt von vier Tassen) getrunken.

Offensichtlich dient die Metonymie eher der Abkürzung und Pointierung als der Anreicherung mit zusätzlichen Vorstellungen und Gefühlswerten. Sie ist deshalb in der (Massen-)Presse ein sehr beliebtes **Instrument der Vereinfachung**, das umständliche Beschreibungen zu reduzieren und in prägnante Kurzformeln zu verwandeln erlaubt. Gerade in dieser Verkürzung liegt allerdings auch die **Gefahr der Metonymie**, die eine nicht immer leicht zu durchschauende Tendenz zur Pauschalisierung und Verallgemeinerung aufweist (»*Berlin* tadelt *Peking*«, »Lebensgefühl des *18. Jahrhunderts*« usw.).

2.2.3 | Synekdoche

Zum Begriff

Bei der Synekdoche handelt es sich um die Ersetzung eines weiteren durch einen engeren oder eines engeren durch einen weiteren Begriff.
Die Synekdoche wird manchmal als spezielle Form der Metonymie aufgefasst, dient jedoch oftmals aus rein stilistischen Gründen der Vermeidung unschöner Wiederholungen.

Beispiel

Von außen wirkte das Haus ärmlich. Doch unter diesem *Dach* lebte es sich sehr komfortabel.
Pastor Schmitz lachte. Der *Geistliche* war immer für einen Scherz zu haben.
Die Arbeit der Nationalmannschaft zahlte sich aus: 2007 wurden die *Deutschen* Handball-Weltmeister.

Obwohl bei der Synekdoche keine sachfremden bzw. dem thematisierten Phänomen nicht schon inhärenten Zusatzinformationen geliefert werden, kann doch die Nennung eines Ober- oder Unterbegriffes den Zusammenhang veranschaulichen, in dem dieses Phänomen steht. Und da diese Ober- oder Unterbegriffe jeweils ihre eigenen Gefühlswerte und Assoziationsfelder mit sich bringen, kann es zu einer **Differenzierung und Konkretisierung** der sich im Kopfe des Zuhörers bildenden Vorstellungen von einer Sache kommen. Die Synekdoche kann damit als relativ subtiles, aber nichtsdestotrotz wirksames Instrument sowohl der Veranschaulichung als auch der Sympathielenkung bezeichnet werden.

2.2.4 | Periphrase

> Die Periphrase ist die Umschreibung eines Sachverhaltes durch explizite Nennung der diesen Sachverhalt charakterisierenden Eigenschaften.

Zum Begriff

Der ›uns trunken machende Beerensaft‹ ist also der Wein, und der ›keck quiekende Quadruped‹ ist das Schwein. Natürlich gibt es immer mehrere Eigenschaften, deren Nennung zur Identifikation des Sachverhaltes ausreichen würde. Der Sprecher hat also die Wahl, welche Eigenschaften er für die Umschreibung nutzen möchte, und auf diese Weise kann er natürlich positivere oder auch negativere Eigenschaften in den Vordergrund rücken. Der Wein könnte somit auch als ›Jahr für Jahr viele Verkehrstote fordernder Traubensaft‹ bezeichnet werden, und das Schwein könnte man einen ›stinkenden Schnitzellieferanten‹ nennen. Moralische Überlegungen bzw. Ekelgefühle könnten durch solche negativeren Umschreibungen erzeugt werden, und auch derjenige, der die **Suggestionskraft** dieser Formulierungen auf die Wirkungsintention des Sprechers zurückführen kann, wird sich dem emotionalen Effekt derartiger Formulierungen kaum entziehen können. Die Periphrase kann damit als sehr starkes Instrument der Sympathielenkung gelten.

2.2.5 | Litotes

Die Litotes ist demgegenüber ein eher subtiles Werkzeug des Sprechenden. Es handelt sich hierbei um die Umschreibung eines Phänomens durch Nennung und explizite Verneinung des Gegenteils. »Nicht schlecht!« steht dann für »Sehr gut!«, und »Nicht uncharmant!« bedeutet dann eigentlich »Sehr charmant!«. Wie die Ausrufezeichen in diesen Formulierungsbeispielen erkennen lassen, spielt bei der Litotes immer die

Intonation eine wesentliche Rolle. Wenn in diesen Sätzen nur die Verneinungspartikel betont wird, entfällt der für diesen Tropus charakteristische, schmunzelnde Unterton und die Aussage verkehrt sich in ihr Gegenteil. In der Alltagskommunikation ist die Litotes allerdings allgegenwärtig, so dass es keiner besonderen Ausspracheübungen bedarf, um dieses Mittel einzusetzen, das meistens der Hervorhebung und Betonung einer **persönlichen Stellungnahme** dient.

2.2.6 | Hyperbel

In ihrer Wirkung der Litotes nicht unverwandt, jedoch auf andere Weise erzeugt ist die Hyperbel, d. h. die Übertreibung. Im einfachsten Fall wird sie durch Häufung superlativischer Ausdrücke erzeugt, indem beispielsweise eine zu ehrende Person im Rahmen einer Festansprache nicht als »liebe, gute Frau xy«, sondern als »liebste, beste Frau xy« angesprochen wird.

Das Deutsche kennt daneben eine Vielzahl weiterer Möglichkeiten, um die besondere Intensität einer Empfindung oder Wahrnehmung zum Ausdruck zu bringen. Neben der Wiederholung (»großes, großes Leid«) ist dies insbesondere die Bildung von adjektivischen Komposita mit Hilfe von Vorsilben wie »mega-« oder »hyper-« sowie die Kombination mit anderen Wörtern wie in »stinklangweilig«, »knochentrocken«, »bettelarm« oder »bitterböse«. Von der gezielten, punktuell eingesetzten Übertreibung, die besonders **hohe emotionale Anteilnahme** signalisiert, ist die Exaltation zu unterscheiden, bei der die Verwendung solcher Superlative und Quasi-Superlative – wie z. B. in der Jugendsprache – gehäuft auftritt, so dass der Betonungseffekt verblasst.

2.2.7 | Allegorie und Personifikation

Nicht nur in der Literatur begegnet uns in Gestalt der Allegorie ein Tropus, der – ähnlich wie die Metapher – auf die Vergegenständlichung und damit Veranschaulichung abstrakter Konzepte und Sachverhalte abzielt. Wenn beispielsweise der Staat als ein Organismus bezeichnet wird, in dem die Aktionen aller Glieder aufeinander abgestimmt sein müssen, so handelt es sich um eine allegorische Ausdrucksweise, die bestimmte Implikationen transportiert und damit bestimmte Fragestellungen von Vorneherein auszuschließen versucht. Ähnlich verhält es sich, wenn etwa von einem Verwaltungsapparat gesprochen wird oder wenn man, wie oft in den Medien zu hören, einen Staat als Boot darstellt (»Das Boot ist voll!«). Derartige Tropen können **hohe Suggestivkraft** entfalten und auf manipulatorische Absichten des Sprechenden hindeuten.

Bei der **Personifikation** werden Figuren wie z.B. Fortuna (Glück), Amor (Liebe) oder Justitia (Gerechtigkeit) als Allegorien benutzt. Das Verständnis derartiger Personifikationen setzt eine bestimmte Allgemeinbildung voraus, während Allegorien und Metaphern intuitiv verstanden werden können.

2.2.8 | Ironie

Als Tropus kann auch die Ironie aufgefasst werden, bei der das Gegenteil des Gemeinten geäußert, gleichzeitig aber auch (satzintonatorische) Hinweise auf diese Verkehrung mitgeliefert werden. Wer beispielsweise bei strömendem Regen aus dem Fenster schaut und »Herrliches Wetter!« sagt, gibt durch den Kontext und die Betonung zu erkennen, dass er – jedenfalls in der Regel – das Gegenteil dessen meint, was er gesagt hat. Die **Ironiesignale** sind dann sehr deutlich, und es besteht nur geringe Verwechslungsgefahr. Wie viele Ironiesignale der Rezipient benötigt, um eine derartige Verkehrung zu realisieren, hängt maßgeblich von seinem Bildungsstand und seiner Sprachgewandtheit ab. Die Ironie ist deshalb ein subtiles Instrument der Emotionslenkung, das es erlaubt, vor einem diesbezüglich heterogenen Publikum ›doppelzüngig‹ zu reden. Nur ein Teil der Zuhörerschaft erkennt dann die Ironie, während der andere Teil das Gesagte für bare Münze nimmt.

Für den Redner kann die Ironie gefährlich werden, wenn man ihn auf den Wortlaut seiner Äußerungen festlegt und ihn zitiert, ohne die Ironiesignale, die er seiner Rede beifügte bzw. die sich aus dem Redekontext ergaben, ebenfalls zu zitieren. Dass er seine Äußerung ironisch gemeint hat, kann er meistens schlecht beweisen, weil hier die Wahrnehmung von der **Ironieerkennungskompetenz** und auch von der **Ironieerkennungsbereitschaft** der Zuhörer abhängt. Es gehört zu den ältesten rhetorischen Techniken, einen Gegner nicht auf das (ironisch) Gemeinte, sondern auf das dem Wortlaut nach Gesagte festzulegen und ihn dadurch als Lügner oder Uneinsichtigen darzustellen. So reizvoll die Ironie als Element des Redeschmuckes auch ist, so unkalkulierbar bleibt doch ihre Wirkung, wenn man sich des Bildungsstandes seiner Zuhörer und ihrer Einstellung zur behandelten Thematik nicht ganz sicher sein kann. Oft wird die Ironie deshalb nur unter Gesinnungsgenossen benutzt und bestätigt oder erheischt dann das grundsätzliche Einverständnis zwischen Redner und Rezipienten.

Wirkung der Ironie

2.3 | Rhetorische Figuren

Anders als die Tropen dienen die rhetorischen Figuren nicht so sehr der Sympathielenkung als vielmehr der **Aufmerksamkeitsgewinnung und -steuerung.**

Zum Begriff

> Es handelt sich bei den rhetorischen Figuren um Abweichungen von der ›normalen‹, erwartbaren, konventionellen Satzgliedstellung, d.h. um die Positionierung bestimmter Satzteile an unerwarteter Stelle zum Zwecke der Hervorhebung und der Steigerung der Behaltbarkeit.

2.3.1 | Ellipse

Zum Begriff

> Als Ellipse bezeichnet man die Weglassung eines eigentlich erforderlichen Satzteiles, ohne dass jedoch die Äußerung dadurch unverständlich oder grammatikalisch falsch würde, wie es beim Anakoluth (Satzbruch) der Fall ist.

Ellipsen setzen voraus, dass der weggelassene Teil vom Zuhörer problemlos in Gedanken ergänzt werden kann, so dass keine ›Informationslücke‹ entsteht. In der Alltagskommunikation sind solche Fälle überaus häufig anzutreffen, ja man könnte behaupten, dass durchschnittlich ganz erhebliche Teile eines normalen Gespräches elliptisch formuliert sind.

Beispiel

> Wer beispielsweise an der Kasse einer Tankstelle sagen würde: »Guten Tag, ich habe an der vierten Zapfsäule Superbenzin getankt«, müsste zweifellos mit argwöhnischen Blicken rechnen, denn in diesem Kontext schreibt die Konvention eine elliptische Formulierung (»Die vier!«) fast zwingend vor.

In eindeutigen Kontexten wäre es eben redundant, sprachlich zu artikulieren, was ohnehin jeder sieht und weiß. Allerdings lässt sich manchmal darüber streiten, wie eindeutig und umfassend derartige Kontextinformationen tatsächlich sind, und aus diesem Umstand resultiert der rhetorische Effekt der Ellipse. Denn wer in weniger eindeutigen Fällen elliptisch formuliert, fordert damit sein Gegenüber implizit auf, die relevanten Kontextinformationen wahrzunehmen und als eindeutig und selbstverständlich aufzufassen. **Ellipsen implizieren also eine bestimmte Interpretation der Rahmenbedingungen, unter denen die jeweilige Kommuni-**

kation stattfindet. Sie erregen Aufmerksamkeit, wenn sie in Kontexten benutzt werden, für die üblicherweise ein höherer Explizitheitsgrad gefordert wird.

Beispiel

> Wer etwa ein Schuhgeschäft betritt und dem Verkaufspersonal grußlos nur die Frage »Handgenähte?« entgegenschleudert, wird zunächst Überraschung ernten, denn anders als an der Tankstelle, wo die Nennung der Zapfsäulennummer in der Regel genügt, werden hier ausführlichere Informationen über die Wünsche des Kunden erwartet. Andererseits muss jedoch bei einer solchen Verwendung der Ellipse immer noch das Grundanliegen erkennbar bleiben. Bei der genannten Formulierung wäre das wohl noch der Fall, weil der Rest im Prinzip aus der Situation heraus rekonstruiert werden könnte. Würde der Kunde hingegen bloß »Dunkelgraue!« sagen, wäre die Grenze zum Missverständnis vermutlich überschritten und eine Rückfrage unvermeidbar.

Wer die Ellipse zum Zweck der **Aufmerksamkeitssteigerung** verwenden möchte, muss zuverlässig einschätzen können, wie explizit und umfangreich die in einer gegebenen Situation zu erwartenden Äußerungen typischerweise sein müssen.

2.3.2 | Parallelismus

> Von einem Parallelismus spricht man, wenn zwei oder mehr unmittelbar aufeinander folgende Sätze oder Teilsätze nach dem gleichen Satzbauplan konstruiert sind.

Zum Begriff

Der Parallelismus steigert die **Behaltbarkeit**, weil er eine Rhythmisierung in die Sprache bringt und den kognitiven Aufwand auf Seiten der Zuhörer absenkt. Um einen Satz aufzunehmen und zu verstehen, muss ein Rezipient einerseits die Bedeutungsinhalte verarbeiten, andererseits aber auch die Wortfolge grammatikalisch analysieren und die einzelnen Elemente in die richtige Beziehung zu einander setzen. Beides findet in unterschiedlichen Hirnarealen statt, und beides kostet Energie. Wenn ein aktivierter Satzbauplan gleich noch einmal zur Verarbeitung herangezogen werden kann, spart dies also Energie ein, die für eine tiefere inhaltliche Verarbeitung genutzt werden kann. »Ich kam, ich sah, ich siegte« ist beispielsweise eine solche Parallelkonstruktion, bei der das Gehirn nicht viel Aufwand für die syntaktische Analyse betreiben muss. Der Parallelismus erlaubt es demnach, bestimmte Dinge auf effiziente Weise förmlich ›einzuhämmern‹. Da diese Technik jedoch besonders **leicht zu durchschauen** ist, sollte zur Vermeidung von Abwehrreaktionen nur in begrenztem Ausmaß davon Gebrauch gemacht werden.

2.3.3 | Anapher

Die Anapher ist die wortwörtliche oder beinahe wortwörtliche Wiederholung eines oder mehrerer Wörter am Beginn aufeinander folgender Sätze, Teilsätze, Zeilen oder Verse.

»Was ich gestern las, was ich heute lese, was ich morgen lesen werde: Alles macht mein Leben reicher und schöner.« Die Anapher macht diese Satzkonstruktion einerseits auffälliger, andererseits aber auch eingängiger und gefälliger, was den **Behaltenserfolg** beim Rezipienten steigert. Wie für den Parallelismus gilt aber auch hier, dass diese Technik nur in geringer Dosierung eingesetzt werden sollte, weil sie sonst eher eintönig und einschläfernd wirkt oder dem Text einen Anstrich des Artifiziellen und Gesuchten verleiht, der in der betreffenden Kommunikationssituation unter Umständen kontraproduktiv wirkt.

2.3.4 | Gemination

Gemination nennt man die direkte wörtliche Wiederholung von Wörtern oder Wortfolgen.

Besonders bei Ausrufen kommt dies auch in der Alltagssprache gar nicht so selten vor. »Danke, danke!« oder »Rasch, rasch!« sind Formulierungen, die man immer wieder zu hören bekommt, und der Effekt ist natürlich ganz einfach die **Steigerung der Aufmerksamkeit** durch Erhöhung der Redundanz. Als sehr einfache rhetorische Figur kann auch die Gemination nur vereinzelt angewendet werden, da selbst ein rhetorisch ganz ungeschulter Zuhörer den Effekt in der Regel sofort durchschaut und schnell ungehalten wird, wenn er den Eindruck gewinnt, dass man ihn auf diese Weise bedrängen will. Wie bei allen Tropen und rhetorischen Figuren gilt auch hier, dass gegenteilige Wirkungen erzielen wird, wer den Bogen überspannt und sein Publikum in fühlbarer Weise zu einer Einstellungs- oder Verhaltensänderung zu nötigen versucht.

2.3.5 | Chiasmus

Der Chiasmus ist die Überkreuzstellung von Satzteilen oder Sätzen, die inhaltlich in antithetischer Spannung zueinander stehen.

»Kurz währt das Leben, die Kunst dauert ewig« ist ein Satz, der entsprechend strukturiert ist und der auf diese Weise eine besonders hohe Aufmerksamkeit hervorruft. Die Verarbeitungsroutine des Gehirnes braucht
bei der Verarbeitung eines solchen Satzes bloß in der Mitte umgekehrt zu
werden, was offenbar leichter ist, als ein ganz neues Satzbaumuster zu
aktivieren. Jedenfalls ist die **Einprägsamkeit** derartiger Sätze überdurch-
schnittlich hoch, wobei allerdings die Komplexität nicht über ein gewisses Maß hinausgehen darf, weil sonst der Umkehrungsprozess nicht
mehr einwandfrei funktioniert.

Die Ziffernfolge 2 – 8 – 5 kann jedermann leicht im Kopf umdrehen. Bei der Abfolge 3 – 1 – 8 – 4 – 2 – 7 – 9 ist das schon ganz erheblich kom-plizierter, woran man erkennt, dass dem Gehirn in dieser Hinsicht nicht zuviel zugemutet werden darf, wenn der gewünschte Effekt noch erzielt werden soll.	*Beispiel*

2.3.6 | Oxymoron

Als Oxymoron bezeichnet man die Kombination von zwei sich unmittelbar widersprechenden Begriffen, die aber dennoch – auf einer höheren Ebene oder bei metaphorischer Interpretation des einen der beiden Begriffe – auf sinnvolle Weise miteinander verbun-den werden können.	*Zum Begriff*

»Trockener Wein«, »alter Knabe« oder »beredtes Schweigen« sind geläufige Beispiele für solche Begriffskombinationen, die man kaum noch als
rhetorische Figuren wahrnimmt, während freiere Ad-hoc-Schöpfungen
dieser Art unweigerlich **Aufmerksamkeit** erzeugen und den Zuhörer darüber grübeln lassen, wie er den einen oder anderen Bestandteil der Formulierung metaphorisch interpretieren kann. Unter einem »kleinen Rie-
sen« oder unter einer »lahmen Rakete« würde man sich letztlich etwas
vorstellen können, wenn man jeweils eines der antithetischen Elemente
aufzulösen versuchte. Die Verarbeitung einer derartigen Formulierung erfordert jedoch Zeit, so dass die Aufmerksamkeit der Zuhörer von den unmittelbar danach folgenden Redeinhalten oftmals abgelenkt wird, was
man sich gezielt zunutze machen kann.

3. Stilistik

Das Wichtigste in Kürze

Die Stilistik ergänzt das Methodeninventar der klassischen Rhetorik und ermöglicht ihre Anpassung an moderne Vorstellungen von systematischer Redevorbereitung und -analyse.

Rhetorik und Stilistik

In seiner lesenswerten Einführung in die Stilistik hat Bernhard Sowinski zwischen **drei verschiedenen Aspekten des Verhältnisses zwischen Rhetorik und Stilistik** unterschieden (Sowinski 1999, 14 f.).

1. **Geschichtliches Nacheinander:** Die Rhetorik ist die ältere, schon seit der Antike bestehende Disziplin, die erst seit dem 18./19. Jahrhundert von der neueren, moderneren Stilistik abgelöst wird. Die entscheidende Ursache für diesen Prozess dürfte in der Veränderung der Individualitätsauffassung um 1800 zu erblicken sein. Im Übergang von der feudalistischen zur bürgerlichen Wirtschafts- und Gesellschaftsordnung definiert sich der Einzelne seither nicht mehr als Mitglied eines Standes mit einer ihm – letztlich von Gott – vorgeschriebenen Form der Lebensführung, sondern als ein unverwechselbares Individuum, das sein Schicksal selbst in die Hand nimmt und das der Gesellschaft mit seinen je eigenen Ansprüchen auf Selbstverwirklichung und auf persönliches Glück entgegentritt. Für die Sprachauffassung hat dieser Paradigmenwechsel zur Konsequenz, dass nun nicht mehr diejenige Äußerung als besonders gelungen gilt, die in perfekter Weise den gesellschaftlichen Konventionen gerecht wird, sondern vielmehr diejenige, in der sich das Individuum mit seinen ganz speziellen, persönlichen Vorstellungen manifestiert. War die Rhetorik noch eindeutig normativ orientiert, so versteht sich die Stilistik nun als deskriptive Disziplin, die keine Patentrezepte zur Anfertigung perfekter Reden, sondern Analysekategorien zur Beschreibung individueller Äußerungen bereitstellen will.

2. **Komplementärrelation:** Die Rhetorik verschwindet um 1800 nicht vollständig von der Bildfläche, sondern wird zu einem guten Teil in die Stilistik integriert. Dieser Vorgang kann einerseits als Modernisierung der Rhetorik, andererseits aber auch als Rhetorisierung der Stilistik aufgefasst werden, die – besonders in populärwissenschaftlichen Ratgebern zum ›guten Stil‹ – nicht selten von der deskriptiven in die normative Haltung übergeht.

3. Konkurrenzbeziehung: Die Ursache für den noch heute andauernden Wettbewerb zwischen Rhetorik und Stilistik kann in der um 1900 wiederum veränderten Individualitätsauffassung gesehen werden. Denn durch die Entwicklung der Rollensoziologie, durch die Erkenntnisse der (im Verlauf des 19. Jahrhunderts verwissenschaftlichten) Psychologie und vor allem durch die Flexibilisierung der Lebensverhältnisse setzt sich beim Übergang vom bürgerlichen zum demokratisch-pluralistischen Zeitalter schon bald die Einsicht durch, dass die im Geniekult gipfelnde, einen unveränderlichen individuellen Persönlichkeitskern postulierende Ichauffassung des 19. Jahrhunderts nicht mehr den Lebenswirklichkeiten der modernen Gesellschaft gerecht wird. Vielmehr sieht sich das Individuum nun mit der Herausforderung konfrontiert, in sehr unterschiedlichen räumlichen und sozialen Kontexten agieren und darin jeweils ganz unterschiedliche Rollen ausfüllen zu müssen. Zudem steigt die soziale Mobilität in einem Ausmaß an, das es für viele Menschen sehr wahrscheinlich werden lässt, dass sie im Verlauf ihres Lebens in unterschiedlichen Bildungs- und Gesellschaftsschichten leben müssen.

Für dieses Leben in der flexibilisierten, pluralistischen Gegenwartsgesellschaft gelten andere Sprachnormen, und zwar solche, die den Wechsel selbst zum Credo erheben. Die authentische Rede des unverwechselbaren, einmaligen Individuums wird nun für ganz bestimmte Situationen reserviert (Liebesschwur, Beileidsbezeugung u. Ä.); allgemein soll der Einzelne über ein möglichst breites Repertoire an Ausdrucksstilen verfügen, die nicht nur an der jeweils ›richtigen‹, konventionsgerechten Stelle zu aktivieren, sondern oft auch auf spielerisch-souveräne Art und Weise miteinander zu kombinieren sind. Die Rhetorik tritt hier aufs Neue in Konkurrenz mit der Stilistik, weil sie Anweisungen für derartige Formen der Rollenrede liefert. Der grundlegend selbstironische, relativistische Gestus dieses pluralistischen Stilideals ist ihr zwar im Grunde fremd, doch ihre einzelnen Inhalte und Kategorien können – bei freier Anwendung – als reiches Reservoir an ›Tipps und Tricks‹ interpretiert werden.

Fragt man nun im Detail nach den Kategorien, die von der Stilistik im Unterschied zur Rhetorik erarbeitet und bereitgestellt worden sind, so kann man zwischen den **vier Ebenen** der Laut-, Wort-, Satz- und Textstilistik unterscheiden. Die unter diesen Begriffen subsumierten Aspekte sind zwar auch schon in der antiken und mittelalterlichen Rhetorik teilweise thematisiert worden, doch erst die moderne wissenschaftliche Stilistik hat diese Fragen und Probleme systematisch aufgearbeitet.

3.1 | Lautstilistik

Zum Begriff

> Bei der Lautstilistik geht es um die Möglichkeiten eines Sprechers, mit Hilfe klanglicher Gestaltungstechniken eine bestimmte Atmosphäre erlebbar zu machen oder die Behaltensleistung seines Auditoriums gezielt zu steigern.

Was zunächst die Aufmerksamkeitslenkung betrifft, so stellt die **Klangmalerei** ein bewährtes Mittel dar, um entsprechende Wirkungen zu erzielen. Verben wie ›flirren‹, ›lispeln‹, ›wummern‹ oder ›kreischen‹, Substantive wie ›Rabatz‹ oder ›Krach‹ und viele, viele andere Wörter weisen eine klangliche Analogie zu ihrem Inhalt auf. Achtet ein Sprecher bei der Verfertigung einer Rede darauf, solche Wörter an der passenden Stelle verstärkt einzusetzen, so veranschaulicht er ihren Inhalt in emotional ansprechender Weise. Häuft er solche Gestaltungsmittel an, so kann er sogar eine regelrechte **Klangkulisse** aufbauen und etwa den Eindruck des Gefährlichen und Überwältigenden oder umgekehrt des Harmlosen und Idyllischen erzeugen. Man spricht dann von ›Lautsymbolik‹, wobei allerdings in alltäglichen Kommunikationssituationen wenig Gelegenheit besteht, um solche fast schon sprachkünstlerischen Elemente in größerem Umfang in die eigene Rede zu integrieren. Bei der Analyse demagogischer Texte wird man allerdings oft feststellen, dass mit solchen Instrumenten der Affektsteuerung in der manipulativen Massenansprache gar nicht so selten gearbeitet wurde und wird.

In gewissem Maße sind im Zusammenhang mit der Lautstilistik auch die Gestaltungsmöglichkeiten des Verses und des Reimes zu berücksichtigen. Regelmäßige Betonungsverteilung und Klangwiederholung werden zwar sofort als ›dichterisch‹ empfunden, wenn sie in ganz deutlicher Form oder im Übermaß eingesetzt werden, aber auch in der alltäglichen Kommunikation – und keineswegs nur in der Werbung – finden sich genügend Beispiele für klanglich motivierte, die Grenze zum Vers oder zum Reim streifende Satzgliedstellungen oder Wortersetzungen.

Beispiel

> Im ersten Geschoß wohnen Peter und Irmela.
> Im ersten Obergeschoß wohnen Irmela und Peter.

Beide Sätze dürfen wohl als weitgehend inhaltsgleich betrachtet werden. Sie können also ohne nennenswerte Bedeutungsverschiebung gegeneinander ausgetauscht werden. Doch der erste dieser beiden Sätze ist klanglich harmonischer gestaltet: Seine Betonungsverteilung ist regelmäßiger (quasi-daktylisch), und es stehen mehr gleiche Vokale hintereinander, so dass sich ein leichter Eindruck von Assonanz ergibt (i-e-e-e-o-o-e-e-e-u-i-e-a), während der zweite Satz ganz holperige Prosa bietet und eine unregelmäßigere Vokalabfolge aufweist (i-e-e-o-e-o-o-e-i-e-a-u-e-e). Der erste Satz ist damit eingängiger und behaltbarer.

Tipp

> → Ein routinierter Sprecher wird die Gestaltungsmöglichkeiten der Lautstilistik nutzen, um mit Hilfe weniger Umstellungen und Wortersetzungen, wie sie fast immer vorgenommen werden können, aus einem holperigen einen ›flüssigen‹, gefälligeren Text zu machen.

3.2 | Wortstilistik

Der Wortschatz der Menschen verschiedener Bildung und Herkunft weicht in sehr erheblichem Ausmaß voneinander ab. Manche Menschen verfügen nur über einige tausend Vokabeln, andere über viele zigtausende. Und über diese rein quantitativen Unterschiede hinaus gibt es beträchtliche Abweichungen hinsichtlich der Lebenssphären, aus denen das vom einzelnen Individuum gespeicherte Vokabular stammt. Neben den offenkundigen **dialektalen Unterschieden** spielen dabei vor allem **soziolektale** Elemente eine große Rolle, also die durch Bildungsstand, Herkunft und Beruf determinierten Besonderheiten des Wortschatzes einer Person.

Das zeigt sich beispielsweise an der Beherrschung von **Fachbegriffen, Fremdwörtern, seltenen Wörtern (Rara)** und **Archaismen** sowie an der Fähigkeit, **Neologismen (Wortneubildungen)** zu analysieren und sich dadurch zu erschließen. Und außerdem spielt der **Grad der jeweiligen Verstehenstiefe** hierbei eine bedeutende Rolle. Vom bloßen ›Schon-mal-gehört-Haben‹ über die vorsichtige Anwendung bis zur sicheren und geläufigen Benutzung gibt es ein breites Spektrum an Formen und Graden der Wortaneignung. Das betrifft nicht nur seltene Fach- oder Fremdwörter.

Beispiel

> Wer etwa weiß, dass das Wort ›Hängematte‹ etymologisch auf das Westindische ›hamaca‹ zurückzuführen ist, das von Kolumbus ins Spanische eingeführt wurde und dann über das französische ›hamac‹ und das niederländische ›hangmac‹ ins Deutsche kam, wo es im 17. Jahrhundert zu ›Hengmatten‹ und schließlich zu unserem heutigen Wort ›Hängematte‹ wird, versteht den Begriff tiefer und gründlicher als jemand, der das Wort für ein normales deutsches Kompositum in der Art von ›Stehgeiger‹ oder ›Sitzriese‹ hält.

Warnung vor Demagogie: Bei der Verfertigung einer Rede oder bei der Beteiligung an einem Gespräch muss der Sprechende deshalb immer abschätzen, welchen Grad der Wortaneignung er bei seinen Zuhörern oder Dialogpartnern voraussetzen darf. Dabei wird in der Regel die Verständigungsabsicht im Vordergrund stehen, doch gerade in der Demagogie gibt es auch das **Instrument der bewussten Verunklarung** durch Benutzung von dem Auditorium nicht vertrauten Vokabeln. Mit Hilfe von Fremdwörtern oder Fachausdrücken kann bei einer Aktionärsversammlung, bei einer Parlamentsansprache und auch bei einem wissenschaftlichen Vortrag gezielt ›vernebelt‹ werden, wo argumentative Schwächen liegen oder was es an negativen Informationen mitzuteilen gibt.

3.3 | Satzstilistik

Satzlänge Auf der Satzebene kann zunächst durch die **Variation der Satzlänge** eine Anpassung an die Erfordernisse der Kommunikationssituation und an die Aufnahmekapazität der Rezipienten erreicht werden. Man unterscheidet zwischen kurzen, mittleren und langen Sätzen, wobei als Mittelwert in statistischen Analysen ein Umfang von 15 bis 20 Wörtern (das entspricht durchschnittlich vier bis sieben Satzgliedern) ermittelt werden konnte. Kurzsätze liegen unter, Langsätze über diesem Wert. Es versteht sich, dass **Kurzsätze** im Allgemeinen besonders verständlich und eingängig sind, weshalb sie in der Sprache der Politik, der Massenmedien und der Werbung recht häufig anzutreffen sind. Ihre Tendenz zur Vereinfachung und Zuspitzung kann jedoch bei Rezipienten mit höherer Sprachkompetenz auf Ablehnung stoßen. Umgekehrt erfordern **Langsätze** eine höhere Aufnahmekapazität, weshalb sie in wissenschaftlichen Texten, in anspruchsvollen Presseorganen und natürlich in der gehobenen Literatur anzutreffen sind. Dabei muss jedoch eine Unterscheidung zwischen der bloßen Aneinanderreihung (Parataxe) von Teilsätzen einerseits und ihrer Verschachtelung (Hypotaxe) andererseits vorgenommen werden:

Beispiel
> Das könnte an den Dichtungen, die unter dieser Abdeckung, auf der die zugehörigen Kennziffern stehen, sitzen, liegen.
> Das könnte an den Dichtungen liegen, die unter dieser Abdeckung sitzen, auf der die zugehörigen Kennziffern stehen.

Das erste dieser beiden Satzgefüge ist hypotaktisch, das zweite parataktisch strukturiert. Offenkundig ist das erste Gefüge erheblich schwerer zu verstehen, doch es wirkt auch gekünstelter. Welcher dieser beiden Effekte nützlicher ist, lässt sich nur mit Bezug auf eine konkrete Kommunikationssituation und auf den voraussichtlichen Erwartungshorizont der Zuhörer entscheiden.

Generell gilt der Ratschlag, Satzgefüge eher **einfach und verständlich** als zu unübersichtlich zu konstruieren. Schlechte Nachrichten lassen sich allerdings in einer komplexen Konstruktion besser verstecken als in einem Vierwortsatz, weshalb z. B. die Satzlänge im Haupttext und im Kleingedruckten von Werbeprospekten oft auf stilanalytisch interessante Weise variiert.

Neben der Satzlänge kann auch die Satzgliedstellung zur Erzielung rhetorischer Effekte genutzt werden. Wie in vielen anderen Sprachen so gibt es auch im Deutschen zahlreiche Möglichkeiten, die Aufmerksamkeit des Rezipienten durch **Voranstellung des inhaltlich wichtigsten Satzgliedes** gezielt zu lenken.

Satzgliedstellung

Beispiel

> Lea hat dieses Modell noch nicht ausprobiert.
> Dieses Modell hat Lea noch nicht ausprobiert.
> Noch hat Lea dieses Modell nicht ausprobiert.
> Ausprobiert hat Lea dieses Modell noch nicht.

Durch die Wahl entsprechender **Satzintonationsmuster** kann der Sprecher das Vorangestellte zusätzlich betonen, so dass Wichtiges hervorgehoben und Unwichtiges (oder etwas, wovon abgelenkt werden soll) aus dem Fokus der Rezipienten genommen werden kann.

Weitere Möglichkeiten zur Beeinflussung der Zuhörerschaft mittels gezielter Umstellung von Satzgliedern liegen in Gestalt der ›rhetorischen Figuren‹ vor, die schon von den Rhetorikern der Antike und des Mittelalters beschrieben wurden (s. Kap. 2.3).

3.4 | Textstilistik

Auch auf der Textebene lassen sich verschiedene Gestaltungsmöglichkeiten benennen, die zu einer Steigerung der Redewirkung beitragen können. Zunächst ist dies die **Segmentierung oder Portionierung des Textes**, also die Untergliederung in Abschnitte und die deutliche Markierung der Grenzen dieser Abschnitte. Vielen Zuhörern ist es eine große Hilfe, wenn zu Beginn einer Rede der Gesamtaufbau vorgestellt wird und wenn der Redner immer wieder verdeutlicht, an welcher Stelle seiner Argumentation bzw. seiner Darstellung er gerade angelangt ist:

Beispiel

> Wir befassen uns in den nächsten xy Minuten mit dem Problem xy.
> Mein Vortrag ist in fünf Abschnitte unterteilt.
> Ich werde Ihnen erstens ...
> Zweitens möchte ich dann ...
> Danach werde ich drittens ...
> Viertens möchte ich Ihnen dann ...

> Zum Schluss werde ich Ihnen dann fünftens …
> Ich beginne also mit dem ersten Abschnitt, in dem ich …

In schriftlich fixierten Texten sollten derartige Segmentierungen durch **graphische Signale** veranschaulicht werden. In Frage kommen hierfür Leerzeilen, Kapiteleinteilungen und -überschriften, Nummerierungssysteme, Schriftauszeichnungen (Fettdruck, Kursivierung, Unterstreichung), Veränderungen der Schriftart oder der Schriftgröße usw.

Mündlicher und schriftlicher Sprachgebrauch

Was den Darstellungsstil angeht, so kann auf der Textebene ferner zwischen einer eher **schriftsprachlichen** (›wie gedruckt‹ reden) und einer eher **am mündlichen Sprachgebrauch orientierten** Diktion (reden, ›wie einem der Schnabel gewachsen ist‹) unterschieden werden. Charakteristisch für einen mündlichen Stil wären beispielsweise kürzere Sätze, ein weniger gewähltes Vokabular, Ausrufe oder auch Einverständnis erheischende Kurzfragen wie z. B. ›nicht wahr?‹ oder ›ja?‹. Der mündliche Stil passt eher zu informellen, der schriftliche eher zu formellen, offiziellen Anlässen.

Hinsichtlich der Darstellungsinhalte kann zudem unterschieden werden zwischen:

- Aktionssequenzen
- Dialogsequenzen
- Deskriptionssequenzen
- Reflexionssequenzen

Aktionssequenzen schildern Handlungen, Geschehnisse, Abläufe. Sie stoßen oft auf ein recht großes Interesse, weil sie sich bei entsprechender Erzähltechnik farbig und spannend gestalten lassen. Das gilt auch für Dialogsequenzen, in denen der Redner Positionen in Form von Rede und Gegenrede aufeinander prallen lässt.

Deskriptionssequenzen, in denen Lokalitäten, Tatsachen oder Sachverhalte beschrieben werden, wirken demgegenüber häufig schon nach kurzer Zeit ermüdend. Erst recht gilt dies leider für Reflexionssequenzen, in denen der Sprecher das Für und Wider bestimmter Argumentationen erörtert.

Tipp

> → Viele Rezipienten haben Schwierigkeiten, derartige Darstellungen über längere Zeit hinweg mit Interesse und Aufmerksamkeit zu verfolgen, weshalb es angeraten sein kann, solche Redepassagen in einen fiktiven Dialog zwischen interessanten, typischen Repräsentanten der einen und der anderen Position einzukleiden.

Auch das **Problem der Individual- und der Zeit- oder Epochenstilistik** ist in diesem Zusammenhang noch kurz anzusprechen. Der Redner (also

z. B. ein Professor, der eine Vorlesung hält) kann den Ehrgeiz haben, seine unverwechselbare Individualität auch sprachlich zu manifestieren und der Rede seine ganz persönliche Note zu verleihen. Dies kann auf allen vier Ebenen der Stilistik geschehen, also etwa durch eine ungewöhnliche Aussprache (Klangebene), durch die wiederholte Nennung für sein Werk oder seine Haltung charakteristischer Schlüsselvokabeln (Wortebene), durch die gehäufte Verwendung bestimmter Satzbaupläne (Satzebene) oder z. B. durch einen stark dialogischen Redeaufbau (Textebene).

> → Von profilierten Rednern, die gerade wegen ihrer besonderen Eigenarten um einen Redebeitrag gebeten werden, erwartet man eine solche persönliche Note. Der durchschnittliche Redner ist hingegen fast immer gut beraten, wenn er seine Individualität auf stilistischer Ebene nur dann und wann durchblitzen lässt, da sonst leicht der Eindruck des Gesuchten, Manierierten oder gar Selbstverliebten entsteht.

Tipp

Der Einfluss der Zeitstilistik äußert sich meistens in der **Verwendung eines bestimmten Vokabulars,** das aktuell innerhalb des gegebenen Kontextes gebräuchlich ist, sowie im Vortragsstil selbst, d. h. in der Art der Aussprache und der nonverbalen Präsentation. Gute Beispiele hierfür liefern politische Ansprachen. Wer einmal eine Rede von Konrad Adenauer oder Erich Honecker anhört, merkt sofort, dass heute nicht mehr in dieser Weise formuliert und intoniert werden könnte – ganz zu schweigen von Reden aus der NS-Zeit, die durch ihr spezifisches Vokabular und durch das Pathos der Deklamation ganz leicht als Dokumente ihrer Epoche zu identifizieren sind.

> → Wer als Redner gegen die momentan gültigen Konventionen des Zeitstils verstößt, sollte dies in voller Absicht tun und diese seine Absicht durch metasprachliche Selbstkommentare offen zu erkennen geben, weil er sich sonst schnell den Vorwurf einhandelt, in nicht mehr zeitgemäßer oder umgekehrt in zu avantgardistischer Manier gesprochen zu haben.

Tipp

In den meisten alltäglichen Redesituationen gibt es keine Veranlassung und keine passende Gelegenheit, um die Konventionen des Zeitstils in Frage zu stellen und damit implizit eine Art Fundamentalkritik an den gerade herrschenden Redekonventionen zu artikulieren. Umso interessanter wirkt es, wenn sich bei bestimmten Redeanlässen (z. B. Dankesrede bei Verleihung eines Literaturpreises) plötzlich doch eine solche Möglichkeit eröffnet und wenn dann ein kompetenter Sprecher neue, vielleicht wegweisende und zukunftsträchtige Ausdrucksformen vorführt.

4. Überzeugen

Das Wichtigste in Kürze Um jemanden wirklich von etwas zu überzeugen, ist es allein mit Reden und Argumentieren oftmals nicht getan. In diesem Kapitel wird aufgezeigt, welche Bedingungen zusätzlich erfüllt werden müssen, um bei einem Gegenüber eine Verhaltens-, Meinungs- oder Einstellungsveränderung zu bewirken.

Wer es schafft, bei der Verfertigung einer Rede oder eines Gesprächsbeitrages alle bisher genannten Aspekte und Kriterien zu berücksichtigen, wird sicherlich ›einen überzeugenden Auftritt hinlegen‹. Ob es ihm auf diese Weise auch wirklich gelingt, seine Adressaten von seiner Sache zu überzeugen, ist jedoch eine ganz andere Frage.

Parlamentsrede Bei einer Parlamentsrede steht ja beispielsweise von Vorneherein fest, dass sich der politische Gegner mit an Sicherheit grenzender Wahrscheinlichkeit nicht von den Argumenten des Kontrahenten überzeugen lassen wird. Man wird dem Gegner u.U. durchaus zugestehen, seine Haltung überzeugend dargestellt, seine Konzepte überzeugend verteidigt, seine Meinung überzeugend vertreten zu haben. Und doch wird praktisch niemals ein Anhänger der Gegenseite daraufhin tatsächlich seine Überzeugungen aufgeben und durch andere ersetzen. Dafür gibt es vielerlei Gründe. Erstens vertritt der Parlamentsredner nicht seine persönliche Position, sondern die seiner Partei oder Fraktion, die in Arbeitskreisen, Ausschüssen und Fraktionssitzungen entwickelt und vereinbart wurde. Zweitens orientiert er sich an bestimmten Prinzipien (z.B. aus seinem Parteiprogramm), mit denen seine Einzelentscheidungen in Übereinstimmung zu bringen sein müssen. Drittens können konkrete Interessen (z.B. Rücksichtnahme auf die Wähler in seinem Wahlkreis) ihn dazu nötigen, an einer bestimmten Position festzuhalten. Und viertens können persönliche Aversionen oder Rivalitäten (beispielsweise im Hinblick auf anstehende Wahlentscheidungen) ihn dazu veranlassen, einem bestimmten Kontrahenten auf jeden Fall Paroli zu bieten, selbst wenn ihm dessen Argumente innerlich vielleicht durchaus nicht unplausibel erscheinen.

Gerichtsrede In der Gerichtsrede verhält es sich kaum anders. Auch hier sollen Richter, Verteidiger und Staatsanwälte nicht ihre persönliche Meinung vertreten, sondern eine bestimmte **Rolle** möglichst überzeugend verkörpern. Der Rechtsanwalt muss etwa immer das Beste für seinen Mandanten herauszuschlagen versuchen, selbst wenn er innerlich von dessen Schuld überzeugt ist, Verbrechen wie das in Rede stehende besonders verabscheuungswürdig findet, den Mandanten nicht ausstehen kann, die Einlassungen des Staatsanwaltes sehr vernünftig findet usw.

Hält man sich diese Zusammenhänge vor Augen, so wird man die Kraft des reinen, vernünftigen Argumentes nicht allzu hoch veranschlagen können. Um jemanden von etwas wirklich zu überzeugen, benötigt man in aller Regel mehr als ›bloße‹ Argumente – und seien sie noch so stichhaltig und unwiderlegbar. Es gibt jedoch eine Diskurssituation, in der es gerade zur Rolle der Beteiligten gehört, sich ganz auf den argumentativen Kern einer Überzeugungsstrategie zu konzentrieren, d. h. den Vertrauensaspekt möglichst hintanzustellen. Gemeint ist die **Wissenschaft**, in der es idealiter keine Rolle spielt, wer wann und wo ein Argument vorträgt, wenn es denn nur stichhaltig, d. h. mit den Anforderungen der Vernunft in Übereinstimmung zu bringen ist.

Die Diskursanalyse (Michel Foucault), die Wissenssoziologie (Max Weber; Pierre Bourdieu) und die Wissenschaftsgeschichte (z. B. Thomas Kuhn) haben zwar gezeigt, dass in der alltäglichen Praxis der wissenschaftlichen Arbeit nicht sehr viel von diesen hehren Idealen übrig bleibt. Denn auch Wissenschaftler stecken in Zwängen und Abhängigkeiten, verfolgen persönliche Interessen und lassen sich von ihren Grundeinstellungen kaum abbringen. Gleichwohl ist es sinnvoll, im Sinne einer **regulativen Idee** an einer Konzeption von Wissenschaft festzuhalten, in der das Überzeugen alleine auf das Argumentieren im Rahmen einer idealen Kommunikationsgemeinschaft (Jürgen Habermas) zurückzuführen wäre. Im fünften Kapitel des vorliegenden Bandes wird detailliert beschrieben, wie Argumentationen aufgebaut werden können, damit sie ihre ganze Wirkung entfalten.

4.1 | Ziele der Überzeugungsarbeit

In der Praxis ist es also sehr häufig nicht mit der Anwendung bestimmter rhetorischer Methoden oder Tricks getan, wenn man jemanden wirklich von etwas überzeugen will. Grundsätzlich lassen sich zunächst **vier unterschiedliche Ziele** einer auf das Überzeugen von Kontrahenten abzielenden Rede beschreiben:

- Einstellungsveränderung
- Meinungsänderung
- Verhaltensänderung
- Rollenwechsel

4.1.1 | Einstellungsveränderung

Bei der Einstellungsveränderung handelt es sich um das ambitionierteste Ziel, das sich ein Redner stecken kann. Wohinter jemand steht, wofür er sich wirklich stark macht, für was er tatsächlich einsteht, das hängt oftmals von tiefen inneren Prägungen ab, die auf das Vorbild primärer Bezugspersonen, auf nachhaltige Erziehungseinflüsse oder auf immer wieder bestätigte Lebenserfahrungen zurückzuführen sind. Von derartigen Einstellungen ist jemand in aller Regel nicht durch bloßes Reden abzubringen. Wer hierauf Einfluss nehmen will, muss schon eine **besondere Vertrauensstellung** bei dem zu Überzeugenden besitzen, wenn er eine Veränderung herbeiführen will. Und oft muss es sich auch um **besonders vertrauliche Kommunikationssituationen** handeln, wenn ein derartiger Effekt eintreten soll (z. B. bewegendes Gespräch mit der besten Freundin in einer Lebenskrise). Beispiele für solch tiefsitzende Einstellungen wären etwa die politische Grundhaltung, die religiöse Überzeugung, die wissenschaftlich-methodologische Verortung oder auch das Arbeitsethos einer Person.

4.1.2 | Meinungsänderung

Nur wenige Auffassungen eines Individuums sind allerdings im engeren Sinne als Einstellungen zu bezeichnen. Es gibt daneben eine Fülle an Meinungen und Neigungen, mit denen sich der Einzelne nicht in dem Maße identifiziert wie mit seinen Einstellungen und die ihm deshalb gleichgültiger sind. Beispiele hierfür wären etwa die Vorliebe für eine Kaffeesorte, das Engagement für einen Sportverein, das Interesse an einem Autor, die Neigung zu einer bestimmten Automarke usw. Der Einzelne wird zwar in der Regel – schon aus Bequemlichkeit – so lange wie möglich an derartigen Meinungen und Neigungen festhalten, doch wenn er aus vertrauenswürdiger Quelle neue Informationen über den betreffenden Gegenstand oder Sachverhalt bekommt, wird er in der Regel durchaus beeinflussbar sein.

Beispiel

> Dass vielleicht der besagte Kaffee mit Pestiziden verunreinigt, der Sportverein von Rechtsradikalen unterwandert, der Autor ein Plagiator oder die Automarke Schlusslicht in der Pannenstatistik ist, wird seine Meinung nicht unbeeinflusst lassen.

Wenn ihm **besonders respektable und vertrauenswürdige Instanzen** solche Zusatzinformationen geben, wird er seine Meinungen ändern, sofern die realistischen Alternativen nicht mit seinen tiefer sitzenden Einstellungen unvereinbar wären. Institutionen wie der TÜV, die Fünf Weisen, der Deutsche Hochschulverband, die Stiftung Warentest, die Bundesärztekammer usw. können diesen Vertrauensvorschuss bei situationsangemessener Selbstdarstellung nutzen, aber auch Einzelpersonen ohne institutionellen Background können Meinungsänderungen herbeiführen, wenn sie es schaffen, den Respekt und das Vertrauen ihres Gegenübers zu erwerben.

4.1.3 | Verhaltensänderung

Verhaltensänderungen sind entgegen landläufiger Erwartung **leichter** als Meinungsänderungen und erheblich leichter als Einstellungsveränderungen herbeizuführen, weil zwischen der Einstellung bzw. Meinung einerseits und der konkreten Handlung andererseits kein direkter, unauflöslicher Wirkungs- und Bedingungszusammenhang besteht. Man kann dieselbe Einstellung oder Meinung vertreten und doch ganz unterschiedlich handeln. Und man kann umgekehrt die gleiche Handlung vollziehen und sich dabei auf die unterschiedlichsten Meinungen oder Einstellungen berufen.

Wer es also schafft, jemanden davon zu überzeugen, dass sein bisheriges Verhalten gar nicht in Einklang mit seinen Einstellungen und Meinungen steht, dass es also konsequenter und plausibler wäre, gerade bei dieser seiner Meinung ein ganz anderes Verhalten zu zeigen, der kann durchaus eine Verhaltensänderung bewirken. Die Wirkung ergibt sich dann daraus, dass dem zu Überzeugenden **ganz weitgehend zugestimmt und bloß eine noch überzeugendere Handlungsalternative angeboten wird**.

»Bisher habe auch ich den Kaffee × getrunken, weil ich ihn für besonders mild hielt, aber der Kaffee y ist noch viel milder, kommt also unseren gemeinsamen Geschmacksdispositionen noch stärker entgegen.«

Beispiel

Wenn solche Überzeugungsakte gelingen sollen, muss der Überzeugende allerdings auch eine gewisse Vertrauenswürdigkeit ausstrahlen. Falls z. B. sofort eine Verkaufsabsicht erkennbar ist, nehmen die meisten zu Überzeugenden eine Abwehrhaltung ein.

4.1.4 | Rollenwechsel

Wenn alle diese Einflussmöglichkeiten versagen, kann der Redende noch versuchen, den Kontrahenten aus seiner Rolle herauszulösen und ihn dadurch für andere Arten von Argumenten zugänglich zu machen.

»Herr Staatsanwalt, bitte urteilen Sie doch einmal vom rein menschlichen Standpunkt aus: Ist denn das Verhalten meines Mandanten nicht ganz leicht nachvollziehbar?«

Zwar ist in solchen Fällen eher von der Vorbereitung eines Überzeugungsprozesses als von eigentlicher Überzeugungsarbeit zu sprechen, doch da ein erstes Ziel immer die Herstellung einer gewissen Vertrauenswürdigkeit ist, kommt dieser Methode große Bedeutung im Überzeugungsprozess zu. Viele Verkäufer versuchen deshalb im Verkaufsgespräch, die Verkaufssituation als solche vergessen zu machen und eher ein freundschaftliches, kollegiales, nachbarschaftliches oder direkt-vertrauliches Verhältnis zu ihren Kunden aufzubauen. Auch ein Redner kann sich auf diese Weise zunächst Eintritt in den Kreis der Vertrauenspersonen seiner Adressaten zu verschaffen versuchen. Oft wird hierbei mit den Mitteln der **kontrollierten Authentizität** gearbeitet, d. h. mit einer demonstrativen Betonung des Menschlichen, Natürlichen, Selbstverständlichen.

4.2 | Agenda Setting

Außerhalb der Wissenschaften spielen ›reine‹ Argumente nur dann eine zentrale Rolle, wenn sich der zu Überzeugende zu der jeweils in Rede stehenden Angelegenheit noch überhaupt keine Meinung gebildet hat bzw. wenn ihm diese Angelegenheit räumlich, zeitlich und/oder emotional fernsteht, so dass seine persönlichen Einstellungen oder Meinungen nicht bzw. in für ihn nicht sofort erkennbarer Weise tangiert werden. Da es ihm schwerfällt, hierzu eine eigene Meinung zu entwickeln, wird er typischerweise auf die Position des ›gesunden Menschenverstandes‹ rekurrieren, der für solche Fälle eine Reihe von simplen Schlussverfahren bereitstellt.

Ob also z. B. die Bestimmungen der Wormser Reichsmatrikelordnung von 1521 gerecht oder ungerecht waren, wird den meisten Menschen gleichgültig sein. Dieses Thema steht gewissermaßen nicht auf ihrer Tagesordnung und erregt deshalb kaum Interesse oder Anteilnahme. Erklärt man ihnen allerdings, dass es bei diesen Bestimmungen u. a. um die im heutigen Föderalismus nach wie vor aktuelle Frage der Verteilung des gesamtstaatlichen Steueraufkommens zwischen den diesen Staat konstituierenden Ländern ging, wird ihr Interesse womöglich steigen.

Etwas auf die Tagesordnung bringen: Was allerdings auf dieser Agenda steht und was nicht, ergibt sich keineswegs bloß aus den speziellen Interessen und Dispositionen des Individuums. Vielmehr besteht durchaus die Möglichkeit, von außen **Einfluss auf die Verfertigung solcher ›Tagesordnungen‹** zu nehmen und gezielt dafür zu sorgen, dass sich bestimmte Gruppen von Menschen plötzlich intensiv mit einer Sache beschäftigen, engagiert darüber diskutieren und sich diesbezüglich große Sorgen oder Hoffnungen machen.

> Das beste Beispiel hierfür liefern natürlich die Massenmedien, die es bewirken, dass von den unübersehbar vielen Kriegshandlungen, Attentaten, Verbrechen oder Skandalen, die sich täglich ereignen, nur eine ganz bestimmte Auswahl thematisiert, problematisiert und eventuell auch aufgebauscht oder marginalisiert wird.

Beispiel

Die Begründer der sogenannten ›Agenda-Setting-Theorie‹, die sich mit diesen Phänomenen beschäftigt, waren zunächst der Auffassung, dass die Massenmedien quasi freie Hand bei der Auswahl und Besetzung von Themen hätten. Im Laufe der 1970er Jahre kristallisierte sich jedoch heraus, dass es mindestens **vier einschränkende Faktoren** gibt, die den Themensetzern gewisse Schranken vorgeben.

1. Es muss zwischen **stärker und schwächer sensibilisierbaren Rezipienten** unterschieden werden. Auch wenn z. B. der Anstieg des Meeresspiegels infolge der Erderwärmung ein an und für sich beunruhigendes Phänomen darstellt, so ist doch der Bergbauer objektiv weniger davon betroffen als der Bewohner einer Insel oder eines Atolls.

Grenzen des Agenda Setting

2. Die schon vorhandenen **Einstellungen und Meinungen der Rezipienten** spielen hier wieder eine bedeutende Rolle. So wird sich der Ökoaktivist intensiver mit dieser Problematik befassen als ein Anhänger technokratischer Weltanschauungen.

3. Die **Mediennutzungsgewohnheiten des Individuums** spielen eine bedeutende Rolle. Denn wer nur eine Zeitung oder nur wenige Fernsehprogramme rezipiert, bekommt u. U. eine eindimensionale Vorstellung von einem Thema vermittelt, während der medienpromiske Rezipient immer mehrere Positionen zu einem Thema wahrnimmt und dadurch die Versuche, ihm eine bestimmte Agenda aufzuzwingen, neutralisiert.

4. Schließlich ist der **Neuigkeitswert eines Themas** – wie oben bereits angedeutet wurde – von Bedeutung. Bei bereits bekannten, zum wiederholten Male auf die Tagesordnung gesetzten Themen können oft nur noch die bis dahin noch nicht sensibilisierten Personen interessiert oder alarmiert werden. Wie man sieht, **steht der Medienagenda also immer eine persönliche Agenda gegenüber**. Nicht alle Skandale berühren mich, sondern nur die, über die mich aufzuregen ich aufgrund bereits vorhandener Einstellungen oder Dispositionen bereit

bin. Wenn ich jedoch aufnahmebereit bin, kann man mir quasi vorgeben, worüber ich mich morgen oder übermorgen echauffieren werde.

Relevanz für den Alltag: Dieser letzte Punkt ist nun aber für die alltägliche Arbeit des Überzeugens von großer Bedeutung. Denn auch hier, außerhalb der Massenmedien, **muss jemand, der sein Gegenüber von etwas überzeugen will, im ersten Schritt dessen Agenda beeinflussen**. Es muss ihm also gelingen, das Thema, um das es gehen soll, so darzustellen, dass es der zu Überzeugende für interessant hält und gleichsam auf seine Tagesordnung setzt. Dies gelingt zuverlässig nur, wenn die Relevanz für die Einstellungen und Meinungen des Gegenübers demonstriert werden kann.

Beispiel

> Der Anstieg des Meeresspiegels wird den erwähnten Technokraten also eventuell vollkommen kalt lassen. Doch vielleicht erregen die technischen Probleme des Deichbaus oder die ökonomischen und versicherungsrechtlichen Fragen sein Interesse. Dann liegt hier das Punctum saliens (der springende Punkt), durch das dieses Thema auf seine Agenda gebracht werden kann. Der Argumentierende wäre also in diesem Falle gut beraten, die eigentliche ökologische Problematik zunächst ganz außer Acht zu lassen und das Thema von einem ganz anderen Gesichtspunkt aus einzuführen. Wenn dann der Sprung auf die Agenda geschafft ist, können nach und nach ökologische Aspekte mit angesprochen werden.

Schon durch die Art der Platzierung eines Themas wird also vorbestimmt, ob das Gegenüber sich die Problematik wirklich zu eigen macht oder in einer Haltung der Indifferenz oder gar der Abwehr verharrt. Bevor man jemanden von etwas zu überzeugen versucht, sollte man sich also möglichst detailliert darüber zu informieren versuchen, welche Themen auf dessen persönlicher Agenda stehen, wo man ihn also ›packen‹ kann. Und umgekehrt sollte man es natürlich möglichst frühzeitig bemerken, wenn jemand gezielt unsere persönlichen Interessengebiete ins Spiel bringt, um dann mehr oder minder geschickt auf ganz andere Themen hinzulenken.

Nicht wenige Argumentationsversuche enden in einem für beide Seiten letztlich fruchtlosen **Ringen um die Agenda**, wenn nämlich keiner des anderen Themensetzung zu akzeptieren bereit ist, so dass lediglich die unterschiedlichen Voreinstellungen artikuliert und bekräftigt werden. Es wäre ein jeden Lernfortschritt unmöglich machender Starrsinn, wenn man stets auf der eigenen Agenda beharren wollte und nicht in der Lage wäre, wenigstens probeweise einmal den Standpunkt des Gegenübers einzunehmen. Genaue **Selbstbeobachtung, Selbstdisziplin und Selbstreflexion** schützen hierbei vor einem Zuviel oder Zuwenig an Entgegenkommen.

4.3 | Vom Meinungsführermodell zur Netzwerktheorie

Im Kontext der amerikanischen Präsidentschaftswahlen von 1940 wurden systematische Studien über das Wahlverhalten der Bürgerinnen und Bürger durchgeführt, in deren Folge die sogenannte ›Two-Step-Flow-Theorie‹ entstand, die auch als ›Opinion-Leader-Theorie‹ bzw. im deutschsprachigen Raum als ›Theorie der Meinungsführerschaft‹ bezeichnet wird (vgl. Bonfadelli 2001, 133–146).

Die Theorie der Meinungsführerschaft besagt, dass der direkte Einfluss der Massenmedien auf Wahlentscheidungen geringer ist, als man zunächst angenommen hatte, und zwar deshalb, weil etwa ein Fünftel der Wähler sogenannte Meinungsführer sind, die als Vermittlungs- oder Interpretationsinstanz wirken, indem sie den weniger Interessierten und weniger Kompetenten ihre Sicht der Dinge auf überzeugende Weise nahebringen.

Zum Begriff

Solche **Meinungsführer gibt es in allen Gesellschafts- und Bildungsschichten**. Es handelt sich bei dieser Gruppe also keineswegs um die Intellektuellen, um Prominente oder um sonstwie bekannte und herausragende Persönlichkeiten, sondern um ganz normale Menschen aus der Nachbarschaft, die jedoch aufgrund ihrer persönlichen Ausstrahlung, ihrer Beliebtheit, ihrer Vertrauenswürdigkeit, ihrer Kompetenzen, ihres Einflusses oder auch ihrer Kontaktfreudigkeit und ihres dichteren sozialen Netzwerkes mehr und erfolgreicher kommunizieren als ihre in dieser Hinsicht unauffälligeren oder inkompetenteren Mitmenschen.

Von Zeit zu Zeit ist fast jeder Meinungsführer: Bis in die 1970er Jahre hinein verlegte sich die Wahlforschung darauf, die Meinungsführer zu identifizieren und zu erforschen, denn man erhoffte sich davon eine Reduzierung der hohen Wahlkampfkosten und eine Steigerung der Werbewirkungen. Man konzentrierte sich also auf den Versuch, das besagte Fünftel gezielt zu beeinflussen, um auf diese Weise Multiplikatoreffekte zu erzielen. In der Praxis zeigten sich jedoch schnell die **Grenzen des Konzeptes**. Vor allem war die strikte Trennung zwischen Meinungsführern und ihren Gefolgsleuten nicht aufrecht zu erhalten. Die Meinungsführer schienen ihren Einfluss immer nur auf ganz bestimmten Gebieten ausüben zu können, und dieser Einfluss selbst blieb nicht konstant, sondern veränderte sich im Lauf der Jahre. Letztlich schien fast jeder – wenn auch nur in bestimmten Angelegenheiten und zu bestimmten Zeiten – Meinungsführerschaft ausüben zu können. An die Stelle des Two-Step-Flow-Modells traten deshalb ab den 1980er Jahren Netzwerktheorien, die zwar auch zwischen zentralen und marginalen Positionen differenzierten, die jedoch das simple Meinungsführer-Gefolgsleute-Modell durch die Vorstellung **komplexer, polyzentrischer und dynamischer Netzwerke** ersetzten (vgl. Bonfadelli 2001, 143–146). Dabei zeigte sich nicht zuletzt, dass auch die Randfiguren in einem Netzwerk sehr wichtige Funktionen erfüllen können, und zwar speziell im Hinblick auf die Möglichkeit, neue Brücken zu benachbarten Netzwerken zu schlagen und auf diese Weise neue Impulse aufzunehmen.

Umsetzung in die Praxis: Für die Alltagsrhetorik, also für die ganz normalen Kommunikationssituationen, in die sich jedermann von Zeit zu Zeit gestellt sieht, haben diese Erkenntnisse größte Bedeutung. Will man ein bestimmtes Ziel erreichen und eine bestimmte Meinung durchsetzen, so wird man drei Dinge berücksichtigen müssen:

Checkliste

> → Welche Netzwerke existieren in dem Feld, das ich beeinflussen möchte? Wer steht im Zentrum, wer an der Peripherie dieser Netzwerke? In welche Richtung entwickeln sich die Machtstrukturen in diesen Netzwerken (Identifikation von Auf- und Absteigern)?
> → Ist es erfolgversprechender, die identifizierten Netzwerke vom Zentrum oder von der Peripherie aus ›erobern‹? Sind also für mich die Zentralfiguren erreichbar und kann ich sie wirksam beeinflussen, oder sollte ich zunächst nur von der Peripherie aus einen Impuls einzubringen versuchen?
> → Welche rhetorischen Strategien sind bei den Personen, die für mich tatsächlich erreichbar sind, anzuwenden?

Beispiel

An einem kleinen Beispiel sei die Bedeutung der Netzwerktheorie kurz veranschaulicht. Nehmen wir etwa an, dass Sie bei den nächsten Vorstandswahlen in Ihrem Sportverein einen bestimmten Kandidaten unterstützen möchten. Sie könnten dann auf die Idee kommen, für den Wahltag eine Ansprache vorzubereiten, mit der Sie die Wahlberechtigten von den Vorzügen Ihres Kandidaten zu überzeugen versuchen. Selbst wenn Sie bei der Verfertigung dieser Rede alle Finessen der Rhetorik und Stilistik, wie sie weiter oben dargestellt wurden, berücksichtigen, werden Sie mit größter Wahrscheinlichkeit nicht zum Ziel gelangen. Denn in aller Regel existieren in solchen Vereinen zahlreiche Netzwerke, in denen die Abstimmung gründlich vorbereitet, d. h. vorbesprochen und im Hinblick auf ihre Konsequenzen für die Mitglieder des jeweils eigenen Netzwerkes durchdacht wird. Selbst wenn es Ihnen in Ihrer Ansprache gelingen sollte, die in diesen Vorbesprechungen geäußerten Argumente teilweise zu widerlegen, wird dies praktisch keine Wirkung zeigen. Denn erstens sind die Wählenden an ihre Absprachen gebunden, können sich jedenfalls nicht ohne Konsequenzen darüber hinwegsetzen. Und zweitens wird man Ihr Plädoyer als Ausdruck der Stellungnahme für ein anderes Netzwerk interpretieren, selbst wenn dies nicht der Fall ist.

Die Bereitschaft, sich überzeugen zu lassen, ist also von Vorneherein äußerst gering. Es müsste schon eine Pattsituation, eine echte Krise (Auflösung bisheriger Netzwerke) oder eine andere Problemsituation vorliegen, in der das Mit- und Gegeneinander der Netzwerke zu keiner Lösung führt, damit Sie mit Ihrem Wahlaufruf durchdringen könnten. In allen anderen Fällen wird man Ihnen nur auf die Schulter klopfen, Ihr Redetalent loben, Ihre Argumente wiederholen, soweit sie mit der eigenen Haltung in Übereinstimmung zu bringen sind – und sich ansonsten an der Wahlurne so verhalten, wie es vorher vereinbart war.

Als kluger Netzwerker hätten Sie dagegen Ihren Auftritt in gezielten Einzelgesprächen mit den (zentralen oder peripheren) Repräsentanten der einzelnen Netzwerke vorbereiten und eine Mehrheit für Ihren Vorschlag organisieren müssen. Ihre große Ansprache am Wahltag hätte dann eine ganz andere Resonanz gefunden, wäre auf erheblich fruchtbareren Boden gefallen, selbst wenn Ihre Argumente vielleicht – vom logischen Standpunkt aus betrachtet – ungenügend wären.

Und was hier am Beispiel eines Sportvereins gezeigt wurde, gilt eben auch für die Politik oder für die Wissenschaften. Wenn Sie in einem Universitätsseminar ein flammendes Plädoyer für eine bestimmte Methode halten, so wird man Ihnen, wenn Sie rhetorisch-stilistisch alle Register ziehen, gewiss bescheinigen, dass Sie Ihre Sache überzeugend vertreten und ›eine gute Figur gemacht‹ haben. Doch von ihren eigenen methodischen Prädispositionen werden sich weder Ihre Kommilitonen noch natürlich Ihr Seminarleiter abbringen lassen, weil diese Prädispositionen zu tief verankert und – bewusst oder unbewusst – mit vielerlei weltanschaulichen Einstellungen verknüpft sind. Da man in der Wissenschaft an der regulativen Idee von der Kraft des reinen Argumentes festhält, werden Sie deshalb allerdings keine Sanktionen zu befürchten haben (während in dem besagten Sportverein u. U. durchaus mit Konsequenzen wie Isolation oder Gerüchtebildung zu rechnen wäre). Im geschützten Raum des akademischen Lebens kann es deshalb sinnvoll sein, in einer Art Testlauf eine bestimmte Position durchzuspielen, auch wenn keine ernsthafte Aussicht besteht, den Zuhörern mehr als ein Lob für den ›gelungenen Auftritt‹ und eine gute Note abzutrotzen.

In Politik und Wissenschaften

4.4 | Sympathielenkung

Wenn es um die Herausbildung und Konsolidierung von Einstellungen geht, orientiert man sich in der Regel an den eigenen Vertrauenspersonen (also primären Bezugspersonen wie z. B. Lebenspartnern, Eltern, besten Freunden usw.). Bei der Festlegung seiner eigenen Meinung unterliegt man oft zusätzlich dem Einfluss derjenigen, denen man in dieser Hinsicht die meiste Kompetenz zuschreibt (›Experten‹ wie Ärzte, Wissenschaftler, für seriös gehaltene Journalisten usw.). Und wenn es schließlich ›nur‹ um (unwichtigere, alltägliche) Kaufentscheidungen oder um

Verhaltensweisen von ähnlicher Belanglosigkeit geht, gewinnen zusätzlich die Einflüsterungen derjenigen an Gewicht, die nicht auf unser Vertrauen oder auf die Anerkennung ihrer Autorität, sondern bloß auf unsere Sympathie rechnen können. Wenn ich mir nur an der nächsten Ecke ein Gebäckstück kaufen möchte, beratschlage ich nicht vorher mit meiner besten Freundin und hole auch nicht die Stellungnahme eines kompetenten Ernährungsberaters ein. Entscheide ich dann aber ganz frei? Unterliege ich hierbei keinerlei Einfluss?

Sich sympathisch machen: Die Konsumenten- und Werbepsychologie weiß seit langem, dass in diesen harmloseren Entscheidungssituationen Mechanismen wirksam werden, die sich dem Oberbegriff ›Sympathielenkung‹ subsumieren lassen (vgl. Felser 1997, 181–186). **Sechs Faktoren** scheinen hierbei von besonderer Bedeutung zu sein und maßgeblich darüber zu entscheiden, ob wir eine bestimmte Person für sympathisch halten und eine von ihr vertretene Position akzeptieren und übernehmen.

Sechs Faktoren der Sympathielenkung

1. Hierbei spielt der **Aspekt der Ähnlichkeit** eine Rolle, also die Frage, ob ich mein Gegenüber als ›Menschen vom gleichen Schrot und Korn‹ oder als jemanden Fremdes identifiziere. Die Ähnlichkeitsbeziehung kann sich hierbei auf relativ abstrakte Phänomene wie Werte, Einstellungen, politische und religiöse Überzeugungen, Ausdrucksweisen etc. beziehen, aber sie kann auch an Äußerlichkeiten wie an einem bestimmten Bekleidungsstil, an der Präferenz für eine Automarke, an Ernährungsgewohnheiten und an tausend anderen Kleinigkeiten festgemacht werden.

Tipp

> → Um jemanden von etwas zu überzeugen, sollte man demnach behutsam nach Ähnlichkeiten suchen und diese explizit betonen (gleiches Hobby, gleiche theoretische Grundpositionen, gleiches Ferienziel, gleiche Automarke, gleiche Haltung zu einer aktuellen politischen Frage usw.).

2. Offenbar spielt die relative **räumliche Nähe** eine Rolle, weil man sich gegenüber Personen, die man mit einer gewissen Wahrscheinlichkeit wiedertrifft, anders verhält als gegenüber Fremden, denen man voraussichtlich nur einmal in seinem Leben begegnet.

Tipp

> → Es ist deshalb zweckdienlich, Gelegenheiten zu finden und explizit zu nennen, bei denen man seinem Gegenüber mit einer gewissen Wahrscheinlichkeit erneut über den Weg laufen wird (»Ich bin auch öfter in XY ...«). Umgekehrt dürfen Sie innerlich schmunzeln, wenn sich Ihr Autoverkäufer beiläufig nach Ihrem Wohnort erkundigt und sofort berichtet, dass sein bester Freund zufällig ganz in der Nähe wohnt und dass er deshalb demnächst öfter in Ihrer Gegend sein wird ...

3. Das »Ausmaß der Selbstoffenbarung« (Felser 1997, 182) muss offenbar ungefähr ausgewogen sein, wenn eine Interaktion von beiden Seiten positiv bewertet werden soll.

> → Es ist also nicht zweckdienlich, dem Gegenüber sofort sein Herz auszuschütten und damit quasi emotional in Vorleistung zu treten, um nach dem Prinzip des Gebens und Nehmens (›entwaffnende Offenheit‹) eine entsprechende Selbstoffenbarung des Gegenübers mehr oder minder zu erzwingen. Vielmehr wird dies oft als Aufdringlichkeit wahrgenommen, weshalb derartige Einblicke in das eigene Seelenleben nur häppchenweise gewährt werden sollten. In der richtigen Dosierung angewandt verfehlen solche persönlichen Geständnisse (»Ich habe auch eine Schwäche für diese Schokoladensorte«) allerdings selten ihr Ziel.

Tipp

4. Uns mögen diejenigen, denen wir glaubhaft den Eindruck vermitteln, dass wir sie unsererseits mögen. Von der subtilen körpersprachlichen Bekundung des Interesses an meinem Gegenüber bis hin zur plumpen Anbiederung gibt es freilich eine Fülle an Ausdrucksmöglichkeiten, um Sympathie zu signalisieren. Und gleichzeitig steht hier eine Fülle an Fettnäpfchen bereit, zwischen denen man sich virtuos hin- und herbewegen können muss, wenn man erfolgreich mit dem Instrument der offenen Sympathiebekundung arbeiten möchte.

> → In eher offiziellen Situationen (Seminarvortrag, Gerichtsrede, Wahlansprache, Examensprüfung usw.) reagieren die meisten Rezipienten sehr allergisch auf derartige Manöver, weshalb von diesem Werkzeug nur in vorsichtigster Dosierung Gebrauch gemacht werden sollte.

Tipp

5. Es ist von großer Bedeutung, dass man uns nicht mit negativen Phänomenen assoziiert, und zwar auch und gerade dann, wenn die Situation eine solche Verwechslung durchaus nahelegt. Der Gerichtsvollzieher und der Zahnarzt begegnen uns üblicherweise in Situationen, in denen sie sich schwerlich beliebt machen können, während der Eisverkäufer keine bedeutenden Anstrengungen zu unternehmen braucht, um ein Lächeln auf die Lippen seiner Kunden zu zaubern.

> → Wer in der Gefahr schwebt, mit (s)einer unangenehmen Tätigkeit oder Rolle zu sehr identifiziert zu werden, muss deshalb bemüht sein, sich als Helfer seines Gegenübers zu präsentieren oder sich von

Tipp

> seiner eigenen Rolle nach Möglichkeit zu distanzieren (»Ich kann Sie
> sehr gut verstehen, aber in meiner Eigenschaft als XY muss ich Ihnen
> leider ...«).

6. Auch die körperliche Attraktivität spielt im Falle der weniger gewichtigen Entscheidungen eine bedeutende Rolle. Verhaltensbiologische, tiefenpsychologische, sexualpsychologische, ästhetische und andere Forschungsansätze sind bemüht worden, um zu erklären, was die Alltagserfahrung lehrt, dass nämlich attraktive Menschen im Durchschnitt mehr Aufmerksamkeit auf sich ziehen und mehr Einfluss ausüben als weniger attraktive Personen (vgl. Menninghaus 2003). Für unser Thema bedeutet dies, dass es tatsächlich nicht falsch ist, sich für eine Rede oder ein Gespräch entsprechend ›zurecht zu machen‹, d. h. sich situationsangemessen und typgerecht zu kleiden und zu schminken, vorher zu baden und zu fönen, freundlich zu lächeln und kurz: das Beste aus sich zu machen.

Tipp

> → In unterschiedlichen Kontexten ist der Attraktivitätsfaktor allerdings von unterschiedlichem Gewicht. Je ernster und gewichtiger das Gegenüber die Kommunikationsinhalte findet, desto geringer ist der Einfluss der körperlichen Schönheit. Entscheidend ist hierbei, dass es nicht die Inhalte als solche sind, die den Grad des Einflusses determinieren, sondern die – oft nicht leicht einzuschätzende – Ernsthaftigkeit und Wichtigkeit, die sie in den Augen des Gegenübers besitzen. Im Durchschnitt werden hierbei eine Trauerrede und ein Prüfungskolloquium sicherlich anders bewertet werden als die Moderation einer Unterhaltungsshow oder die Führung durch eine Kunstausstellung.

4.5 | Reaktanzvermeidung

Der Versuch, jemanden von etwas zu überzeugen, schlägt nicht selten deshalb fehl, weil **das Gegenüber die Beeinflussungsabsicht durchschaut** und daraufhin ›die Schotten dicht macht‹, d. h. innerlich den Diskurs abbricht und ganz grundsätzlich keine Bereitschaft mehr aufbringt, von der eigenen Position abzurücken. Derartige Rückzüge müssen unbedingt vermieden werden, wenn ein Gespräch oder eine Rede zum Erfolg führen soll, ja in Kommunikationssituationen, die unter ungünstigen Rahmenbedingungen stattfinden, besteht sogar die erste und wichtigste Aufgabe darin, einer solchen Reaktion vorzubeugen. Wenn der Sprechende seine Adressaten zu stark in eine bestimmte Richtung zu drängen versucht, sie also ihrer Wahlfreiheit beraubt, zeigen diese Adressaten typischerweise das beschriebene Reaktanzverhalten und sind auch mit Engelszungen nicht mehr von ihrer angestammten Position abzubringen (vgl. Felser 1997, 221–238).

Eine alltägliche Schizophrenie: Erstaunlich ist daran, dass in den meisten Fällen ja schon aus der Situation ersichtlich ist, dass das Gegenüber eine Beeinflussungsabsicht hegen dürfte. Wer ein Möbelgeschäft betritt, kann ja eigentlich nicht ernsthaft überrascht sein, wenn ein Verkäufer ihm dieses oder jenes Produkt aufzuschwatzen versucht. Gleichwohl reagieren sehr viele Käufer verärgert und trotzig, wenn der Verkäufer keine Anstrengungen unternimmt, um sich zu verstellen und die Situation umzuinterpretieren. Erst wenn der Verkauf als ›unverbindliche Beratung‹ inszeniert wird oder wenn sich der Verkäufer als Freund, Nachbar, Kollege o. Ä. geriert, weichen die Dämme und das Verkaufsritual kann sich vollziehen.

Daraus lässt sich die Regel ableiten, dass der zu Überzeugende nach Möglichkeit den Eindruck gewinnen muss, jederzeit Herr seiner selbst geblieben zu sein und die anstehende Entscheidung völlig unbehelligt und aus eigenen Stücken getroffen zu haben. Die verschiedenen Maßnahmen der rhetorischen und psychologischen Beeinflussung müssen deshalb immer mit größter Sorgfalt dosiert werden. Ein Wort zuviel – und schon gehen die Klappen herunter, und der Versuch ist gescheitert.

Dass der Adressat so sensibel auf die Einschränkung seiner – vermeintlichen oder tatsächlichen – Wahl- und Entscheidungsfreiheit reagiert, lässt sich freilich für bestimmte Zwecke nutzbar machen, wobei allerdings die Grenze zur Unfairness schnell überschritten werden kann. So steigt, wie Versuche gezeigt haben, das Interesse an einer bestimmten Entscheidungsalternative, wenn diese Alternative bedroht ist oder nur bedingt zur Verfügung steht (»Sie können X oder Y haben, aber Y steht Ihnen nur noch heute zur Verfügung, während Sie X jederzeit haben können.« Das Interesse an Y nimmt daraufhin zu).

Daraus ergibt sich, dass mit der **Methode der künstlichen Verknappung** gezielt operiert werden kann. Wenn ich möchte, dass sich mein Gegenüber für Y entscheidet, präsentiere ich also dieses Y als besonders seltenes Gut, indem ich es einem stets oder leichter verfügbaren X gegenüberstelle. Allerdings ist auch hier wieder große Vorsicht geboten. Denn in der Produktwerbung ist diese Methode so verbreitet, dass die Wahrscheinlichkeit nicht groß ist, unbemerkt damit operieren zu können. Die künstliche Verknappung muss schon sehr geschickt, vielleicht eher beiläufig und gegen Ende der Rede bzw. des Gespräches, ins Spiel gebracht werden, wenn sie nicht Reaktanz erzeugen soll. Auch und gerade wer diese Methode aus moralischen Gründen nicht selbst verwenden möchte, da sie auf einer Täuschung des Gegenübers beruht, sollte sie kennen und erkennen können.

Redeerfolge nachhaltig sichern: Und noch an einem weiteren Punkt spielt die Reaktanzvermeidung eine wichtige Rolle. Auch wenn der Überzeugungsvorgang erfolgreich abgeschlossen werden konnte und das Gegenüber die gewünschte Reaktion (Verhaltensänderung, Entscheidung, Kauf usw.) zeigt, kann es noch zu einer Panne kommen. Denn jede Entscheidung, selbst wenn ich sie tatsächlich ganz aus freien Stücken treffe, bedeutet eine Einschränkung meiner Wahlfreiheit. Die andere Alternative, mit der ich bis dahin liebäugelte und die ja auch ihre Reize und Vorzüge besitzen wird, ist endgültig vom Tisch, und deswegen entsteht beim Kunden ein der Verkaufspsychologie seit langem bekanntes, praktisch mit jeder Kaufentscheidung einhergehendes **Gefühl der Reue**. Um dieses Gefühl zu **neutralisieren** und einer Rückgängigmachung der getroffenen Entscheidung vorzubeugen, muss der Kunde noch einmal in seiner Entscheidung bestärkt werden, indem man ihm zum Kauf gratuliert, noch einmal die Sinnhaftigkeit der Entscheidung unterstreicht, die Alternative noch einmal abwertet oder sonstwie dafür sorgt, dass sich die tatsächliche Einschränkung der Wahlfreiheit nicht doch noch in Unzufriedenheit mit dem Produkt verwandelt und vielleicht sogar zum Umtausch führt.

Für nicht-kommerzielle Rede- und Gesprächssituationen bedeutet dies, dass auch und gerade nach einem ›Triumph‹, wenn man also andere von seiner eigenen Ansicht überzeugt hat, unbedingt noch einmal nachgearbeitet werden muss. Andernfalls besteht die Möglichkeit, dass der Redekontrahent zwar am Ende des Gespräches zustimmt, dass er sich dann aber einige Stunden später eines Besseren besinnt und doch wieder umschwenkt. Ein überzeugter Kontrahent muss deshalb im Idealfall dazu gebracht werden, sich vor Zeugen zu seiner neuen Ansicht zu bekennen, so dass er keinen Rückzieher machen kann, ohne an Glaubwürdigkeit zu verlieren.

Wie man sieht, ist das Geschäft des Überzeugens eine sehr mühselige Tätigkeit, deren Gelingen nicht schon gesichert ist, wenn die Adressaten zustimmend nicken. Erst in den Stunden nach dem eigentlichen Kommunikationsakt entscheidet sich, ob der Überzeugungsversuch **nachhaltige Wirkungen** zeitigt. Es kann sinnvoll sein, diese kritische Phase in die Planung einzubeziehen und den Überzeugten ein Ritual anzubieten, im Rahmen dessen sie ihrer neuen Ansicht vor Zeugen Ausdruck verleihen müssen und der ›Gewinner‹ seinen Erfolg kontrollieren kann (»Darauf gehen wir jetzt einen trinken ...«).

Mich können Sie sowieso nicht herumkriegen: Zuletzt sei hier in diesem Zusammenhang noch ein interessanter Effekt beschrieben, der Anfang der 1980er Jahre erforscht wurde (vgl. Bonfadelli 2001, 182 f.) und der seither in verschiedenen Studien immer wieder bestätigt wurde. Es geht dabei um das Phänomen, dass Menschen den Einfluss bestimmter Medien auf Dritte für erheblich größer halten als den Einfluss derselben Medien auf sie selbst. So befürchten viele Menschen, die selbst niemals ein Computerspiel gespielt haben, dass diese Spiele einen gewaltigen Einfluss auf andere, vor allem Jugendliche, ausüben. Sich selbst halten die Befragten dagegen für weitgehend resistent. Dass solche Spiele ihr eigenes Verhalten prägen könnten oder dass beispielsweise ihr eigener TV-Konsum vergleichbar schädliche Wirkungen haben könnte, wird von den meisten Befragten klar abgestritten. Der Einfluss auf Dritte wird also im

Durchschnitt für erheblich größer gehalten als der Einfluss auf die eigene Person.

Für unser Thema ist dieser sogenannte **Third-Person-Effect** insofern von Interesse, als er demonstriert, dass die meisten Menschen sich selbst für unbeeinflussbar, unbestechlich, unerschütterlich halten, ohne dass dies jedoch den tatsächlichen Verhältnissen entsprechen müsste. Wenn also unter Ihren Adressaten jemand ist, der ganz demonstrativ seine Standhaftigkeit hervorzukehren versucht, so ist damit noch nichts über seine wirkliche Beeinflussbarkeit gesagt. Wohl ist damit jedoch verdeutlicht, dass es sich hier um einen Adressaten mit hoher Reaktanz handelt, dem jederzeit das Gefühl vermittelt werden muss, dass er selbst Herr der Lage ist und seine Entscheidungen ausschließlich aufgrund eigener Einsichten und Überlegungen trifft. Dieses Gefühl zu vermitteln, ist dann die erste Aufgabe eines Sprechers oder Diskussionspartners.

Zusammenfassend können wir feststellen, dass das Reden und Argumentieren für das Überzeugen zwar sicherlich eine notwendige, aber – zumindest in außerwissenschaftlichen Kontexten – gewiss keine hinreichende Bedingung ist. Dabei muss allerdings immer zwischen **Verhaltens-, Meinungs- und Einstellungsveränderungen** unterschieden werden. Während Verhaltenseinstellungen relativ leicht hervorzurufen sind, erfordern es Meinungs- und ganz besonders Einstellungsveränderungen, dass man von seinem Gegenüber eine hohe Autorität (z. B. Kompetenz des Experten) zugeschrieben bekommt oder dass man sogar zum engeren Kreis der primären Bezugspersonen gehört, denen man, etwa in Lebenskrisen, sein Vertrauen schenkt. Alleine durch Reden sind diese Vorbedingungen oftmals nicht zu erfüllen.

5. Argumentieren

Das Wichtigste in Kürze

Das Argumentieren ist keine eigene Redegattung, sondern kommt als eine Form sprachlichen Handelns in unterschiedlichen Sprechsituationen vor, wie z. B. in Vortrag, Präsentation, Gespräch, Besprechung usw. Immer dann, wenn es gilt, die eigene Meinung zu vertreten, sollte man mit Argumenten operieren.

Meist hat das Argumentieren persuasiven Charakter, ist also auf das Überzeugen hin angelegt. Im Sinne einer kooperativen Kommunikation sollte der persuasive Prozess nach fairen Strukturen aufgebaut sein, und das Überzeugen ist von einem Überreden klar abzugrenzen. Ergebnisse einer argumentativen Redesituation können Konsens oder Kompromiss sein – oder, wenn diese Formen der Einigung nicht erreicht werden können, ein begründeter Dissens.

5.1 | Bestandteile einer Argumentation

Zu einer vollständigen **Argumentation** gehören immer mindestens zwei Elemente:

Grundstruktur jeder Argumentation

Argument = Begründung	+	Argumentandum = das zu Begründende

Beispiel

Sport stärkt das Herz-Kreislauf-System	+	deshalb ist Sport gut für die Gesundheit

Beim **Argumentandum** kann es sich wie im gewählten Beispiel um die Richtigkeit einer Behauptung handeln, um die Berechtigung einer Aufforderung (»deshalb solltest du Sport treiben«) oder um die Notwendigkeit oder Angemessenheit einer geplanten oder bereits durchgeführten Handlung (»deshalb habe ich mich im Sportverein angemeldet«).

Ein **Argument** ist zunächst all das, was als Begründung, als Beweis oder Bekräftigung einer Aussage vorgebracht werden kann. Auf die verschiedenen Formen von Argumenten wird in Kapitel 5.4 näher eingegangen.

Wichtig: Erst in der **Kombination von Argumentandum und Argument** entsteht eine wirkliche Argumentation– das vergisst so mancher Redner, der nur seine Thesen nennt und dann bereits annimmt, er habe argumentiert.

Die **Verknüpfung von Argument und Argumentandum** funktioniert nur dann, wenn beide miteinander in Beziehung stehen, und zwar durch eine **gemeinsame Grundannahme:**

| Sport stärkt das Herz-Kreislauf-System | + | deshalb ist Sport gut für die Gesundheit |

Beispiel

| Gesundheit ist ein wichtiges Gut |

Beim Aufbau einer Argumentation sollte man sich stets fragen, ob diese gemeinsame Grundannahme tatsächlich gegeben ist. Falls nicht, sollte diese zunächst hergestellt werden, und die Überzeugungsarbeit muss also eine Stufe tiefer beginnen.

5.2 | Aufbau einer Argumentation

Grundsätzlich gibt es **zwei Varianten, um eine Argumentation aufzubauen:**

Induktiv: Bei dieser Argumentationsform wird wie im oben stehenden Beispiel zuerst die Begründung genannt, dann das zu Begründende. Zur Verknüpfung der Elemente dienen Formulierungen wie »deshalb«, »das heißt«, »daraus folgt«.

Induktiv und deduktiv

Deduktiv: Zuerst wird das zu Begründende genannt (»Sport ist gut für die Gesundheit«), dann die Begründung (»weil Sport das Herz-Kreislauf-System stärkt«). Die Verknüpfung der Elemente erfolgt über »weil« oder »deshalb«. Bei der deduktiven Variante besteht aber verstärkt die Gefahr, dass das Gegenüber sofort das Ziel der Argumentation erkennt und meinen Argumenten gar nicht mehr zuhört. Eventuell werde ich direkt unterbrochen, oder aber mein Gesprächspartner lässt mich zwar weiterreden, sucht aber innerlich bereits nach Gegenargumenten.

Die bessere Variante: Wann immer möglich, sollte der induktive Weg gewählt werden. Schließt sich die These an die Argumentation an, so steht sie im besten Fall als logische Schlussfolgerung da, der man nur zustimmen kann. Wenn aufgrund vorangegangener Gespräche oder bereits länger bestehender differierender Grundhaltungen allerdings ohnehin schon deutlich ist, wofür ein Redner argumentiert, kann die induktive Variante umständlich wirken und als Hinhaltetaktik aufgenommen werden.

5.3 | Argumentationsstrategien

Als Planungshilfe und Grundstruktur von umfangreicheren Argumentationen empfehlen sich Gliederungsformen wie der folgende **Fünfsatz-Plan** oder das Modell der **Überzeugungsrede** in Kapitel 5.3.3.

5.3.1 | Fünfsatz-Plan

Wie der Name sagt, ist das folgende Modell in fünf Schritten aufgebaut, kann bei der Planung gute Dienste leisten und den Redebeitrag für die Zuhörer nachvollziehbar strukturieren. Auch wenn Sie sich in der tatsächlichen Redesituation dann vielleicht etwas von der strengen Abfolge lösen werden, ist es äußerst hilfreich, zunächst eine klare Struktur vor Augen zu haben.

Modell des
Fünfsatz-Plans

In der Einleitung wird zum Thema hingeführt und das Interesse der Zuhörer geweckt. Günstig ist hier oft eine kleine ›Erzählung‹, also z.B. eine Anekdote oder der Hinweis auf eine aktuelle Begebenheit. Eventuell gehören zur Einleitung auch die Vorstellung des Redners und ein Hinweis auf die eigene Sachkompetenz. Innerhalb einer Diskussion bietet sich oft die Anknüpfung an den Vorredner an. Bei raschem Wechsel der Gesprächsbeiträge kann die Einleitung auch wegfallen.

Beim **Einsatz von Fragen** in der Einleitung ist Vorsicht geboten. Eine rhetorische Frage kann durchaus sinnvoll sein, um den Zuhörer zum Mitdenken anzuregen – der Charakter der Frage sollte dann aber tatsächlich deutlich rhetorisch sein. Ist das nicht der Fall, erteilt man mit einer Frage dem anderen ein Rederecht und muss damit rechnen, sich nun erst einmal die Meinung des anderen zum Thema anzuhören. Unbedingt abzuraten ist davon, mit einer Frage einzuleiten, die sich direkt auf das Ziel der Argumentation bezieht. Wenn sich der Redner z.B. argumentativ für die

Anschaffung eines neuen Kopierers einsetzen möchte, sollte er nicht damit beginnen, den anderen zu fragen: »Was hältst du denn davon, einen neuen Kopierer zu kaufen?« Damit hat er den Zielsatz seiner Argumentation vorweggenommen, ohne ein hinführendes Argument genannt zu haben – und kann sich nun im ungünstigsten Fall die Argumentation des Anderen gegen einen Kopierer anhören.

Die Präsentation der eigenen Argumente sollte in aufsteigender Reihenfolge erfolgen – das beste Argument steht also an letzter Stelle, bleibt den Zuhörern besonders gut in Erinnerung und liefert die beste Überleitung zum Zielsatz. Auf schwache Argumente sollte gänzlich verzichtet werden.

Der Zielsatz beinhaltet die eigentliche These, das Argumentandum, und kann direkt mit einem Appell verbunden sein.

Bei der Planung des Redebeitrags sollte man in umgekehrter Reihenfolge vorgehen, sich also zunächst den Zielsatz klar machen, dann die passenden Argumente zusammenstellen und schließlich eine Einleitung mit möglichst gutem Zuhörerbezug planen. Wer auch in der Rede mit dem Zielsatz beginnt, wählt – wie oben beschrieben – den deduktiven Weg und nimmt sich selbst die Chance, die Zuhörer schrittweise und nachvollziehbar zum Argumentandum hinzuführen. Erfahrungsgemäß braucht das induktive Argumentieren einige Übung, denn spontan neigt man oft dazu, sofort zu sagen, was man will, und dann in einer Art von Rechtfertigung die Argumente ›nachzuschieben‹. Dabei kann man sich zwar zu Gute halten, sofort ›die Karten auf den Tisch gelegt‹ zu haben, darf sich aber über fehlenden Argumentationserfolg oft nicht wundern.

Ein wichtiger Aspekt der Planung liegt darin, sich sein **Ziel** möglichst klar vor Augen zu halten. **Folgende Fragen können bei der Planung hilfreich sein:**

- Will ich meine eigene Meinung darstellen oder möchte ich den anderen auch überzeugen?
- Möchte ich zum Nachdenken anregen oder eine bestimmte Veränderung erzielen?
- Möchte ich den anderen motivieren, mir seine Sicht der Dinge zu schildern, oder plane ich einen konkreten Kompromissvorschlag?

Der Aufbau der Argumentation und die Gestaltung des Zielsatzes sollten diesen Überlegungen entsprechend gestaltet werden.

→ Für die Struktur des argumentativen Mittelteils können je nach Ausgangslage verschiedene Anordnungen günstig sein. Entsprechende Variationen des Fünfsatzplans finden Sie bei Hellmut Geißner in dem Buch *Rhetorik* (1974).

Tipp

5.3.2 | Einwandvorwegnahme

In vielen Fällen empfiehlt es sich, im eigenen Redebeitrag **bereits auf Gegenargumente einzugehen**. Dieses Vorgehen ist dann nützlich, wenn man sich sicher ist, dass die Gegenargumente im Anschluss an den eigenen Redebeitrag auf jeden Fall vom Gegenüber genannt würden. Indem man diese Gegenargumente selbst schon nennt, zeigt man, dass man sich sorgfältig mit dem Thema auseinandergesetzt und entgegengesetzte Positionen gründlich durchdacht hat. Um zu überzeugen, ist beim Nennen von Gegenargumenten das direkte **Entkräftigen** unverzichtbar. Nur so kann dem Gesprächspartner in Bezug auf seine Einwände bereits im eigenen Redebeitrag ›der Wind aus den Segeln‹ genommen werden.

5.3.3 | Überzeugungsrede

Wenn Sie sich in Ihrem argumentativen Redebeitrag mit der bekannten oder zu vermutenden Position des Gegenübers auseinandersetzen wollen, empfiehlt sich das folgende Modell einer **Überzeugungsrede** als Planungs- und Grundstruktur:

Modell der
Überzeugungsrede

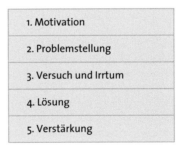

1. Motivation

2. Problemstellung

3. Versuch und Irrtum

4. Lösung

5. Verstärkung

1. Motivation: Der erste Schritt heißt hier Motivation, weil er bereits ganz auf die **Interessenlage der Zuhörer** hin konzipiert ist. Das Thema wird mit einer direkten Anknüpfung an den Erfahrungshorizont, an die Interessen oder Bedürfnisse der Zuhörer eingeleitet. Ziel ist es, die Gesprächspartner ›mit ins Boot‹ zu holen, zu zeigen, dass man am selben Thema interessiert ist. Es geht also darum, die Aufmerksamkeit für das Folgende zu gewinnen und eine Gemeinsamkeit zwischen Redner und Zuhörern herzustellen. Die Motivation ist dabei bereits als der erste Schritt des Überzeugungsprozesses zu verstehen. Zur **Vorbereitung** kann man sich fragen: Was ist an dem Thema aktuell, warum interessiert es uns alle, welche Erfahrungen haben wir dazu schon gemacht, welche Emotionen sind damit verknüpft, wo liegt das gemeinsame Interesse?
2. Problemstellung: Nachdem das Thema beschrieben ist, wird im zweiten Schritt das Problem umrissen. Wo gibt es offene Fragen, was ist unzufriedenstellend, wo besteht Handlungsbedarf?

3. **Versuch und Irrtum:** Statt jetzt direkt zum Lösungsvorschlag überzugehen, setzt sich der Redner zunächst mit der Position des Gegenübers und also den bereits bekannten oder möglichen Gegenargumenten auseinander. Er bezieht sich dabei auf Positionen, die er von seinen Zuhörern kennt oder die er bei ihnen vermutet. Ganz im Sinne von ›Versuch und Irrtum‹ spielt der Redner verschiedene mögliche Lösungsansätze durch und zeigt deren Nachteile deutlich auf.

4. **Lösung:** Erst im folgenden Schritt präsentiert der Redner jetzt – argumentativ untermauert – seine eigene Lösung. Argumentativ untermauern heißt hier konkret, die Vorteile des gezeigten Lösungsansatzes deutlich zu benennen. Es reicht nicht aus, alle anderen Varianten argumentativ zu demontieren und dann die eigene Idee als einzig noch bleibenden Ausweg anzukündigen. Der Gesprächspartner müsste dann vielleicht ›zähneknirschend‹ zustimmen, wird sich aber unzufrieden fühlen und die Entscheidung emotional ablehnen.

5. **Verstärkung:** Es empfiehlt sich also eine Argumentation über den positiven Weg, die in der Verstärkung ihren Abschluss findet. Basierend auf seinem Lösungsvorschlag entwickelt der Redner eine positive Vision, lässt also gewissermaßen kurz aufscheinen, wie gut es auch dem Gegenüber mit dieser Lösungsvariante gehen wird. Vor übertriebenen Ausschmückungen ist hier natürlich zu warnen, aber oft kann man auch mit einem schlichten Satz auf die zu erwartende Verbesserung verweisen. Im direkten Zusammenhang mit der Verstärkung kann auch ein Appell ausgesprochen werden – also z. B. die Bitte, sich positiv für den dargestellten Lösungsvorschlag auszusprechen oder sich nun zu einer daraus resultierenden Handlung zu entscheiden, sich also z. B. einer Initiative anzuschließen oder eine Unterschrift zu leisten.

Liebe Kommilitoninnen und Kommilitonen,

Motivation: ich freue mich, dass ihr so zahlreich zur Vollversammlung erschienen seid. Allerdings fällt mir auf, dass ich in viele müde Gesichter blicke, und auch das ein oder andere Gähnen scheint mir auf ein typisches Mittags-Tief hinzudeuten.

Problemstellung: Es ist 14 Uhr, und sicher kennt jede und jeder von Euch das Phänomen, dass man zu dieser Zeit oft einen kräftigen ›Durchhänger‹ hat und dass Seminare zu dieser Uhrzeit meist ziemlich zäh verlaufen. Wo liegt das Problem? Ganz offensichtlich fehlen uns hier an der Uni ausreichende Erholungsmöglichkeiten, mit denen wir dem biologisch nun mal vorprogrammierten Energieeinbruch in der Mittagszeit entsprechend begegnen könnten.

Versuch und Irrtum: Natürlich sind wir mit mehreren Mensen und Cafeterien gut ausgerüstet, aber Essengehen und Kaffeetrinken reicht ganz offensichtlich nicht aus, um mit neuem Schwung in den Nachmittag zu gelangen. Was fehlt, ist eine Phase der wirklichen Ruhe und Entspannung.

Beispiel
Überzeugungs-
rede

Lösung: Deshalb möchte ich anregen, an der Uni Ruheräume einzurichten – also Orte, an denen man sich wirklich mal für eine Zeitlang zurückziehen kann, wo man sich gemütlich hinlegen, die Augen schließen und vielleicht ein kleines Nickerchen machen kann. Zahlreiche Studien haben bereits gezeigt, dass diese Form der Erholung die Nachmittagsenergie erheblich steigert, und für ein entspanntes und effizientes Studieren sollten wir uns das zunutze machen. Die Einrichtung der Räume wäre sowohl finanziell als auch organisatorisch mit geringem Aufwand zu realisieren und würde uns und dem gesamten Unibetrieb zu mehr Lebendigkeit verhelfen.

Verstärkung: Vielleicht ist jetzt vor eurem inneren Auge bereits so ein Ruheraum erschienen? Gedämpftes Licht, gemütliche Sofas und Liegen, Ruhe, Erholung. Und dann neuer Elan für den Rest des Tages. Diese Vision sollte möglichst bald zur Realität werden, und um einen ersten Schritt in diese Richtung zu unternehmen, bitte ich Euch, im Anschluss an die Versammlung einen entsprechenden Brief an die Universitätsverwaltung zu unterschreiben. Vielen Dank.

5.4 | Argumentationsmittel

Bei der Auswahl von Argumenten stehen grundsätzlich folgende Kategorien zur Auswahl:

- Nachprüfbare Fakten, die sich anhand von Daten, Zahlen, Statistiken, Untersuchungen, Experimenten darstellen und belegen lassen
- Sachnormen, wie Gesetze, Paragraphen, Verträge, Vorschriften, Vereinbarungen
- Fallbeispiele
- Erfahrungsgrundsätze, Alltagswissen, Gemeinplätze, Traditionen
- moralisch-normative Grundsätze, die sich auf Normen, Wertvorstellungen oder Vernunft gründen
- Bezugnahme auf Autoritäten
- Prognosen
- eigene Erfahrungen, Empfindungen, Emotionen
- gemeinsame Erfahrungen

Die Auflistung ist nicht als ›ranking‹ zu verstehen, aber natürlich stellt sich die Frage, welche Argumentationsmittel hinsichtlich ihrer **Überzeugungskraft** besonders wirksam sind. Diese Frage kann jedoch nicht grundsätzlich, sondern nur im konkreten Fall beantwortet werden. Entscheidend ist sowohl der Argumentationszusammenhang als auch die zu erwartende Position des Gegenübers sowie die Beziehung zwischen den Gesprächspartnern:

Die Überprüfbarkeit der Argumente spielt in stark sachbezogenen Zusammenhängen und bei skeptischem Gegenüber sicher eine besondere
Rolle. Im Vordergrund werden also die reinen **Fakten** stehen, und oft
empfiehlt es sich, die Überprüfbarkeit direkt vorzuführen oder die entsprechenden Informationen auf Nachfrage unbedingt zur Hand zu haben.

Gesetze und Paragraphen zu erwähnen, ist in einer juristischen Auseinandersetzung natürlich unverzichtbar, wohingegen es im Kollegenkreis
sehr kontraproduktiv sein kann, sich lediglich auf **Vorschriften** zu berufen – nur weil etwas vorgeschrieben ist, muss es ja noch lange nicht plausibel sein, und schließlich könnte ja auch eine Modifizierung dieser Vorschriften angestrebt werden. Günstiger ist es, wenn man sich auf
gemeinsame Vereinbarungen berufen kann – auch wenn diese dann
vielleicht neu diskutiert und verhandelt werden müssen.

Fallbeispiele tragen durch die Bezugnahme auf eine konkrete Gegebenheit meist dazu bei, einen Argumentationszusammenhang plastischer
werden zu lassen.

Grundsätze, die sich aus der allgemeinen Erfahrung oder aus moralisch-normativen Anschauungen ergeben, sind häufiger Bestandteil von
Argumentationen und haben ihren Wert, solange nicht zu erwarten ist,
dass eben bereits in diesen Grundannahmen deutliche Differenzen zwischen den Gesprächspartnern vorliegen. Wenn das so ist, wird es aber
eventuell ohnehin notwendig sein, genau diese Basis zunächst zu klären.

Die Bezugnahme auf Autoritäten – z. B. durch ein Zitat – hat natürlich
nur den gewünschten Effekt, wenn die Autorität auch vom Gegenüber als
solche anerkannt wird.

Prognosen dürfen nicht einfach behauptet werden, sondern haben nur
dann Wirkung, wenn sie argumentativ gut eingebettet sind und logisch
und gut nachvollziehbar entwickelt werden.

Mit eigenen Erfahrungen zu argumentieren, zeigt in jedem Fall, dass
der Redner einen praktischen Bezug zum Thema hat, und schützt oft vor
allzu theoretischen Herleitungen. Manchmal kann die Bezugnahme auf
die eigene Erfahrung bereits in der Einleitung günstig sein, und besonders hilfreich ist es, sich auf eine **gemeinsame Erfahrung** beziehen zu
können – in diesem Fall kann dann die weitere Argumentation von einer
gemeinsamen Prämisse aus entwickelt werden.

Empfindungen und Gefühle werden in manchen Ratgebern grundsätzlich als argumentativ ungeeignet beschrieben, was aber alle Gesprächszusammenhänge außer acht lässt, die sich um emotional geprägte Themen drehen und in denen aufgrund der Beziehung zwischen den
Gesprächspartnern durchaus ein Interesse an emotionalen Befindlichkeiten besteht. Wenn innerhalb einer Familie z. B. über die Abschaffung von
Weihnachtsgeschenken diskutiert wird, sollte man emotionale Aspekte
nicht außen vor lassen.

Grundsätzlich muss man sich bei der **Auswahl von Argumenten** fragen,
ob das Genannte hinreichend **plausibel**, gegebenenfalls entsprechend

nachprüfbar, vom Gesprächspatner **anerkannt** und für den Gesprächspartner **von Interesse** ist. Dieselben Fragen kann man sich übrigens auch dann stellen, wenn man nach Ansatzpunkten sucht, um von anderen genannte Argumente zu demontieren.

Partnerorientierte Argumente, die sich aus der Bedürfnis- und Interessenslage des Gegenübers ergeben, sind beim Aufbau einer persuasiven Rede in jedem Fall günstig. Der Redner sollte nicht in erster Linie darstellen, warum sich ein Erfolg seiner Argumentation für ihn selbst günstig auswirken würde, sondern den zu erwartenden Vorteil für seinen Gesprächspartner deutlich werden lassen. Wer aus optischen Gründen ein neues Auto kaufen möchte, sollte bei seinem sparsamen, aber sicherheitsbewussten Partner wohl eher die Vorteile des neuen Airbag-Systems in den Vordergrund stellen, um dessen Zustimmung zu erlangen.

5.5 | Umgang mit unfairen Argumentationsstrategien

Wer »in geschickter Weise verdreht-spitzfindig argumentiert, um damit einen Sachverhalt in einer von ihm gewünschten, aber nicht der Wahrheit entsprechenden Weise darzustellen«, der muss sich laut Fremdwörterduden einen **Wortverdreher oder Rabulisten** nennen lassen.

Zwar ist der Begriff der Wahrheit ja meist – und in kommunikativen Zusammenhängen unbedingt – relativ, aber dennoch lassen sich faire und unfaire Argumentationsstrategien recht gut voneinander unterscheiden. Wer es mit einer unfairen Strategie zu tun bekommt, bemerkt das aber oft zu spät, kann sich nicht entsprechend zur Wehr setzten, fühlt sich argumentativ übertölpelt und an die Wand geredet. Weil er sich des Anderen kommunikativ nicht zu erwehren weiß, geht er als Verlierer aus dem Gespräch heraus und fühlt sich auch genau so. Den Erfolg des betreffenden Redners wird man wohl als Pyrrhussieg bezeichnen müssen, denn er hat den anderen nicht überzeugt, sondern ausgetrickst, und wird es mit dessen innerem Widerstand und womöglich mit offener Feindseligkeit zu tun bekommen.

Unfaire Strategien   Vor diesem Hintergrund sollen hier einige **unfaire Strategien** präsentiert werden – um mit ihnen zu rechnen, sie besser zu erkennen und auf sie reagieren zu können:

- Persönliche Angriffe: Der Redner löst sich vom Sachinhalt, greift das Gegenüber als Person direkt oder indirekt an, stellt z. B. seine Kompetenz in Frage oder verweist auf in der Vergangenheit gemachte Fehler. (»Herr Müller, zu diesem Thema haben Sie doch schon mal eine Fehlentscheidung getroffen, da sollten Sie jetzt wohl etwas vorsichtiger sein.«)
- Übertreibungen, Projektionen: Zu erwartende Entwicklungen werden überspitzt dargestellt, Einzelfälle werden generalisiert. (»Wenn Sie Ihr

Kind nicht von einer Tagesmutter betreuen lassen möchten, werden Sie es wohl später auch selbst unterrichten wollen.«)

- **Beschuldigungen:** Das Gegenüber wird moralisch unter Druck gesetzt, der Redner versucht, ein schlechtes Gewissen zu erzeugen. (»Ich hätte gedacht, dass dir soziale Aspekte etwas mehr am Herzen liegen.«)
- **Mitfahrer-Strategie:** Der Redner behauptet, dass seine Meinung von der Mehrheit oder von einigen angesehenen Personen ebenfalls vertreten wird. (»Aus dem Kollegenkreis sind mir auch schon einige Beschwerden über Ihre Arbeitsweise zu Ohren gekommen.«)
- **Isolierung:** Das Gegenüber wird als Außenseiter dargestellt. (»Nur wer den Trend der letzten Jahre komplett verpasst hat, kann sich jetzt noch für so etwas aussprechen.«)

Im Zusammenhang mit unfairen Argumentationsstrategien oder als kleine verbale Angriffe ›am Rande‹ werden gerne sogenannte **Killerphrasen** eingesetzt. Durch ihre offensichtliche Unsachlichkeit und Pauschalität wirken diese Killerphrasen meist frappierend und machen eine argumentativ sinnvolle Erwiderung schwer. Sie zeigen den offenbaren Unwillen des Redners, sich kommunikativ auseinanderzusetzen, und sind dazu angetan, das Gegenüber mundtot zu machen. Oft wirken sie verletzend, weil sie einen wunden Punkt des Anderen treffen, und hinter ihnen verbirgt sich die Absicht, den anderen als gleichwertigen Gesprächspartner zu diskreditieren. Nicht selten wird mit Killerphrasen ein Gefälle in Sachkompetenz oder in den kommunikativen Fähigkeiten behauptet. (»Ich glaube eigentlich nicht, dass Sie da mitreden können.« / »Jetzt werden Sie aber sehr emotional.«) Killerphrasen

In anderen Fällen wird mit Killerphrasen angedeutet, dass ein Fakt eigentlich gar nicht zur Diskussion stehe und/oder dass die Vorschläge des Anderen von vornherein völlig inadäquat seien. (»Das wäre ja mal ganz was Neues.« / »Sie mit Ihren fixen Ideen!«)

Achtung, Killerphrasen! Beispiel
- »Das ist doch alles viel zu theoretisch.«
- »Davon haben Sie doch keine Ahnung.«
- »Sie stellen sich das so einfach vor.«
- »Wo kämen wir denn da hin!«
- »Aus Ihrer Sicht mag das ja so aussehen, aber ...«
- »Kommen Sie doch endlich zur Sache.«
- »Dafür sind wir nicht zuständig.«
- »Das widerspricht unseren Prinzipien.«
- »Da fehlt Ihnen wohl der nötige Überblick.«
- »Meinen Sie das im Ernst?«

Wird man mit unfairen Strategien und/oder Killerphrasen konfrontiert, so ist das **Erkennen** derselben bereits ein ungemein bedeutender Schritt. Selbst wenn es jemandem nicht gelingt, sich spontan erfolgreich zu wehren, so weiß er wenigstens, dass er zum rhetorischen Opfer geworden ist, und kann den Redner und dessen Methoden realistisch einschätzen.

Der wichtigste **Grundsatz beim Umgang mit unfairen Strategien und Killerphrasen** liegt darin, die enthaltene **Provokation** nicht aufzunehmen – obwohl sich in einigen Ratgebern zur ›Schlagfertigkeit‹ diesbezüglich ganz andere Vorschläge finden lassen. Wie das Wort ›Schlagfertigkeit‹ aber schon zu erkennen gibt, kann es dabei nur darum gehen, die Provokation aufzunehmen, in einen Schlagabtausch einzutreten und möglichst das letzte Wort zu behalten. Zu einer wirklichen Lösung des Konfliktes und zu einem kooperativen Miteinander wird es aber so niemals kommen können. Strategien der Schlagfertigkeit sind meist nur dann nützlich, wenn ich sowieso alle kommunikativen Brücken zum Anderen abbrechen und mir zum Schluss nur noch ein Gefühl der Genugtuung verschaffen möchte.

Stattdessen ist zu empfehlen, in der aktuellen Situation erst einmal tief durchzuatmen und möglichst ruhig zu bleiben. Ziel aller weiteren Aktionen sollte es sein, möglichst rasch zu einer Argumentation auf Sachebene zurückzukehren. Statt sich verunsichern oder provozieren zu lassen, sollte man den unfairen Angriff entweder ignorieren, sachlich darauf reagieren oder ihn direkt ansprechen.

Mit dem Ignorieren von unfairen Strategien oder Killerphrasen gibt man Gelassenheit und Sicherheit zu erkennen, lässt sich nicht vom Thema ablenken und bleibt souverän. Ab einer gewissen Massivität oder Häufung der Angriffe ist dies aber meist nicht mehr möglich.

Ein sachliches Reagieren zeichnet sich dadurch aus, dem Anderen den Ball quasi wieder zurückzuspielen und dann sofort wieder zum Thema zu kommen.

Will jemand das Gespräch mit der Killerphrase »Das wäre ja mal ganz was Neues« abblocken, so kann man kurz mit »Ja, das stimmt, ich möchte mich wirklich für eine Erneuerung einsetzen« reagieren und seine Argumentation dann fortsetzen. Beruft sich der Andere auf vermeintliche Mitstreiter, so wäre z. B. zu erwidern, dass man sich jetzt lieber über das Thema als über Abwesende unterhalten wolle. Auch ein persönlich gemeinter Angriff lässt sich oft sachlich kontern. Bei »Jetzt werden Sie aber sehr emotional« ließe sich mit »Ja, das Thema liegt mir auch am Herzen« reagieren, um sich dann sofort wieder der Sache zuzuwenden. Wichtig ist dabei ein ruhiger und sachlicher Tonfall, denn alles, was jetzt spitz oder ironisch klänge, würde eine unsachliche Auseinandersetzung begünstigen.

Auf keinen Fall sollte es dem anderen gelingen, die Diskussion mit unfairen Angriffen auf ein anderes Feld zu lenken, so dass nun statt über die Sache z. B. über das grundsätzliche Für und Wider von Neuerungen, die Meinung der abwesenden Kollegen oder den vermeintlich zu emotionalen eigenen Stil gesprochen würde.

Zum **metakommunikativen Thematisieren** von ungünstigem Kommunikationsverhalten sollte man sich entschließen, wenn man auf Dauer weder mit dem Ignorieren noch mit der Strategie der sachlichen Rückführung weiterkommt Dabei gibt man zu erkennen, dass man die unfaire Methode erkannt hat, und begibt sich, indem man sie thematisiert, auf eine **kommunikative Metaebene**. Man fordert den Anderen dabei möglichst ruhig dazu auf, sich kommunikativ adäquat zu verhalten.

> Wird man z. B. mit der Mitfahrer-Strategie konfrontiert, wäre folgende Reaktion denkbar: »Mir fällt auf, dass Sie sich bereits mehrmals auf die angebliche Meinung der Kollegen bezogen haben. Da diese jetzt nicht anwesend sind und sich also selbst nicht äußern können, halte ich dieses Vorgehen für ungünstig und möchte Sie bitten, die Kollegen vorerst aus dem Spiel zu lassen.«

Beispiel

Auch deutliche persönliche Angriffe lassen sich metakommunikativ thematisieren. Beim oben gewählten Beispiel wäre folgende Erwiderung möglich: »Sie haben nun bereits mehrmals meine Fehlentscheidung aus dem vergangenen Jahr angesprochen, und ich habe den Eindruck, dass Sie damit meine Kompetenz in Frage stellen. Leider bringt uns das jetzt inhaltlich nicht weiter, und ich möchte Sie bitten, sich gemeinsam mit mir wieder ganz dem aktuellen Sachverhalt zuzuwenden.«

In jedem Fall sollte die metakommunikative Thematisierung der unfairen Strategie immer auf eine **Rückführung zur Sachebene** hin angelegt sein.

> → In seinem zum Standardwerk gewordenen Buch *Miteinander reden: Störungen und Klärungen* (1981) unterscheidet Friedemann Schulz von Thun grundsätzlich zwischen vier Botschaften, die in jeder Nachricht enthalten sein können: In der Interaktion von Sender und Empfänger sind neben der **Sachebene** und der **Beziehungsebene** auch die **Appellebene** und die **Selbstoffenbarungsebene** der Nachricht von Belang.

Tipp

6. Nonverbale und para-
verbale Kommunikation

Das Wichtigste in Kürze   Das Auftreten des Sprechers und damit das ›Wie‹ der Präsentation hat immensen Einfluss auf die Sprechwirkung. Nicht nur der Inhalt der Rede, sondern vor allem auch der Redner selbst sollte überzeugend wirkend. Dabei spielen verschiedene nonverbale und paraverbale Aspekte eine entscheidende Rolle – also das körpersprachliche und gestisch-mimische Agieren des Redners zum einen und sprecherisch-stimmliche Komponenten zum anderen.

Unsicherheiten treten dabei vor allem beim Sprechen vor Gruppen auf, so dass diese Redesituation im Mittelpunkt der weiteren Ausführungen stehen wird.

Die praktische Seite   Da sich das folgende Kapitel ganz mit der **praktischen Umsetzung von Redebeiträgen** und deren körperlichen und stimmlichen Belangen beschäftigt, ist es erfahrungsorientiert aufgebaut und führt den Leser anhand von Beobachtungsaufgaben und Übungen zu einer Erweiterung seines sprecherischen Repertoires.

Bitte richten Sie sich darauf ein, dass Veränderungen im nonverbalen und paraverbalen Verhalten – das sich ja über Jahre und Jahrzehnte hinweg ausgebildet hat – nicht mit ein paar ›Tricks‹ zu erreichen sind, sondern eine intensive und längerfristige Beschäftigung mit den betreffenden Themenfeldern voraussetzen. Fühlen Sie sich trotzdem nicht entmutigt und bedenken Sie, dass Übungen meist nicht dazu angetan sind, bei der ersten Durchführung perfekt zu gelingen, sondern dass der übende Effekt eben gerade erst bei mehrmaliger Durchführung eintreten kann.

6.1 | Zuhörerkontakt

Ein immens wichtiger Aspekt jeder Redesituation ist der Kontakt zwischen den Gesprächspartnern. Vor allem in stärker monologischen Redesituationen hängt die Gestaltung des Kontaktes ausschlaggebend vom Sprecher ab. Nur wenn ein guter Kontakt hergestellt ist, werden sich die Zuhörer tatsächlich angesprochen fühlen und der Rede mit Interesse folgen.

Stellen Sie als Sprecher also möglichst viel Kontakt zu Ihren Zuhörern her. Das wichtigste Mittel dazu ist der Blick, wobei **Blickkontakt** immer damit einhergehen muss, sich dem Gegenüber mit ganzer **Aufmerksamkeit** zuzuwenden und es wirklich wahrzunehmen. Schauen Sie also nicht durch den Anderen hindurch, sondern treten Sie über den Blick tatsächlich mit ihm in Kontakt.

Herstellen von Kontakt	Übung

Um das Herstellen von Kontakt zu erleichtern, hilft oft die Vorstellung, Sie wollten Ihrem Gegenüber einen Ball zuwerfen. Damit der andere auf den Wurf vorbereitet ist, sich also gewissermaßen angesprochen fühlt, stellen Sie dazu zunächst einen nonverbalen Kontakt her, lassen diesen Kontakt kurz stehen und werfen erst dann den Ball. Wenn Sie Gelegenheit haben, dies in einer Gruppe auszuprobieren, sollten Sie sich dazu in einem Kreis aufstellen und Sie werden dabei gut erfahren können, wie sich Blick und innere Zuwendung zum Anderen zu einem guten Kontakt miteinander verbinden.

Beim Sprechen vor Gruppen genügt zum Herstellen von Kontakt ein flüchtiges Hochschauen nicht. Im besten Fall sprechen Sie ganz oder weitgehend frei und können ständig im Kontakt mit Ihrem Publikum sein. Falls Sie sich an einem Manuskript oder an Karteikarten orientieren, benötigen Sie in jedem Fall ausreichend **Phasen des freien Sprechens**, in denen Sie sich mit dem Blick Ihrer Zuhörerschaft zuwenden könnten. Ein ständiges, aber flüchtig bleibendes Hochschauen ist dabei wie gesagt zu wenig. Blicken Sie gegebenenfalls lieber seltener auf, nehmen dann aber intensiv Kontakt zum Publikum auf. Seien Sie dabei aufmerksam für die Reaktionen Ihrer Zuhörerschaft, geben Sie eventuell die Gelegenheit zu Zwischenfragen oder vergewissern Sie sich von sich aus, ob die Zuhörer Ihren Ausführungen gut folgen können.

Vor allem wenn Sie sich unsicher fühlen, ist es ratsam, sich vornehmlich auf positiv wirkende Zuhörer zu konzentrieren und sich nicht durch jedes Stirnrunzeln im Publikum aus der Ruhe bringen zu lassen. Ungünstig ist es aber, einzelne Personen zu stark zu ›fixieren‹, da sich die ›Betroffenen‹ schnell unbehaglich fühlen. **Blickkontakt** meint grundsätzlich und auch in dialogischen Situationen nicht ein permanentes In-die-Augen-Schauen, was schnell als ›Anstarren‹ wahrgenommen wird. Auch bei

Blickkontakt

einem guten Blickkontakt ist ein gewisses Schweifen des Blickes von Seiten des Redners normal.

Bei einer größeren Gruppe verteilt der Redner den Blick am besten gleichmäßig auf sein Publikum. Achten Sie darauf, den Kontakt bis zur letzten Reihe herzustellen, was sich automatisch auch günstig auf Ihr Stimmvolumen auswirken wird. Schauen Sie dabei aber nicht über die Köpfe der Zuhörer hinweg. Für das Publikum entsteht sonst der irritierende Eindruck, Sie würden ›in der Tiefe des Raumes‹ noch etwas Anderes sehen.

Sehr ungünstig ist jedes körperliche Wegwenden von den Zuhörern, das bei der **Arbeit mit Projektionen** leider immer wieder zu beobachten ist. Wenn Sie als Redner nach hinten wegschauen, um auf die projizierte Folie oder Powerpoint-Präsentation zu blicken, wenden Sie Ihrem Publikum den halben oder ganzen Rücken zu, gehen also völlig aus dem Kontakt und sprechen zudem nicht mehr in die Richtung Ihrer Zuhörer. Falls Sie selbst den Blick auf Ihr Präsentationsmaterial benötigen oder auf etwas zeigen möchten, sollten Sie dazu bevorzugt den Overhead-Projektor oder das Laptop nutzen und sich nicht zur Projektionsfläche umwenden. Falls ein Zeigen auf der Projektionsfläche einmal unumgänglich sein sollte, unterbrechen Sie dabei auf jeden Fall kurz Ihre Rede. Denken Sie grundsätzlich auch daran, dass Sie nicht auf alles deuten müssen, was Sie gerade beschreiben, der Zuhörer kann diese Verknüpfung meist selbst herstellen.

Anfang und Ende   Vor allem zu **Beginn** und am Schluss einer Rede ist der Zuhörerkontakt für die Wirkung der Präsentation von besonderer Bedeutung. Sie sollten erst mit Ihrer Rede beginnen, nachdem Sie einen guten Kontakt hergestellt und die Aufmerksamkeit des Auditoriums also schon gewonnen haben. Begeben Sie sich dazu in eine deutliche Redeposition, geben Sie zu erkennen, dass Ihre Vorbereitungen abgeschlossen sind und dass Sie nun auf die Aufmerksamkeit Ihres Publikums warten, um beginnen zu können. Das Ganze dauert oft nur wenige Sekunden, verhilft Ihnen aber zu einem wirkungsvollen Beginn Ihrer Rede. Falls sich der Kontakt und die Aufmerksamkeit einmal nicht auf nonverbalem Wege herstellen lassen, können Sie natürlich ohne Weiteres auch verbal zum Ausdruck bringen, dass Sie gern beginnen möchten und um Aufmerksamkeit bitten.

Am **Schluss** Ihres Redebeitrags sollten Sie den Kontakt zu den Zuhörern noch einen Moment lang stehen lassen. Bringen Sie verbal deutlich zum Ausdruck, dass Sie am Ende Ihrer Präsentation angelangt sind, etwa durch einen klaren inhaltlichen Schlusspunkt und/oder durch einen kurzen Dank für die entgegengebrachte Aufmerksamkeit. Warten Sie dann die Reaktion Ihres Publikums ab und nehmen Sie gegebenenfalls Applaus entgegen. Mit einem überstürzten Abgang, dem sofortigen Zusammenpacken Ihrer Unterlagen betreiben Sie ein unangemessenes Understatement, mit dem Sie den Wert Ihres Redebeitrages selbst in Frage stellen und seine Wirkung negativ beeinflussen.

6.2 | Körperhaltung

Um sich die **Bedeutung der Körperhaltung für Sprechsituationen** klar zu machen, bieten sich die folgenden Beobachtungsaufgaben an:

> Schlagen Sie eine beliebige Zeitung oder Zeitschrift auf und schauen sich Photos mit mehreren Personen an. Fragen Sie sich dann, welche Eigenschaften Sie den einzelnen Personen aufgrund ihrer Körperhaltungen zuordnen könnten. Wer wirkt sicher, wer wirkt unsicher, wer scheint Führungskompetenz innerhalb der abgebildeten Gruppe zu besitzen, wer wirkt besonders tatkräftig, wer ist Ihnen sympathisch, wer wirkt eher arrogant usw.

*Beobachtungs-
aufgabe*

Vermutlich werden Sie feststellen, dass Ihnen solche Zuordnungen relativ leicht fallen, und wir können bzw. müssen erkennen:
Haltung ist immer ein Symbol nach außen! Ob die zugeschriebenen Eigenschaften den abgebildeten Personen gerecht werden, lässt sich freilich nicht eruieren – sicher ist aber, dass verschiedene Körperhaltungen auf jeweils andere Art nach außen wirken. Führt man das beschriebene Experiment innerhalb einer Gruppe durch, gehen die Zuschreibungen oft deutlich in eine bestimmte Richtung, sind aber nie völlig einheitlich. Ein nicht unwesentlicher Teil des Wirkungsgeschehens liegt eben im Auge des Betrachters und ist dabei z. B. auch kulturspezifisch beeinflusst.

> Gehen Sie durch den Raum und nehmen Sie dabei eine innere Haltung ein, die bestimmt ist von dem Gedanken ›ich schau mal so herum, ob ich hier noch etwas Neues entdecken kann – was vermutlich aber nicht der Fall sein wird‹. Konzentrieren Sie sich ganz auf diese innere Haltung, beobachten dabei aber auch Ihre Gangart und Körperhaltung und machen sich dann ein paar Stichworte dazu.
> Verändern Sie anschließend Ihre innere Haltung zu ›ich habe nun doch etwas sehr Interessantes im Raum entdeckt und möchte mir das näher anschauen‹. Machen Sie sich Ihr Ziel ganz klar, fixieren Sie es mit den Augen und gehen dann voller Interesse darauf zu. Am besten versuchen Sie es zwei oder drei Mal. Beobachten Sie wiederum Ihre Gangart und Körperhaltung, machen sich anschließend ein paar Stichworte und vergleichen dann die erste und die zweite Variante miteinander, bevor Sie weiterlesen.

*Beobachtungs-
aufgabe*

Wenn Sie sich wirklich von den beiden unterschiedlichen inneren Haltungen haben leiten lassen, werden Sie in Ihrem Körperverhalten zwei differierende Varianten bemerkt haben. In der ersten Runde sind Sie vermutlich geschlendert, haben den Blick ziellos schweifen lassen, die Körperspannung war eher gering, die Schritte klein und langsam. In der zweiten Runde sind Sie interessengeleitet und zielstrebig gegangen, vermutlich haben Sie die Körperspannung erhöht und sich etwas aufgerichtet, sind schneller und dynamischer gegangen, mit größeren Schritten und stärkerem Schwung der Arme. Festhalten lässt sich also:

Die innere Haltung beeinflusst die äußere Haltung! Vor jeder Sprechsituation sollten Sie also Ihre innere Haltung überprüfen und so weit wie möglich im positiven Sinne gestalten, und zwar im Hinblick auf Ihr Befinden, das Thema und das Publikum. Genauere Hinweise dazu finden Sie im Verlauf des Kapitels, aber schon jetzt sei auf Folgendes hingewiesen: Was die **Spannungsverhältnisse im Körper** betrifft, lässt sich das oben beschriebene Experiment vom Gehen direkt auf das Sprechen übertragen: So wie es ein Gehen mit bzw. ohne Ziel gibt, so kann es auch ein Sprechen mit und ohne Ziel geben. Auch beim Sprechen ist dabei die erste Variante durch eine eher introvertierte und unterspannte Haltung gekennzeichnet, dem Sprecher ist weder ein Interesse am Thema noch an seinen Zuhörern anzumerken, und er wird sein Publikum so auch nicht interessieren können. Bei der zweiten, also interessens- und zielgeleiteten Variante, wirkt der Sprecher hingegen dynamischer, man merkt ihm sein Interesse für die Materie an, spürt eine Mitteilungsabsicht und fühlt sich angesprochen.

Beobachtungs-
aufgabe

Bewegen Sie sich in verschiedenen, jeweils vorgegebenen Gangarten und Körperhaltungen durch den Raum und beobachten dabei, inwieweit sich Ihr Befinden verändert. Rational ist das Experiment sehr leicht zu durchschauen, aber dennoch lohnt sich ein körperliches Ausprobieren. Gehen Sie zunächst langsam, mit kleinen Schritten, gesenktem Kopf, nach vorn hängenden Schultern und ausdruckslosem Gesicht durch den Raum. Falls Sie die Aufgabe mit mehreren Personen durchführen, vermeiden Sie in dieser ersten Runde jeden Kontakt zueinander. Wie fühlt sich das an? Erinnert Sie die Haltung vielleicht an schon einmal erlebte Situationen und/oder Stimmungen? Machen Sie sich ein paar Stichworte dazu.
Nehmen Sie dann wieder Ihren Gang durch den Raum auf, diesmal etwas dynamischer, mit größeren Schritten, in aufgerichteter Haltung und mit einem Lächeln. Falls andere Personen anwesend sind, nehmen Sie miteinander Blickkontakt auf. Fragen Sie sich wieder, wie sich dieses Körperverhalten auf Ihr inneres Befinden auswirkt und ob Sie sich an bestimmte Situationen und/oder Stimmungen erinnert fühlen und notieren Sie ein paar Stichworte.
In der dritten Runde gehen Sie wieder dynamisch, diesmal aber mit angespanntem Bauch und zusammengebissenen Zähnen. Das Gesicht ist ausdruckslos und Sie vermeiden Blickkontakt. Stellen Sie die bekannten Überlegungen an, notieren ein paar Eindrücke und

> vergleichen Sie abschließend die verschiedenen Phasen der Beobachtungsaufgabe noch einmal miteinander.

Sehr wahrscheinlich werden Sie in den drei Runden dieser Beobachtungsaufgabe nicht nur körperliche Veränderungen, sondern auch Änderungen des Befindens festgestellt haben. Die Gangarten und Haltungen waren Ihnen unterschiedlich angenehm, Sie haben sich an bekannte Situationen und/oder Stimmungen erinnert gefühlt, vielleicht auch an Ihnen bekannte Personen, bei denen Sie ähnliche Haltungen schon gesehen haben. Vermutlich haben sich unterschiedliche Stimmungen eingestellt oder wenigstens angedeutet – in der ersten Runde vielleicht Ruhe oder Niedergeschlagenheit, in der zweiten Fröhlichkeit oder Tatendrang, in der dritten Hektik oder Aggressivität. Sie konnten am eigenen Körper erfahren:

Die äußere Haltung beeinflusst die innere Haltung! In dieser Erfahrung liegt eine wichtige Chance für die positive Beeinflussung von Sprechsituationen. Sie müssen nicht zwangsläufig die äußeren Haltungen einnehmen, die Ihnen Ihre innere Befindlichkeit nahelegt, sondern können sich **aktiv für eine bestimmte äußere Haltung entscheiden** und damit auch auf Ihre innere Befindlichkeit Einfluss nehmen. Am praktischen Beispiel heißt das z. B., dass Sie bewusst eine Sprechhaltung einnehmen können, in der Sie sich sicher und aktiv fühlen, auch wenn das zunächst noch nicht Ihrer Gestimmtheit entspricht. Mit Hilfe Ihres Körpers nehmen Sie Einfluss auf Ihre Befindlichkeit, und die Chancen stehen gut, dass Sie sich nach einiger Zeit auch sicherer und aktiver fühlen werden. Welche Körperhaltungen sich dafür anbieten, wird im Folgenden zu beschreiben sein.

6.2.1 | Sprechhaltung im Stehen

Für das **Sprechen vor Gruppen** bietet sich meist eine stehende Position an. Die Haltung sollte insgesamt stabil, sicher und unverkrampft sein, damit Sie Ihnen Sicherheit vermitteln und auch nach außen Sicherheit ausdrücken kann.

Eine günstige Grundposition sieht so aus:

Aufrichtung zur Zimmerdecke hin

Kopf – schwebt auf der Wirbelsäule

Kiefermuskulatur – ist locker
Nackenwirbelsäule – ist aufgerichtet
Schultergürtel – ist gelöst, gedachter Zug nach hinten-unten
Brustbein und Wirbelsäule – sind aufgerichtet

Bauchraum und Becken – sind entspannt

Hände – sind einsatzbereit für Gesten, können zu Beginn auch in Bauchnabelhöhe gehalten werden

Knie – sind nicht durchgedrückt, sondern locker

Füße – stehen hüftgelenksbreit auseinander, das Körpergewicht ist gleichmäßig auf den Füßen verteilt

stabiler Bodenkontakt

(Abb. nach Brügge/Mohs 2005, S. 63, modifiziert)

Zur Vermeidung von Missverständnissen sei noch einmal betont, dass es sich bei der abgebildeten Haltung um eine **Grundposition** handelt. Das heißt also nicht, dass Sie die Haltung über einen längeren Zeitraum krampfhaft beibehalten sollen. Sie sollten aber mit der Haltung vertraut sein, Ihre Rede in dieser Haltung beginnen und immer mal wieder zu der beschriebenen Position zurückkehren. Im Verlaufe Ihrer Präsentation werden Sie natürlich in Bewegung kommen und Ihre Körperhaltung variieren.

Bei der **Arbeit an Körperhaltungen** stellen sich fast immer auch Schwierigkeiten ein. Grundsätzlich finden wir erst einmal das bequem und sicher, was wir gut kennen, auch wenn die bevorzugten Haltungen aus physiologischer Sicht und auch in ihrer Außenwirkung ungünstig sind. Stellen Sie sich also auf Irritationsmomente ein und seien Sie offen für neue Erfahrungen und Veränderungen.

Die oben dargestellte Position ist deshalb besonders stabil und mit geringer Muskelkraft zu erreichen und zu halten, weil **die großen Gelenke der vertikalen Körperachse** gut übereinander aufgebaut sind. Der Körper gleicht also gewissermaßen einem Turm aus Bauklötzen, der dann besonders stabil ist, wenn die einzelnen Klötze möglichst exakt übereinander liegen und kein Klotz zu weit aus dem Turm herausschaut. Das Skelett hält sich dabei mit der inneren Skelett-Haltemuskulatur quasi ›von alleine‹ aufrecht. Sie können die gesamte äußere Muskulatur entspannen, also z. B. die Oberschenkel, das Gesäß, den Bauch, den Nacken und den Kiefer. Unnötig angespannte Muskulatur führt zu Verspannung, zu muskulären Blockaden, zu Stress. Anstrebenswert ist eine ausgewogene **Mischung aus Stabilität und Beweglichkeit**, man könnte auch sagen, eine dynamische Haltung in einem balancierten Gleichgewicht.

Versuchen Sie sich grundsätzlich in einem **Eutonus**, also in einer guten Spannung, zu befinden. Nicht angespannt, aber auch nicht unterspannt, nicht abgeschlafft. Sondern: Entspannt, aber wach, präsent.

Um sich die oben abgebildete Haltung zu erarbeiten und zu eigen zu machen, sollten Sie zunächst in einer Übungssituation versuchen, den Stand wie beschrieben aufzubauen. Gehen Sie dabei von unten nach oben vor und beginnen also mit den Füßen. Üben Sie dabei zunächst unbedingt ohne Schuhe und bevorzugen Sie in Redesituationen flaches Schuhwerk.

Rednerposition im Stehen Übung

- Die Füße sind unter den Hüftgelenken positioniert, also dort, wo die Oberschenkelknochen in das Becken übergehen. Stellen Sie die Füße möglichst parallel zueinander. Falls Ihnen diese Haltung Schwierigkeiten bereitet, können Sie die Füße auch leicht nach außen ausdrehen. Von einer Rotation nach innen ist aus physiologischer Sicht auf jeden Fall abzuraten, und zudem wirken nach innen gedrehte Füße (auch im Sitzen) meist verlegen und unsicher.

- Ein stabiler Bodenkontakt ist die Grundvoraussetzung für einen sicheren Stand. Konzentrieren Sie sich deshalb nun auf den Kontakt der Füße zum Boden und verteilen Sie das Körpergewicht gleichmäßig. Das heißt, dass die Belastung zu gleichen Teilen auf Ferse und Fußballen liegt und Sie also weder zu weit vorne noch zu weit hinten stehen, sondern zentriert. Um diese Haltung zu erreichen, können Sie durch die Verlagerung des Körpergewichts und mit lockeren Knien zunächst ein bisschen nach vorne und hinten ›schwanken‹, um sich dann wieder in der Mitte einzupendeln. Machen Sie sich klar, dass Sie über die Füße Ihr gesamtes Körpergewicht an den Boden abgeben, dass der Boden Sie also gewissermaßen trägt. Wenn Ihnen das Bild gefällt, können Sie sich vorstellen, dass Ihnen Wurzeln aus den Füßen wachsen und Sie so ganz sicher auf dem Boden stehen und im wahrsten Sinne des Wortes ›nicht so leicht umzuwerfen‹ sind.

- Die Knie sollten stets locker sein, was das Gegenteil von durchgedrückt meint, aber kein bewusstes Kniebeugen, kein In-die-Hocke-gehen. Vielleicht hilft Ihnen die Vorstellung, dass beim Durchdrücken der Knie die Kniescheibe von der Oberschenkelmuskulatur heraufgezogen wird und sich beim Lockern der Knie die Oberschenkelmuskulatur entspannt und die Kniescheibe nach unten sinkt. Machen Sie sich bewusst, dass sich ein Durchdrücken der Knie ungünstig auf die gesamte Körperhaltung auswirkt, da es mit unnötiger Muskelanspannung verbunden ist und zudem eine Kippung des Beckens nach hinten und damit eine Hohlkreuz-Position und eine Anspannung in der Muskulatur von Bauch und Becken hervorruft. Beim Lockern der Knie sinkt der untere Rücken hingegen in Richtung Boden, das Becken kommt etwas weiter nach vorne, der Rücken ist gerade und die Bauch- und Beckenmuskulatur kann sich entspannen. Falls Sie bislang bevorzugt mit durchgedrückten Knien gestanden haben, wird Ihnen die Umstellung nicht ganz leicht fallen. Geben Sie sich etwas Zeit und experimentieren Sie zunächst außerhalb von Sprechsituationen mit der neuen Haltung, etwa beim Warten auf den Bus oder an der Kasse.
- Die Muskulatur von Bauchraum und Becken sollte stets möglichst entspannt sein. Für das aufrechte Stehen ist eine Anspannung in diesem Bereich unnötig, sie wirkt zudem verkrampfend und blockierend und beeinflusst damit Atmung und Stimme ungünstig. Spannen Sie in der Übungssituation die Muskulatur von Bauch und Becken mehrmals kurz an, nehmen Sie die Entspannung dann ganz bewusst wahr und behalten Sie die entspannte Variante bei.
- Die Wirbelsäule richtet sich aus dem Becken heraus in ihrer natürlichen Krümmung nach oben auf. Für eine unangestrengte Aufrichtung ist dabei der Gedanke hilfreich, dass Sie mit Hilfe eines Fadens an der Decke ›befestigt‹ sind und der Körper sich also ohne Ihr Zutun in einer aufgerichteten Position halten kann. Sie sollten sich zu ihrer vollen Körpergröße aufrichten – übrigens auch dann, wenn Sie von Natur aus zu den eher großen Menschen gehören, die manchmal dazu neigen, sich kleiner zu machen, als sie sind. Um ein besseres Gefühl für die Aufrichtung zu entwickeln, rollen Sie bei lockeren Knien die Wirbelsäule Wirbel für Wirbel nach unten ab und hängen Sie schließlich entspannt kopfüber. Richten Sie sich dann wieder ganz langsam auf, rollen Sie die Wirbelsäule vom Becken aus Wirbel für Wirbel nach oben. Der Kopf hängt dabei bis zum Schluss nach unten, erst ganz am Ende der Übung richtet sich die Nackenwirbelsäule auf und der Kopf schwebt nach oben.

- Der Kopf sollte locker auf der Nackenwirbelsäule sitzen und dabei nicht zu weit vorne positioniert sein, denn dann brauchen Sie unnötige muskuläre Kraft, um ihn dort zu halten und provozieren damit Verspannungen im Bereich von Nacken, Kiefer und Kehlkopf, was sich unter anderem auch stimmlich negativ auswirkt.
- Das Brustbein ist aufgerichtet und ›geöffnet‹.
- Die Schultern hängen locker nach hinten-unten. Ein aktiver Zug in diese Richtung wäre schon zuviel und zu anstrengend, deshalb kann man von einem ›gedachten Zug‹ sprechen, der ein schlaffes nach vorne Fallen der Schultern bereits wirkungsvoll verhindert. Für eine Lockerung und Sensibilisierung im oberen Körperbereich ziehen Sie die Schultern kurz nach oben in Richtung Ohren, halten Sie die Spannung einen Moment lang und lösen Sie sie dann mit einem Fallenlassen der Schultern bewusst wieder auf.
- Die Hände hängen in der beschriebenen Grundposition zunächst ebenfalls locker nach unten. Zu Beginn einer Redesituation können sie auch in Bauchnabelhöhe positioniert werden – beim Sprechen setzt dann automatisch Gestik ein.
- Der Kiefer ist locker und entspannt. Zwischen den Zahnreihen sollte dabei etwas Luft sein, denn jedes ›Zähnezusammenbeißen‹ führt zu erheblicher muskulärer Spannung, die schwerwiegende Probleme wie Nackenverspannung und Kopfschmerz verursachen kann.

Mit der erarbeiteten Körperhaltung haben Sie in jedem Fall eine gute **Grundposition für Sprechaktivitäten** vor der Gruppe kennengelernt. Falls Sie sich noch etwas steif vorkommen, fehlt Ihnen zum einen wahrscheinlich noch die Gewöhnung und zum anderen gehört zu einer Sprechposition eben auch das Sprechen. Sobald Sie sprecherisch aktiv werden, kommt auch der Körper in Bewegung, Gestik setzt ein und Sie können aus der Grundposition heraus flexibel agieren. Die Haltung bietet übrigens auch ideale Voraussetzungen für eine vollständige und **entspannte Atmung** und für eine **resonanzreiche Stimme.**

6.2.2 | Sprechhaltung im Sitzen

Im Folgenden soll eine **Sitzposition** vorgestellt werden, die der bereits bekannten Stehposition in vielem ähnelt. Sie eignet sich immer dann, wenn Sie sich gegen das Stehen vor der Gruppe entscheiden möchten, also etwa bei kleineren Gruppen und/oder in Konferenz- oder Besprechungssituationen.

Auch hier gilt: Die Position ist als **Grundhaltung** aufzufassen, im Verlauf der Rede sind Veränderungen erlaubt und erwünscht.

Aufrichtung zur Zimmerdecke hin

Kopf – schwebt auf der Wirbelsäule

Nackenwirbelsäule – ist aufgerichtet

Schultergürtel – ist gelöst, gedachter Zug nach hinten-unten

›**Sitzhöcker**‹ – haben guten Kontakt zum Stuhl, tragen das Körpergewicht

Kiefermuskulatur – ist locker

Brustbein und Wirbelsäule – sind aufgerichtet

Bauchraum und Becken – sind gelockert

Hände – sind einsatzbereit für Gesten, können zu Beginn auch in Bauchnabelhöhe gehalten werden oder auf dem Tisch liegen

Knie – sind leicht geöffnet

Füße – stehen hüftgelenksbreit auseinander

stabiler Bodenkontakt

(Abb. nach Brügge/Mohs 2005, S. 64, modifiziert)

Durch die Arbeit an der stehenden Position sind Ihnen viele grundsätzliche Aspekte nun schon bekannt. Dennoch wird vermutlich auch die Erarbeitung der Sitzposition einige Aufmerksamkeit erfordern. Nehmen Sie sich also in einer Übungssituation ausreichend Zeit dafür.

Übung

Rednerposition im Sitzen

- Setzen Sie sich auf einen Stuhl oder Hocker mit gerader Sitzfläche. Lehnen Sie sich nicht an und positionieren Sie sich auf der vorderen Hälfte der Sitzfläche. Stellen Sie die **Füße** hüftgelenksbreit und parallel nebeneinander und öffnen die **Knie** entsprechend weit. (Das Nebeneinanderstellen der Füße und das leichte Öffnen der Knie ist oft besonders für Frauen ungewohnt und schließt sich beim Tragen von sehr kurzen Röcken auch tatsächlich aus – was allerdings eher die Wahl eines anderen Kleidungsstückes als die Wahl einer anderen Sitzposition begünstigen sollte.)
- Schaukeln Sie nun leicht von rechts nach links und nehmen dabei die ›**Sitzhöcker**‹ war, also die unteren Bereiche der Beckenknochen, auf denen im Sitzen Ihr Gewicht ruhen sollte. Falls das nicht

gut gelingt, sollten Sie sich vielleicht noch etwas weiter nach vorne auf den Stuhl setzen. (Falls Sie Schwierigkeiten haben, sich die ›Sitzhöcker‹ vorzustellen, werfen Sie bitte einen Blick auf die unten stehende Abbildung.)

- Probieren Sie nun aus, Ihr **Becken** im Sitzen nach vorne und nach hinten zu kippen. Eine starke Kippung nach hinten lässt den Rücken rund werden, eine starke Kippung nach vorn verändert den Rücken zum Hohlkreuz. Versuchen Sie dann, eine mittlere Beckenposition zu erreichen, in der der untere Rücken aufgerichtet und eher flach ist. Aus physiologischer Sicht ist diese Haltung sehr günstig, da die Lendenwirbel relativ weit voneinander entfernt sind und dadurch wenig Druck auf die Bandscheiben ausüben.

- Konzentrieren Sie sich noch einmal auf Ihre **untere Körperhälfte**, nehmen Sie den **Kontakt der Füße zum Boden** und den **Kontakt der Sitzhöcker zur Sitzfläche** wahr, lassen Sie sich im wahrsten Sinne des Wortes ›nieder‹ und geben möglichst viel Gewicht an Boden und Stuhl ab.

- Die Muskulatur von **Becken** und **Bauchraum** kann und soll sich entspannen, denn nur dann werden Ihnen bei Ihrer Rede ausreichend Atem und eine volle Stimme zur Verfügung stehen.

- Für die Aufrichtung der **Wirbelsäule** genügt wiederum der Einsatz der inneren Skeletthaltemuskulatur, die einem natürlichen Streckreflex folgt, wenn das Gewicht auf den Sitzhöckern ruht. Auch im Sitzen hilft die Vorstellung, dass Sie mit einem imaginären Faden an der Decke befestigt sind und von dort aus gehalten werden.

- Für die Aufrichtung von **Brustbein** und **Nackenwirbelsäule**, für die schwebende Position des **Kopfes**, die Lockerung von **Schultergürtel** und **Kiefermuskulatu**r gelten dieselben Grundsätze wie in der bereits bekannten stehenden Position.

- Um sich die Haltung noch stärker zu eigen zu machen, sollten Sie auch im Sitzen die verschiedenen Körperpartien wie oben beschrieben mehrfach durchbewegen, um dann stets wieder zu einer mittleren, aufgerichteten und entspannten Position zurückzufinden. Rollen Sie auch im Sitzen die Wirbelsäule mehrmals auf und ab, öffnen Sie die Knie dazu weiter und lassen den Oberkörper nach vorne fallen. Beugen Sie sich aus der Grundposition mit dem Oberkörper nach vorn, stützen Sie sich mit den Unterarmen auf den Oberschenkeln ab, lassen den Kopf hängen und entspannen Sie sich bei lockerer Bauchmuskulatur einige Augenblicke lang in diesem sogenannten ›Kutschersitz‹. Behalten Sie die Stabilität der unteren Körperpartie bei, richten Sie sich vom Becken her wieder auf und kommen Sie entspannt in die Ausgangshaltung.

Knöchernes
Becken

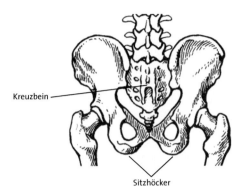

Kreuzbein

Sitzhöcker

(Abb. aus Brandis/Schönberger 1985, S. 47, modifiziert)

Wenn die beschriebene Sitzvariante für Sie ungewohnt ist, sollten Sie sich langsam an die neue Position gewöhnen und sie zunächst immer mal wieder für einige Minuten einnehmen, bis sich mehr Bequemlichkeit einstellt und Sie länger in dieser Weise entspannt sitzen können.

Bitte denken Sie daran, dass die Haltung eine **Sprecherposition** darstellt, die erst dann wirklich stimmig wird, wenn sich sprecherische Aktivität einstellt, in deren Verlauf Sie die Grundposition dann natürlich auch variieren können und werden. Grundsätzlich spricht nichts dagegen, sich auch einmal anzulehnen oder die Beine übereinander zu schlagen. Die erarbeitete Position zeigt aber am deutlichsten Ihre sprecherische Aktivität an, gibt Ihnen selbst die nötige Wachheit und Energie für Ihren Redebeitrag und zieht auch wirksam die Aufmerksamkeit der Zuhörer auf sich.

Wenn Sie in einer **Diskussionsrunde** oder Besprechung das Wort übernehmen möchten, ist es meist sehr hilfreich, zunächst eine aktive Sprecherposition einzunehmen, sich also z.B. von einer angelehnten Haltung mit übergeschlagenen Beinen, die viel mehr zu einer Zuhörerrolle passt, hinzubewegen zu einer aktiven, aufgerichteten, präsenten Haltung. Es wird Ihnen dann selbst sehr viel leichter fallen, das Wort zu übernehmen und Sie können außerdem sofort mit der Aufmerksamkeit der anderen rechnen, die Ihre Veränderung zur Sprecherposition hin ja – meist unbewusst – schon wahrgenommen haben und gewissermaßen bereits auf Ihren Beitrag warten. Das Ganze spielt sich meist innerhalb weniger Sekunden ab, wirkt aber doch als deutliches Signal.

6.2.3 | Proxemik – Verhalten im Raum

Das Kapitel zur Körperhaltung soll abgeschlossen werden mit einigen Hinweisen zur **Proxemik**, also zum Verhalten im Raum. Wenn Sie sich auf eine konkrete Sprechsituation vorbereiten, sollten Sie sich auch dazu Gedanken machen und bewusste Entscheidungen treffen. Fragen Sie sich zunächst, ob Sie bei Ihrer Rede stehen oder sitzen wollen oder ob Sie vielleicht auch zwischen beiden Positionen wechseln möchten. Entscheiden Sie dann, wo und wie Sie sich im Raum positionieren werden. Falls Sie Einfluss auf die Sitzordnung und die Aufstellung des Mobiliars nehmen können, treffen Sie dazu die entsprechenden Entscheidungen. Dabei sind natürlich grundsätzliche Aspekte zu beachten, also z. B. die Notwendigkeit, dass alle Zuhörer sie gut sehen können sollten usw. Ansonsten sind oft mehrere Varianten möglich und Sie sollten sich für diejenige entscheiden, in der Sie sich am wohlsten und sichersten fühlen.

Falls Sie ein Rednerpult benutzen, sollten Sie auch hinter diesem die beschriebene Stehposition einnehmen und sich nicht unnötig an dem Pult abstützen oder sich gar darüberlehnen. Falls Sie frei vor der Gruppe stehen, kann es manchmal hilfreich sein, einen **Ablagetisch** oder ähnliches in der Nähe zu haben – einmal um Manuskripte u. Ä. zu positionieren, aber auch, um den freien Raum etwas zu füllen und sich gewissermaßen nicht so ›allein auf weiter Flur‹ zu fühlen.

Ein Overhead-Projektor bzw. Laptop für Powerpoint-Präsentation sollte so positioniert sein, dass Sie problemlos darauf zugreifen und deuten können. Prinzipiell bietet sich dafür bei Rechtshändern eine Positionierung rechts vom Redner an, bei Linkshändern entsprechend auf der linken Seite. Ein Laptop sollte am Besten auf einem etwas höheren Tisch stehen, so dass Sie sich bei Zugriff darauf nicht zu weit nach unten beugen müssen. Für die Arbeit am Overhead-Projektor muss der Folienwechsel gut vorbereitet sein, damit er den Ablauf Ihrer Rede nicht unnötig hemmt und Sie im Laufe der Präsentation Ihre Materialien immer übersichtlich und gut geordnet zur Stelle haben. Kleine Pausen, die beim Folienwechsel entstehen, sind kein Problem und bieten den Zuhörern meist eine angenehme kleine Unterbrechung zum Nachvollzug des eben Gehörten.

Falls Sie **im Sitzen** sprechen, sollten Sie darauf achten, dass der Stuhl Ihnen eine gute Sitzposition ermöglicht und z. B. nicht nach hinten unten abgeschrägt ist, was eine aufrechte Position fast unmöglich macht.

6.3 | Gestik und Mimik

Grundsätzlich wirkt es angenehm, wenn der Redner seine Ausführungen mit Gesten unterstützt. Zudem helfen Gesten dem Sprecher beim **Sprechdenken**, also bei der spontanen Ausformulierung der Gedanken und beim Rückgriff auf das Kurzzeitgedächtnis. Gesten sollten also auf keinen

Fall unterdrückt, sondern zugelassen werden. Wichtig ist dabei, dass die Gesten **sinnunterstützend** sind, also zum Gesagten passen, worauf man in den allermeisten Fällen vertrauen kann.

Beobachtungs-
aufgabe

Sprechen Sie einen Satz‹ in dem die Wendung »einerseits – andererseits« vorkommt und unterstützen Sie diese Formulierung gestisch. Sagen Sie dann einen Satz mit der Wendung »alles zusammen« und finden auch dazu eine passende Geste. Versuchen Sie dann, den ersten Satz (»einerseits – andererseits«) mit der Geste des zweiten Satzes (»alles zusammen«) zu sprechen und umgekehrt.

Vermutlich haben Sie bei »einerseits – andererseits« eine Geste gemacht, die in zwei verschiedene Richtungen deutet, während Sie bei »alles zusammen« eine verbindende Geste gewählt haben. Der Austausch der Gesten fällt sehr schwer und so lässt sich sehen, dass Gestikulieren nur aus einer geistig-körperlichen Einheit heraus funktionieren kann.

Damit sinnunterstützende Gesten entstehen können, sollten Sie alle Körperhaltungen vermeiden, die Sie in Ihrer **Bewegungsfreiheit** beeinträchtigen – stecken Sie die Hände nicht in die Hosentaschen (was in den meisten Redesituationen ohnehin zu lässig und womöglich desinteressiert und unhöflich wirkt), verschränken Sie nicht die Arme usw. Wählen Sie stattdessen eine **offene Körperhaltung**, die das Zustandekommen von Gestik ermöglicht.

Bei der Erarbeitung der Rednerpositionen (s. Kap. 6.2.1) haben wir die Hände im Stehen zunächst locker hängen lassen. Sie können Ihre Rede ohne Weiteres so beginnen und auch eine Zeit lang in dieser Haltung bleiben. Mit zunehmender sprecherischer Aktivität werden sich bei allgemeiner körperlicher Lockerheit ganz von selbst Gesten einstellen. Als Ausgangsposition bietet sich auch das Halten der Hände in Bauchnabelhöhe an, denn aus dieser mittleren Position fällt der Übergang zum Gestikulieren meist leichter. Oft ist es angenehm, etwas in den Händen zu halten, also z. B. ein **Manuskript** oder **Karteikarten**. Letzteres bietet dabei viele Vorteile, denn Karteikarten mit Stichworten fördern das freie Sprechen und sind zudem leichter zu handhaben als ein großformatiges Manuskript. In jedem Fall sollten Sie sich nicht mit beiden Händen an Ihrem Material ›festhalten‹, sondern die Unterlagen locker in einer Hand halten, um die andere frei für Gesten zu haben. Sorgen Sie auch für eine Ablagemöglichkeit, falls Sie im Laufe der Rede mehr Sicherheit gewinnen und die Materialien aus der Hand legen möchten.

Wenn Ihnen das Festhalten eines Stiftes ein starkes Gefühl von Sicherheit vermittelt und Ihre Nervosität mildert, sollten Sie diesen ›Trick‹ für sich nutzen. Halten Sie den Stift aber nur mit einer Hand fest, spielen Sie nicht mit ihm herum, zeigen Sie mit dem Stift nicht auf Ihre Zuhörer – und legen Sie ihn weg, wenn Sie sich nach einer Weile sicherer fühlen.

Im Sitzen können die Hände zunächst locker auf den Oberschenkeln liegen oder in Bauchnabelhöhe gehalten werden. Wenn Sie einen Tisch vor sich haben, werden Sie Ihre Hände zunächst dort ablegen oder Ihre Unterlagen in den Händen halten.

Grundsätzlich gilt, dass Sie **keine Gesten planen** sollten. Leider wirkt das immer gekünstelt und außerdem kostet es Sie zuviel Konzentration, während des Sprechens auch noch einstudierte Gesten auszuführen. Die Geste muss immer unmittelbar und spontan vom Gesprochenen motiviert sein. Vermeiden Sie außerdem alle **Gesten, die nicht sinnunterstützend sind,** also mit dem Gesagten nicht in Zusammenhang stehen. Dabei handelt es sich meist um unbewusste Handlungen, die Ausdruck von Nervosität, Unkonzentriertheit oder Unsicherheit sind oder schlicht als schlechte Angewohnheit gelten müssen, wie das Herumspielen mit dem Stift, das Hin- und Herschieben des Manuskripts auf dem Tisch oder das ›Nesteln‹ an den Haaren oder an der Kleidung.

Die mimische Ausdrucksgestaltung ist noch wesentlich feiner abgestuft als das gestische Repertoire und unterliegt unserer Kontrolle oft nur schwer. Begegnen Sie Ihrem Gegenüber wenn eben möglich mit einer **freundlichen Grundhaltung,** lächeln Sie so viel wie möglich und angemessen. Gerade wenn Sie jemanden von etwas überzeugen wollen, ist ein positiver Gesichtsausdruck meist sehr wichtig.

Lassen Sie aber auch zu, dass sich **verschiedene Stimmungen** auf Ihrem Gesicht ausdrücken, dass man Ihnen also etwa Nachdenklichkeit oder Begeisterung ansehen kann. Es ist entscheidend, dass der Inhalt des Gesagten und der körpersprachlich-mimische Ausdruck zusammenpassen, ansonsten wirken Sie sehr schnell unauthentisch und irritierend auf Ihre Zuhörer. Von einem stets gleichbleibenden Gesichtsausdruck oder einem ›Pokerface‹ ist also abzuraten.

Vorsicht ist geboten bei mimischen ›Angewohnheiten‹ wie Stirnrunzeln, Zusammenziehen der Augenbrauen, Zusammenpressen der Lippen etc. Eventuell wirken Sie dadurch z.B. skeptisch oder angespannt, obwohl Sie diese Stimmungen gar nicht empfinden oder ausdrücken wollen.

Videofeedback   Übung

Nehmen Sie einen kleinen Redebeitrag mit einer Videokamera auf und schauen Sie sich die Aufnahme anschließend an. Falls Sie sich zum ersten Mal auf Video hören und sehen, werden Sie eine Zeitlang brauchen, um sich überhaupt an diese neue Erfahrung zu gewöhnen. Ihre Stimme wird Ihnen auf jeden Fall fremd erscheinen, da Sie sich selbst nun nur über die Ohren und nicht wie sonst auch über den direkten Knochenschall hören. Nach einer gewissen Zeit der Eingewöhnung können Sie sich und Ihren Redebeitrag aber bereits objektiver betrachten.

Grundsätzlich stellt sich bei der Arbeit mit Videofeedback oft ein **positiver Überraschungseffekt** ein. Vieles sieht viel besser aus und hört sich auch besser an, als Sie es vielleicht erwartet haben. Wenn Sie während der Aufnahme sehr nervös waren, können Sie jetzt vielleicht feststellen, dass man Ihnen die Nervosität gar nicht so stark ansieht wie gedacht. Nehmen Sie also zunächst all die positiven Aspekte war, die Ihnen die Aufnahme bietet.

Betrachten Sie sich und Ihren Redebeitrag dann kritisch, achten dabei nun vor allem auf gestische und mimische Aspekte. Wenn Ihnen etwas nicht gefällt, wählen Sie ein bis zwei Aspekte aus, die Sie beim nächsten Durchgang verändern möchten, also z.B. einen unfreundlichen Gesichtsausdruck und das Herumspielen mit dem Stift.

Wenn Ihnen Ihre Gestik und Mimik insgesamt zu eingeschränkt erscheint, versuchen Sie zunächst, durch ein paar Bewegungsübungen, wie z.B. das Durchschütteln von Armen und Beinen, das Auf- und Abrollen der Wirbelsäule, für eine größere körperliche Lockerheit zu sorgen. Überprüfen Sie dann noch einmal Ihre Steh- oder Sitzposition und vergewissern Sie sich, dass diese offen und beweglich genug ist, um Gestik entstehen zu lassen. Fragen Sie sich auch, ob Ihnen Ihr Redekonzept inhaltlich klar genug ist und ob Sie vielleicht an Ihren Unterlagen, z.B. an Ihrem Stichwortkonzept, noch etwas verbessern könnten, damit Ihnen die Rede insgesamt flüssiger gelingen kann.

Wiederholen Sie nun die Aufnahme, und mit großer Wahrscheinlichkeit werden Sie die ausgewählten Aspekte bereits in großen Teilen verändern und einen besseren Gesamteindruck erreichen können.

6.4 | Atmung

Eine **ruhige und vollständige Atmung** ist die Grundvoraussetzung für einen entspannten Gesamtzustand und für eine angenehme und unangestrengte Stimme. Die Beschäftigung mit dem eigenen Atem kann zudem beim Abbau von Nervosität, Stress und Lampenfieber ausgesprochen hilfreich sein.

Beobachtungs-
aufgabe

Stellen Sie sich möglichst bequem hin (s. Kap. 6.2), schließen Sie die Augen und nehmen Sie Ihren eigenen Atem einige Minuten lang wahr. Versuchen Sie nicht, den Atemvorgang in irgendeiner Weise zu beeinflussen, sondern beobachten Sie nur das, was gerade geschieht.

- Fragen Sie sich zunächst, wie der Rhythmus Ihres Atems ist, wie also Ein- und Ausatmung aufeinander folgen und ob Sie vielleicht auch kleine Pausen bemerken können.
- Wenden Sie sich dann in der Beobachtung den Atembewegungen zu. Wo in Ihrem Körper können Sie Bewegungen bemerken, die mit dem Atem in Zusammenhang stehen? Was geschieht beim Einatmen, was geschieht beim Ausatmen?
- Bevor Sie zum Ende der Beobachtungsaufgabe kommen, machen Sie sich noch bewusst, ob sich Ihre Atmung und vielleicht auch Ihr Gesamtbefinden im Laufe der Beobachtung verändert hat.

Vergleichen Sie nun Ihre Eigenwahrnehmung mit den folgenden Beschreibungen des physiologischen Atemvorgangs.

Der physiologische Atemrhythmus ist dreiteilig: Einatmung – Ausatmung – Pause. Die kleine Atempause nach der Ausatmung ist durch einen Umschaltvorgang im Atemzentrum des Gehirns bedingt, das aufgrund des Sauerstoff- und Kohlendioxidgehaltes des Blutes ›feststellt‹, dass eine Erneuerung des Atems notwendig ist, und die entsprechenden Impulse an die Atemmuskulatur weitergibt. Ein Weglassen der Pause bedeutet, den natürlichen Impuls zur Atemerneuerung nicht abzuwarten und dabei relativ viel Energie für eine ungünstige Beschleunigung des Atemgeschehens aufzuwenden, was eine gesamtkörperliche Grundunruhe begünstigt.

In der Ruheatmung ist die Ausatmung etwas länger als die Einatmung, das Verhältnis beträgt etwa 1:1,2. Beim Sprechen verlängert sich die Ausatmung der Länge der Sprechphasen entsprechend, bis etwa zu einem Verhältnis von 1:8.

Die physiologischen Atembewegungen lassen sich folgendermaßen beschreiben: Ein Hauptatemmuskel ist das **Zwerchfell**, eine große Muskel- und Sehnenplatte, die den Körper in der Vertikalen durchläuft und den Brustraum vom Bauchraum trennt. Wie auf der Abbildung (s. S. 86) zu sehen, entspringt das Zwerchfell mit seinen Schenkeln an der unteren Wirbelsäule, verläuft seitlich an den unteren Rippen entlang und ist vorn am unteren Ende des Brustbeins befestigt.

Die Einatmung: Im entspannten Zustand wölbt sich das **Zwerchfell** kuppelförmig in den Brustkorb hinein. Wenn es vom Atemzentrum den Impuls zur Einatmung erhält, zieht es sich zusammen und flacht dabei nach unten hin ab. Dabei verdrängt es die Bauchorgane nach unten, so dass sich die **Bauchdecke** nach außen vorwölbt. Die Bewegung des Zwerchfells und die dadurch initiierte Ausdehnung kann auch bis in die Flanken und das Becken sowie im Rücken spürbar werden. Gleichzeitig werden auch die **Zwischenrippenmuskeln** angeregt, die durch ihre Anspannung den Brustkorb etwas aufdehnen, so dass sich dieser leicht weitet und hebt. Durch das Tiefertreten des Zwerchfells und das Aufdehnen des Brustkorbes entsteht nun gewissermaßen mehr ›Platz‹ in den Lungen

85

Das Zwerchfell

und somit eine Art ›Unterdruck‹, der das **Einströmen des Atems** nach sich zieht. Die Einatmung geschieht also völlig automatisch und muss – auch in Redesituationen – nicht aktiv unterstützt oder gar forciert werden, solange man den natürlichen Atemprozess nicht – z. B. durch muskuläre Blockaden – behindert.

Die Ausatmung: Nachdem ausreichend Luft in die Lungen geströmt ist, erfolgt die Ausatmung durch die Entspannung der Atemmuskulatur, das Zwerchfell wölbt sich also wieder nach oben in den Brustkorb hinein, der Bauch flacht wieder ab und durch die Entspannung der Zwischenrippenmuskulatur senkt sich auch der Brustkorb wieder.

In der Sprechatmung sollten die Atembewegungen des Bauchraumes und des Brustkorbes ausgewogen miteinander kombiniert sein, wobei der fühlbare Schwerpunkt bei der Atembewegung des Bauchraumes liegen sollte. Erst bei stärkerer körperlicher Anstrengung – also z. B. beim Sport – überwiegt zu Recht die fühlbare Bewegung des Brustkorbes.

Die Atem-
bewegungen

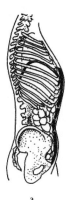 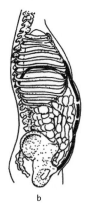

a) Ausatmungsphase: das Zwerchfell steht hoch, der Bauch ist abgeflacht.
b) Einatmungsphase; das Zwerchfell tritt tief, verdrängt die Bauchorgane nach unten, der Bauch wölbt sich vor, der Brustkorb dehnt sich durch die Aktivität der Zwischenrippenmuskeln leicht auf.

a   b

Auf der Zeichnung sind die **Bauchmuskeln** so stark hervorgehoben, da sie als Antagonist der Atemmuskeln wirken können. Ist die Bauchdecke nämlich zu stark angespannt, behindert sie das Tiefertreten der Bauchorgane und das Vorwölben der Bauchdecke.

Zwei Abweichungen vom physiologischen Atemgeschehen treten bei der individuellen Atemwahrnehmung relativ häufig auf, und zwar zum einen das Fehlen der Atempause, zum anderen ausbleibende oder paradoxe Bewegungen der Bauchdecke.

Fehlen der Atempause: Verkürzt dargestellt, kann die Ursache in einer allgemeine Unruhe liegen und/oder in einer gewissen Unsicherheit und Ängstlichkeit, die das Verbrauchen der Ausatemluft nicht abwarten lässt, sondern zu einem vorzeitigen Einatmen motiviert. In der Phonationsatmung, also bei der Atmung während des Sprechens, ist das Auslassen der Atempause oft auch mit einer sprecherischen Überaktivität verbunden. Der Sprecher redet dabei hektisch auf sein Gegenüber ein, will es im wahrsten Sinne des Wortes ›überreden‹, lässt keine Pausen zu – vielleicht auch, um sich nicht unterbrechen zu lassen –, und verausgabt sich dabei letztlich selbst.

Ausbleibende oder paradoxe Bewegungen der Bauchdecke sind meist darauf zurückzuführen, dass eine zu stark angespannte Bauchdecke und/oder eine mangelnde Aufrichtung des Körpers die natürliche Atembewegung behindert. Zuviel Anspannung in der Bauchdecke hat oft mit einem übersteigerten Figurbewusstsein zu tun oder ist Zeichen eines allgemein erhöhten Muskeltonus, der wiederum meist mit psychischer Anspannung zu tun hat. In beiden Fällen kann auch der Gedanke, die Atmung aktiv steuern zu müssen, und ein daraus resultierendes zu starkes Einziehen der Atemluft den ja eigentlich passiv ablaufenden Prozess stören. Wichtig ist hier das Bewusstsein, dass Einatmung von alleine geschieht, dass Sie im wahrsten Sinne des Wortes ›inspiriert‹ werden – denn Inspiration heißt auch Einatmung.

Falls Sie die oben beschriebenen Abweichungen bei sich wahrnehmen, sind die folgenden Beobachtungsaufgaben und Übungen unbedingt zu empfehlen, die aber auch in jedem anderen Fall dazu dienen, die Atmung zu vertiefen und zu intensivieren. Wie Sie ja vielleicht schon in der ersten Beobachtungsaufgabe wahrnehmen konnten, wird der Atem allein durch die ihm zugewandte Aufmerksamkeit oft ruhiger, was sich meist auch angenehm auf den Gesamtzustand auswirkt.

> → Sie können Atembeobachtung und Atemvertiefung auch hervorragend zum Abbau von Nervosität und Stress nutzen.

Tipp

Die folgenden Beobachtungsaufgaben sind vor allem dazu angetan, das physiologischen Atemgeschehen bewusst nachzuempfinden.

Beobachtungs-
aufgaben

1. Legen Sie sich in Rückenlage bequem auf den Boden, achten Sie darauf, dass Ihr Rücken möglichst viel Kontakt zum Boden hat. Wenn es Ihre Bequemlichkeit unterstützt, können Sie sich ein kleines Kissen unter den Kopf oder eine gerollte Decke unter die Knie legen. Bei Bedarf können Sie die Füße auch aufstellen. Liegen Sie möglichst entspannt und beobachten Ihren Atem in der schon bekannten Weise. Es ist gut möglich, dass Sie in der entspannten Lage nun die Atempause und/oder die physiologischen Atembewegungen wahrnehmen können, obwohl Ihnen das im Stehen vielleicht nicht gelungen ist, oder dass alle Aspekte nun viel deutlicher zu spüren sind.

2. Nehmen Sie dann eine bequeme Bauchlage ein, betten den Kopf auf die verschränkten Unterarme oder drehen ihn zur Seite weg. Lassen Sie den Atem einfach fließen und nehmen Sie Ihre Beobachtungen wieder auf. Vermutlich werden Sie jetzt spüren, wie sich der Bauch in der Einatmung zum Boden hin weitet. Sehr wahrscheinlich ist der Effekt der Ausdehnung auch in den Flanken und bis in den unteren Rücken hinein nachzuvollziehen. Konzentrieren Sie sich noch einen Moment lang auf den Bereich der unteren Wirbelsäule und des Kreuzbeins und nehmen Sie wahr, wie sich der untere Rücken mit der Einatmung hebt und wieder senkt.

Im Folgenden werden zwei Übungen beschrieben, mit denen Sie den physiologischen Atemvorgang in wesentlichen Aspekten positiv beeinflussen können.

Übungen

Physiologisches Atemgeschehen

1. Legen Sie sich in bequemer Rückenlage auf den Boden. Platzieren Sie Ihre Hände rechts und links vom unteren Bauch auf den Beckenknochen und legen die Ellenbogen dabei auf dem Boden ab. Nehmen Sie dann den Atemfluss und die natürlichen Atembewegungen wahr. Begleiten Sie die Einatmung, das Weiterwerden von Bauchraum und Becken mit einem leichten Heben der Hände und führen Sie die Hände im Prozess der Ausatmung wieder in die Ausgangsposition zurück. Lassen Sie dann während der Atempause die Hände entspannt auf den Beckenknochen liegen und warten Sie ab, bis sich der Einatemimpuls von allein wieder einstellt. Verstärken Sie den Effekt der Übung, in dem Sie auf ein »ffff« ausatmen.

2. Stehen Sie in der Grundposition (s. Kap. 6.2.1), halten Sie die Hände locker auf Brusthöhe. Führen Sie die Hände langsam nach unten, atmen Sie dazu aus, am besten auf ein »ffff«. Koordinieren

Sie dabei Ausatmung und Bewegung. Wenn Sie vollständig aus-
geatmet haben, sind die Hände unten angekommen. Lassen Sie
die Arme und Hände einen Moment lang hängen, nehmen Sie die
Atempause wahr. Wenn der Einatemimpuls kommt, drehen Sie
die Handinnenflächen nach oben, spreizen die Finger etwas auf
und begleiten die Einatmung mit einer Bewegung der Hände
nach oben. Am Ende der Einatmung drehen Sie die Hände in
Brusthöhe wieder in die Ausgangsposition, der Übergang sollte
fließend sein. Beginnen Sie von vorn.

Auch außerhalb von Übungssituationen sollten Sie darauf achten, mit einer **lockeren Bauchdecke** durchs Leben zu gehen. Vermeiden Sie unnötige Anspannung und lassen Sie damit eine ruhige und vollständige Atmung zu! Lassen Sie sich ›inspirieren‹ – Atmung geschieht von selbst;
wenn Sie Ihren Körper ›machen lassen‹, steht immer genug Luft zum
Sprechen und für einen angenehmen Stimmklang zur Verfügung.

Die natürliche Erneuerung des Atems: Vor einer Rede, also z. B. auf
dem Weg zum Rednerpult, sollten Sie noch einmal kräftig ausatmen und
damit überschüssige Spannung loslassen. Die Luft ergänzt sich wieder
von selbst, und Sie können entspannt mit dem Sprechen beginnen. Machen Sie sich klar, dass sich der Atem auch während der Rede ständig er-
neuert. Sprechen ist ja Ausatmen, und solange Sie ausreichend kleine
Pausen zulassen, werden Sie ganz von alleine immer wieder zu Luft
kommen.

Sie können diesen natürlichen Prozess dadurch unterstützen, dass Sie
die Lippen in den kleinen Sprechpausen stets leicht geöffnet lassen, so
dass durch den leicht offenen Mund immer wieder kleine Luftportionen
in den Körper ›fallen‹ können. (In Ruhe – also wenn Sie nicht sprechen –
empfiehlt sich hingegen die Einatmung durch die Nase, bei der die Ein-
atemluft gut angewärmt, befeuchtet und gereinigt wird.)

Um sich den Effekt der Luftergänzung bewusst zu machen und den
Vorgang zu intensivieren, empfiehlt sich die folgende Übung:

Reflektorische Luftergänzung   *Übung*
Stehen Sie bequem und lassen Sie in regelmäßigen, relativ kurzen
Abständen einen Tennisball auf dem Boden aufprallen. Jedes Mal,
wenn der Ball aufprallt, sprechen Sie ein deutliches »hopp«, wobei
das »p« mit dem Aufprall zusammenfällt. Lassen Sie die Lippen stets
leicht geöffnet.

Sie werden feststellen, dass Sie die beschriebene Übung sehr lange durchführen können und dass sich nach jedem »hopp« der Atem von selbst er-
neuert. Dieser Effekt wird »Reflektorische Luftergänzung« (nach H. Co-

blenzer und F. Muhar) genannt, und kommt dadurch zustande, dass beim »p« relativ viel Luft relativ schnell entweicht. Das Zwerchfell reagiert darauf reflektorisch mit einem Tieftreten und also dem Nachziehen von Luft. Dieser Vorgang funktioniert besonders gut bei sogenannten Plosivlauten im Auslaut (also p/t/k), kann aber grundsätzlich immer dann in Gang gesetzt werden, wenn die Redespannung für einen kurzen Moment gelöst wird, wenn also ausreichend kleine und größere Pausen während des Sprechens zugelassen werden.

Unterstützend auf die natürliche Erneuerung des Atems wirken auch eine plastische Artikulation (s. Kap. 6.5), eine aufgerichtete Haltung, ein körperlicher Eutonus mit einer lockeren Bauchdecke (s. Kap. 6.2) und ein guter Zuhörerkontakt (s. Kap. 6.1).

6.5 | Stimme

Die Stimme ist ein überaus wichtiger Faktor bei der Redewirkung. Aus den vorangegangenen Kapiteln können Sie bereits einigen Nutzen für ein **unangestrengtes Sprechen** und einen **angenehmen Klang** Ihrer Stimme ziehen, denn eine der Grundvoraussetzungen dafür ist eine ruhige und vollständige Atmung. Genau so wichtig ist eine aufgerichtete, unverkrampfte Haltung, da sich muskuläre Anspannungen negativ auf das Stimmvolumen und den Stimmklang auswirken. Falls Sie unter deutlichen Stimmproblemen und/oder andauernder Heiserkeit leiden, ist ein Besuch beim Phoniater und eine sprachtherapeutische Behandlung unbedingt empfehlenswert.

Stimmschonung und Stimmhygiene

Das folgende Kapitel liefert Ihnen zunächst einige grundsätzliche Tipps zur Stimmschonung und ›Stimmhygiene‹:

Tipp

> → Stellen Sie sich immer vor, dass Ihre Stimme in der Körpermitte oder im Becken entsteht, nicht im Hals.

Durch diese Vorstellung wird die Stimme tragfähiger, resonanter, stabiler. Man spricht von einer ›Körperstimme‹.

Tipp

> → Vermeiden Sie das stimmlippenschädigende Räuspern.

Trinken Sie stattdessen einen Schluck (stilles) Wasser. Falls kein Wasser vorhanden ist, schlucken Sie bewusst Ihren Speichel. Falls auch der gerade fehlt, beißen Sie sich mit den Schneidezähnen ganz leicht in die Zungenspitze oder denken Sie an eine saftige Zitrone. Falls alles nichts nützt, husten Sie lieber einmal kräftig, als sich mehrfach zu räuspern.

(Räuspern wirkt übrigens auch negativ auf den Zuhörer. Untersuchungen haben ergeben, dass sich die Kehlkopfanspannung des sich räuspernden Sprechers auf den Zuhörer überträgt.)

> → Sorgen Sie für Entspannung im Kiefer- und Rachenbereich.

Tipp

Das tut der Stimme sehr gut, verhindert Räusperzwang und trägt auch zum allgemeinen Wohlbefinden bei. Durch Anspannung im Kieferbereich (›Zähne zusammenbeißen‹) kann es nicht nur zu ernsthaften Stimmproblemen kommen, sondern auch zu Nackenbeschwerden und Kopfschmerzen. Achten Sie immer darauf, dass der Kiefer locker ist und sich die Zahnreihen also nicht berühren. Pressen Sie die Lippen nicht zusammen. Öffnen Sie den Kiefer beim Sprechen locker, machen Sie sich bewusst, dass z. B. bei jedem normal gesprochenen »a« die Zähne eine Daumenbreite auseinander fallen sollten. Fehlt die Kieferöffnung, kann sich die Stimme nicht entfalten, sie bleibt ›im Halse stecken‹ und klingt gepresst.

> → Sprechen Sie in einer für Sie angenehmen und entspannenden Stimmlage – also nicht zu hoch und nicht zu tief.

Tipp

Orientieren Sie sich dabei ganz an Ihrem eigenen Befinden. Versuchen Sie nicht, andere Stimmen nachzuahmen, oder die Stimme z. B. zu Gunsten von vermeintlich mehr Souveränität nach unten oder für vermeintlich mehr Freundlichkeit nach oben zu bringen.

> → Sorgen Sie für eine ausreichende Flüssigkeitszufuhr, trinken Sie also mindestens zwei Liter täglich. Vermeiden Sie das Rauchen, den häufigen Aufenthalt in verrauchten Räumlichkeiten sowie zuviel Kaffee und Alkohol.
> → Achten Sie auf ausreichende Befeuchtung der Raumluft, sorgen Sie durch Lüften und den Aufenthalt im Freien für ausreichend Frischluftzufuhr.
> → Verzichten Sie auf Kleidung, die Sie in den natürlichen Atembewegungen einschränkt, und ziehen Sie nichts an, was Sie zum Baucheinziehen motiviert.

Tipp

Die folgenden Übungen eignen sich zur Vermeidung von Stimmanstrengung, zur besseren Entfaltung Ihrer Stimmkraft und unterstützen langfristig den Wohlklang der Stimme.

Für die Stimme

■ Um ein besseres Gefühl für die Entfaltung des Stimmklangs im gesamten Körper zu bekommen und um diese zu intensivieren, stehen Sie bequem in der Grundhaltung und lassen beim Ausatmen ein kräftiges »aaahhh« ertönen. Legen Sie sich die Hände auf den Brustkorb, um die Schwingungen der Stimme dort wahrzunehmen. Sie können den Ton noch intensivieren, indem Sie sich vorstellen, dass er sich um Ihren ganzen Körper herum in den Raum ausbreitet, und indem Sie ihn auf einen ganz bestimmten Punkt im Raum hin tönen. Arbeiten Sie nicht mit Kraft, sondern halten Sie von dem natürlich entstehenden Ton einfach nichts zurück.

■ Zur Verbesserung der Weite von Kiefer und Rachen massieren sie bei leicht geöffnetem Mund das Kiefergelenk mit den Fingerspitzen. Lassen Sie dann den Unterkiefer locker hängen und streichen ihn mit den Handballen nach unten. Gähnimpulse sind in der Übung sehr erwünscht, denn **Gähnen** ist die beste Dehn- und Lockerungsübung für Kiefer und Rachen. Nutzen Sie also bitte Gähnimpulse, gähnen Sie vollständig und kräftig. Zur Intensivierung dient folgender Vorgang: Stellen Sie sich an der Artikulationsstelle für das »g« (also im Bereich von hinterem Gaumen und hinterer Zunge) eine kleine Luftkugel vor. Lassen Sie die Luftkugel in Ihrer Vorstellung nun größer werden und dehnen Sie den hinteren Rachenraum von innen auf, um der Luftkugel Platz zu machen. Damit haben Sie ein entspannendes ›inneres Gähnen‹ produziert. Wenn daraus ein ›äußeres Gähnen‹ wird – umso besser.

■ Zur Lockerung des Unterkiefers können Sie versuchen, diesen möglichst entspannt hängen zu lassen ihn und mit Daumen und Zeigefinger von oben nach hinten-unten hin und her zu schütteln. Solange das nicht gelingt, sitzt noch viel Anspannung im Kiefer. Also: Weiter lockern!

■ Für die Weitung im Rachenbereich ist auch das Dehnen der Zunge hilfreich. Legen Sie dazu die Zungenspitze locker hinter die unteren Schneidezähne und strecken Sie dann die Zunge weit aus dem geöffneten Mund heraus, so dass sie sich nach vorne vorwölbt. Achten Sie darauf, dass der Unterkiefer dabei locker bleibt und Sie ihn nicht nach vorne vorstrecken. Wölben Sie die Zunge dann wieder zurück und legen Sie sie entspannt im Mund ab. Wiederholen Sie den Vorgang mehrmals und üben zu Beginn am besten mit einem Spiegel (Pleuelübung nach H. Fernau-Horn).

■ Zum Finden und Halten der individuell günstigen Stimmlage – auch Indifferenzlage genannt – eignet sich die sogenannte Kauübung (nach E. Fröschels). Nehmen Sie eine bequeme Körperhaltung ein und stellen Sie sich ein wohlschmeckendes Essen vor – am besten etwas, das sich gut kauen lässt und nicht zu knusprig ist. Fangen Sie dann an, einen imaginären Bissen dieser Mahlzeit genüsslich durchzukauen. Der Kiefer ist dabei locker, der Mund darf sich öffnen, leichtes Schmatzen ist erlaubt. Geben Sie Ihrem Wohlbefinden dann durch ein entspanntes »mmmmhhh« Ausdruck. Kauen Sie nun gewissermaßen auch dieses »mmmmhhh« mit Genuss durch und beginnen Sie dann, aus diesem Kauen heraus Wörter und Sätze zu sprechen, z. B. »Am Montag isst Manfred gerne Mohnbrötchen«. Durch die Vorstellung von Wohlbefinden, Entspanntheit und Genuss werden Sie zu einem völlig unangestrengten Stimmklang finden. Vielleicht klingt Ihre Stimme dabei etwas oder auch sehr viel tiefer als gewöhnlich. Versuchen Sie den gehörten Klang als den unteren Bereich Ihrer Indifferenzlage zu begreifen, der also unbedingt Bestandteil Ihrer Stimme sein sollte. Im Sprechen kann und wird Ihr Stimmumfang dann einige Töne nach oben variieren. Als entspannende Übung zwischendurch ist der beschriebene Ablauf sehr günstig und hilft ihnen auf Dauer, Ihre individuell günstige Stimmlage zu finden und zu halten. Falls Ihnen einmal gar nicht nach Essen zumute sein sollte, kann die Übung auch mit einer anderen Vorstellung von Wohlbefinden gelingen – z. B. mit einem wohligen »mmmmhhh« beim Gedanken an das Liegen in der warmen Badewanne.

6.6 | Artikulation

Eine **deutliche Artikulation** ist die wichtigste Voraussetzung, um vom Zuhörer akustisch gut verstanden zu werden. Undeutliche Artikulation macht das Zuhören anstrengend, wohingegen eine deutlich artikulierte Stimme auch bei geringer Lautstärke gut verstanden wird.

Eine deutliche, also plastische Artikulation lässt sich nicht mit unbewegtem Gesichtsausdruck erreichen, sondern nur durch ausreichenden Einsatz der Artikulationsmuskulatur. Von daher ist jede Form von **Gesichtsgymnastik** immer auch Artikulationstraining, also z. B. das Vorstülpen und Breitziehen der Lippen, das Aufblasen und Einziehen der Wangen usw.

Grundsätzlich gehört zu einer guten Artikulation also eine gewisse Lebhaftigkeit, so dass man in offiziellen Redesituationen von einer ›coolen‹ und damit lässig-unterspannten Haltung absehen sollte, die sich ja auch auf alle anderen bisher behandelten Bereiche des nonverbalen und paraverbalen Ausdrucks nachvollziehbar negativ auswirkt. Falls Sie das Gefühl haben, beim Bemühen um eine deutliche Aussprache ins Grimassieren zu kommen, wird Sie eine Überprüfung im Spiegel sehr wahrscheinlich beruhigen.

Gesichtsgymnastik ist Artikulationstraining

Zur Verbesserung der Artikulation

■ **Aktivieren der verschiedenen Artikulationszonen:** Machen Sie sich zunächst die verschiedenen Artikulationszonen klar, die Sie beim Sprechen gleichmäßig intensiv nutzen sollten. Bilden Sie dazu zunächst ein »b« und vollziehen Sie nach, mit Hilfe welcher Artikulationsorte und -werkzeuge Sie diesen Laut realisieren können. Sprechen Sie dann zum Vergleich ein »d« und ein »g«. Erfahrungsgemäß lässt sich gut nachvollziehen, dass wir das »b« mit den Lippen bilden, das »d« hingegen mit der Zungenspitze und dem vorderen Gaumen und das »g« mit der hinteren Zunge und dem hinteren Gaumen. Obwohl sich noch feinere Abstufungen treffen ließen, haben Sie mit dieser Übung die drei großen Artikulationszonen bereits kennengelernt. Eine Aktivierung und Verbesserung Ihrer Artikulation können Sie z. B. erreichen, indem Sie »b/d/g« und »g/d/b« mehrfach in raschem Wechsel sprechen und dann dasselbe mit den stimmlosen Entsprechungen wiederholen, also mit »p/t/k« und »k/t/p«. Als Erweiterung der Übung bietet es sich an, Vokale zwischen die Konsonanten zu setzen, und also zu sprechen: »ba be bi bo bu/da de di do du« usw.

■ **Sprechen von Zungenbrechern:** Eine effektives Übungsform, bei der Sie stets gut verständlich bleiben sollten und das Tempo allmählich steigern können. Einige beliebte Beispiele sind:

Der Cottbusser Postkutscher putzt den Cottbusser Postkutschkasten.

Brautkleid bleibt Brautkleid und Blaukraut bleibt Blaukraut.

Fischers Fritz fischt frische Fische, frische Fische fischt Fischers Fritz.

Gleich bei Blaubeuren liegt ein Klötzchen Blei, ein Klötzchen Blei liegt gleich bei Blaubeuren.

Ein französischer Regisseur inszeniert ein tschechisches Stück. Ein tschechischer Regisseur inszeniert ein französisches Stück.

■ **Diktatübung:** Sie können mit jedem beliebigen Text Ihre Artikulation trainieren, indem Sie ihn so deutlich sprechen, als würden Sie den Text einem Schreibanfänger diktieren.

■ **Flüsterübung:** Suchen Sie sich einen kleinen Text aus und flüstern sie ihn möglichst gut verständlich, indem sie ihn also ganz ohne Stimmbeteiligung, nur ›auf dem Ausatem‹ sprechen. Die Übung gelingt nur dann, wenn Sie deutlich artikulieren. Ist das der Fall, wird der Text für andere erstaunlich gut zu verstehen sein.

Daumen statt Korken: Vom sogenannten **Korkensprechen**, das immer noch häufig zur Verbesserung der Aussprache empfohlen wird, ist abzuraten. Einen Korken beim Sprechen zwischen die Zähne zu klemmen, aktiviert zwar die Artikulationsmuskulatur, führt durch das Aufbeißen aber zwangsläufig auch zu einer Verspannung im Kieferbereich. Stattdessen bietet es sich an, den eigenen Daumen zwischen die Zähne zu nehmen und dann einen Text oder mehrere Zungenbrecher möglichst deutlich zu sprechen. Ein Aufbeißen verhindert man dabei ganz von selbst, und wenn Sie das Gesprochene gleich anschließend ohne die Blockade zwischen den Zähnen sprechen, werden Sie deutlich hören können, dass die Aktivierung der Artikulationsmuskulatur noch anhält und Sie nun deutlicher sprechen. Vor allem die deutliche Aussprache der Konsonanten ist auch hilfreich für den Stimmklang, verleiht der Stimme mehr Resonanz und Tragfähigkeit und wirkt so letztlich stimmentlastend.

6.7 | Sprechtempo und Pausengestaltung, Sprechfluss und Sprechmelodie, Betonung und Sprechausdruck

Grundsätzlich neigen nur wenige Menschen dazu, vor Gruppen zu langsam zu sprechen, wohingegen zu schnelles Sprechen häufig zu beobachten ist. Um das eigene **Sprechtempo** einschätzen zu können, sollten Sie am Besten andere um entsprechende Rückmeldungen bitten. Ansonsten könnten Sie auch eine Aufnahme machen und die Silben pro Minute auszählen.

> → Eine Sprechgeschwindigkeit von etwa 250 Silben pro Minute wird als angemessen wahrgenommen.

Tipp

Verlangsamung: Um langsamer zu sprechen, ist natürlich zunächst eine ruhige und entspannte Grundhaltung wichtig und außerdem hilft der Gedanke, dass das, was Sie zu sagen haben, ein wertvoller Redebeitrag ist, der auch entsprechendes Gehör finden und also nicht schnell ›heruntergerasselt‹ werden sollte. Ein guter Zuhörerkontakt und eine deutliche Artikulation wirken sich ebenfalls automatisch positiv auf das Sprechtempo aus.

Pausen: Achten Sie darauf, ausreichend Pausen zu machen, die für die Zuhörer zum Nachvollzug der Gehörten unbedingt wichtig sind und die Sie selbst ja auch brauchen, um wieder zu Atem zu kommen. Am Ende eines jeden Satzes bietet sich z.B. eine kleine Pause an, am Ende eines Sinnabschnitts sollten Sie eine längere Pause machen, bevor Sie zum nächsten Aspekt übergehen. Wie bereits erwähnt, werden Ihre Zuhörer meist auch dankbar für organisatorisch bedingte kleine Pausen sein – also etwa beim Folienwechsel, beim Umblättern am Flipchart etc.

Sprechfluss: Obwohl Pausen in erster Linie zur Strukturierung und zum Nachvollzug des Gesagten unbedingt wichtig sind, können zu viele Pausen oder Pausen an der falschen Stelle auch hemmend auf den Sprechfluss wirken und das Zuhören und Verstehen erheblich erschweren. Was inhaltlich sehr nah zusammengehört, sollte auch in einem Fluss, also auf einem Ausatembogen gesprochen werden. Ansonsten wirkt das Gesprochene unflüssig, die Rede abgehackt und stockend. Wenn Sie einleitend z. B. sagen: »Das Thema, über das ich heute sprechen möchte, hat für alle Studierenden eine besondere Relevanz«, so kann dieser Satz in einem Bogen und ohne Unterbrechung gesprochen werden. (Natürlich sollten Sie den Satz nicht ablesen, sondern frei sprechen, aber dennoch ist es hilfreich zu wissen, dass Kommata nicht als Pausenzeichen zu verstehen sind, sondern dass sich die Pausensetzung ganz an den jeweiligen Sinnzusammenhängen orientieren muss.)

Falls Sie das Gefühl haben, grundsätzlich zu stockend zu sprechen, können Sie in Übungssituationen den Sprechbogen durch eine entsprechende Bewegung mit der Hand andeuten.

Embolophonien: Störend auf den Sprechfluss wirken auch zu viele sogenannte Embolophonien, also z. B. das bekannte »äh« oder »ähm«. Bis zu einem gewissen Grade gehören solche eingeschobenen Laute zur gesprochenen Sprache hinzu und fallen auch nicht weiter unangenehm auf. In der Häufung wirken Sie hingegen äußerst unvorteilhaft. Um einen entsprechenden Eindruck von Ihrer eigenen Sprechflüssigkeit zu bekommen, bitten Sie um entsprechende Rückmeldungen oder nutzen Sie das Videofeedback. Versuchen sie gegebenenfalls herauszufinden, wann Sie Embolophonien einsetzen. Viele Sprecher benutzen das »ähm«, um eigentlich sinnvolle kleine Sprechpausen zu füllen. Hier ist es hilfreich, sich die Wichtigkeit von Sprechpausen noch einmal klar zu machen und sich beim Sprechen weniger auf das Vermeiden von Einschublauten als auf das **Zulassen von Pausen** zu konzentrieren. Hilfreich ist auch der gezielte Einsatz von fallenden Kadenzen (s. S. 97). Falls das »ähm« bei Ihnen hingegen mitten im Satz zum Einsatz kommt, deutet das meist auf Schwierigkeiten im **Sprechdenken** hin. Die unflüssige Sprache repräsentiert dann den stockenden Gedankenfluss. Hier sind eine gute Vorbereitung, ein **strukturiertes Redekonzept** und entsprechende Notizen unbedingt wichtig. Je klarer Ihnen der Inhalt der Rede ist, desto flüssiger können Sie vortragen. Zum grundsätzlichen Training sind hier z. B. das Halten von Stegreifreden – etwa zu Sprichwörtern oder zu Nonsensthemen – von großem Wert. Hilfreich sind außerdem **Sprechspiele** aller Art – wie z. B. ›Tabu‹, bei dem es darum geht, einen bestimmten Begriff zu umschreiben, ohne fünf vorgegebene, mit dem zu umschreibenden Begriff nah zusammenhängende Wörter nennen zu dürfen.

Eventuell ist das »ähm« auch ein Zeichen allgemeiner Unruhe. Dann könnten Sie versuchen, sich vor der Rede zunächst mit Hilfe einiger **Körper- oder Atemübungen** zu entspannen. Manchmal ist es auch hilfreich, die Rede in der Übungssituation einmal in betont ruhigem Modus zu sprechen – also z. B. mit hochgelegten Beinen und mit dem Gedanken, dass Sie nun eine Meditationsübung anleiten. Der dann wieder folgende Durchgang in natürlicher Körper- und Sprechhaltung könnte insgesamt flüssiger ausfallen.

Bei der **Arbeit mit Videofeedback** werden Sie in jedem Fall feststellen, dass der Vorsatz, weniger Einschublaute zu benutzen, sich meistens bereits im nächsten Versuch umsetzten lässt, auch wenn das Ergebnis dann wahrscheinlich noch nicht optimal sein wird. Achten Sie in gleicher Weise auch auf Füllwörter wie »halt«, »eben« usw., die ab einer gewissen Häufung ähnlich unangenehm auffallen.

Sprechmelodie: Im Hinblick auf die Sprechmelodie lässt sich grundsätzlich sagen, dass eine gewisse **Tonhöhenvarianz** innerhalb des Gesprochenen angenehm auf die Zuhörer wirkt. Ist der Melodieverlauf zu eingeschränkt, wird die Rede im wahrsten Sinne des Wortes eintönig, ist die Varianz zu groß, entsteht zu viel Unruhe. Das mögliche Zuwenig oder Zuviel ergibt sich häufig aus einer allgemein zu unterspannten oder zu angespannten Haltung und Gestimmtheit. Mit dem in Kapitel 6.2 beschriebenen Eutonus, also mit einer entspannten und präsenten Haltung und einer sinnunterstützenden Gestik, schaffen Sie günstige Voraussetzungen für eine angenehme Sprechmelodie. Denken Sie in jedem Fall daran, ausreichend viele **fallende Kadenzen** zuzulassen, die Stimme also immer wieder einmal zu senken und eine kleine Pause zu machen. Der Zuhörer braucht dieses Signal, um das Ende eines Sinnschritts zu bemerken und sich auf einen neuen Aspekt vorzubereiten. Fallende Kadenzen bieten sich meist am Ende eines Satzes an und geben Ihrer Rede Struktur, Bestimmtheit und Überzeugungskraft.

Betonung: Bei der Betonung des Gesprochenen ist es ausschlaggebend, dass die Akzentuierung der Rede zu den Sprechinhalten passt. Wenn Sie frei sprechen, konzeptionell und inhaltlich gut vorbereitet sind und also genau wissen, wovon die Rede ist, werden Sie das meiste automatisch richtig machen. Bedenkenswert ist, dass in jedem Satz normalerweise nur ein Wort den Hauptakzent trägt, nämlich jenes, das für den Zusammenhang von besonderer Bedeutung ist. Werden zu viele Akzente gesetzt, kommt es zu einer Betonungshäufung, und der Zuhörer kann nicht mehr zwischen wichtig und weniger wichtig unterscheiden. Welches Wort jeweils den Hauptakzent tragen sollte, lässt sich stets nur im gegebenen Kontext ermitteln. Um ein Gespür für eine sinnvolle Betonungswahl zu verstärken, empfiehlt sich die folgende Übung:

Akzentsetzung   Übung

Sprechen Sie den Satz »Inge kauft heute einen Kuchen«. Fragen Sie sich, welches Wort in welchem Zusammenhang den Hauptakzent tragen sollte und wie sich die Bedeutung des Satzes mit der jeweiligen Betonung verändert. Macht es einen Unterschied, ob Sie sagen: »*Inge* kauft heute einen Kuchen« oder »Inge kauft heute *einen* Kuchen«? Welche anderen Varianten sind möglich?

Sicher können Sie nachvollziehen, dass sich der Aussagegehalt des Satzes mit der Akzentverschiebung tatsächlich jeweils neu konstituiert und jeweils einen ganz bestimmten Kontext aufruft. Bei »*Inge* kauft heute einen Kuchen« ist es im gegebenen Zusammenhang offenbar wichtig, dass *Inge* heute den Kuchen kauft und nicht etwa jemand anderes, also z. B. Barbara. Heißt es hingegen »Inge kauft heute *einen* Kuchen«, so scheint es hier von Bedeutung zu sein, dass sie heute nur *einen* Kuchen kauft, während sie sonst stets geneigt ist, direkt *zwei* Kuchen vom Einkauf mitzubringen.

Grundsätzlich kann jedes Wort eines Satzes das bedeutungtragende und zu betonende sein – entscheidend ist jeweils der gegebene Zusammenhang.

Sprechausdruck: Im Hinblick auf die paraverbalen Aspekte des Sprechens soll abschließend noch auf den Sprechausdruck eingegangen werden. Hier manifestiert sich das bekannte Sprichwort »**Der Ton macht die Musik**« am deutlichsten. Sprechausdruck meint die Sprechhaltung, mit der Sie etwas sagen, also den zugrundeliegenden Gestus. Machen Sie sich klar, dass Sie ein und denselben Satz mit völlig unterschiedlichen Sprechhaltungen unterlegen können. So kann z. B. der Satz »Da bist du ja« mit Freude oder mit Erschrecken ausgesprochen werden – was seine Bedeutung und Wirkung natürlich komplett verändert. Weitere Varianten sind denkbar – unter anderem eine genervte, eine ironische oder eine drohende Variante.

In Redesituationen aller Art ist es erheblich, den Sprechausdruck zu wählen, den Sie auch gerne einnehmen möchten. Wenn Sie überzeugen wollen, sollten Sie sich auch überzeugend anhören, wenn sie Begeisterung vermitteln wollen, sollte man diese auch Ihrem Sprechausdruck entnehmen können, und wenn Sie Zweifel anmelden, ist auch hier der entsprechende Gestus angebracht.

Übung

Den Sprechausdruck variieren
Zur Bewusstmachung und Erweiterung des eigenen Sprechausdruckspotentials eignet sich das Sprechen von literarischen Texten. Schön sind z. B. Unsinnsgedichte, etwa von Christian Morgenstern oder Ernst Jandl, die erst durch das Zuordnen von bestimmten Sprechhaltungen gut vorgetragen werden können.
Sie können auch spielerische Übungsformen wählen, indem Sie z. B. kurze Alltagssätze auf Karteikarten schreiben, sie in unterschiedlichen Sprechausdrücken vortragen und einen Spielpartner den zugrunde liegenden Gestus erraten lassen.

6.8 | Umgang mit Nervosität

Beim Umgang mit Nervosität in Sprechsituationen kann es zunächst hilfreich sein, einen gewissen Grad von Aufgeregtheit einfach zu akzeptieren. Ein bisschen **Lampenfieber** gehört oft einfach dazu und verhilft auch zur nötigen Wachheit und Konzentriertheit. Ungünstig wird es erst dann, wenn die Nervosität Sie beim Sprechen ernsthaft beeinträchtigt oder wenn Sie es sogar mit **Sprechangst** zu tun bekommen. Diesen Problemen können Sie grundsätzlich auf zwei Wegen begegnen, und zwar einmal mit einem **körperorientierten Zugang** oder mit der Entwicklung von **mentalen Konzepten.**

Körperbewusstsein: Einen Zugang zum Abbau von Nervosität auf dem Weg über den Körper zu suchen, liegt deshalb auf der Hand, weil sich Nervosität ja stets durch eine Vielzahl von körperlichen Erscheinungen ausdrückt, also z.B. durch einen beschleunigten Pulsschlag, durch Kurzatmigkeit, durch einen trockenen Mund oder ein Zittern in der Stimme, durch Schweißausbrüche, Erröten oder Erbleichen, Hitzewellen oder plötzliches Frieren, womöglich auch durch Magenschmerzen oder Übelkeit. Die Aufgeregtheit manifestiert sich also in körperlichen Ausdrucksformen und kann umgekehrt auch durch bestimmte körperliche Verhaltensweisen beeinflusst werden. Sie können dabei auf vieles zurückgreifen, was im Laufe des Kapitels bereits ausführlich dargestellt wurde – also auf einen sicheren Stand, auf eine ruhige und vollständige Atmung und auf die entsprechenden Übungen zu diesen Themen, die vorzüglich geeignet sind, um zur Ruhe zu kommen und Nervosität abzubauen. Wichtig ist dabei, dass Sie sich mit den entsprechenden Übungen ausführlich beschäftigt haben, mit ihnen vertraut sind und sie dann bei Bedarf rasch abrufen können. Oft hilft dann auch die bloße Andeutung einer Übung oder die Erinnerung an bestimmte Übungen und z.B. ein gedachter Satz wie »Ich stehe stabil und sicher und atme ruhig ein und aus«.

Mentale Konzepte: Wie gerade beschrieben, können Sie sich kurz vor einer Sprechsituation ganz auf Ihre körperliche Ruhe konzentrieren und dazu eine positive Formel wie ein beruhigendes Mantra nutzen. Des Weiteren können Sie sich **positiv einstimmen**, indem Sie versuchen, sich die realistische Möglichkeit eines guten Redeverlaufes vorzustellen. Dazu ist es natürlich wichtig, dass Sie tatsächlich gut vorbereitet sind, und zwar im Hinblick auf Inhalt, Redekonzept und Material. Sie sollten Ihre Rede im Vorfeld bereits geprobt und die technischen Bedingungen überprüft haben. Besinnen Sie sich also auf ihre **gute Vorbereitung** und machen Sie sich klar, dass Ihnen das sehr helfen wird.

Positive Einstimmung

Wenn möglich, erinnern Sie sich an positiv verlaufene Redesituationen. Was Ihnen schon einmal gelungen ist, kann Ihnen auch wieder gelingen!

Fragen Sie sich außerdem, welche **Reaktionen der Zuhörerschaft** zu erwarten sind. Im Studium werden Sie es z.B. mit Kommilitonen zu tun haben, die selber auch vor anderen sprechen müssen, die damit verbundenen Schwierigkeiten also kennen und Ihnen als Sprecher gegenüber damit grundsätzlich positiv und verständnisvoll eingestellt sein werden. Wer heute zuhört, hält beim nächsten Mal vielleicht selbst eine Rede und wird sich schon deshalb vor unfairen Reaktionen hüten.

In jedem Fall sollten Sie nicht zu viel Energie darauf verwenden, Ihre Nervosität zu verbergen. Das gelingt meist ohnehin nicht gut und zieht Ihre Konzentration vom wirklich Wichtigen ab. So sollte es Ihnen z. B. auch nichts ausmachen, wenn Sie bei Ihrem Vortrag **erröten**. Werten Sie das selber nicht als Ausdruck der Peinlichkeit, sondern als Zeichen Ihrer inneren Beteiligung, also Ihres Engagements. Oft fällt das Erröten ohnehin niemandem auf, und wenn doch, so ist ein errötender und also emotional beteiligter Redner allemal angenehmer als ein routinierter Langweiler.

Falls Sie einmal den ›**Faden verlieren**‹, sollten Sie ihn nicht direkt zu angestrengt suchen. Es ist erwiesen, dass er sich in der betreffenden Situation einige Sekunden lang ohnehin nicht wiederfinden lässt. Diese Zeit gilt es zu überbrücken, z. B. durch eine kurze Zusammenfassung des bisher Gesagten. Meist können Sie auch einfach zugeben, den Faden verloren zu haben – vermutlich erhalten Sie dann von Ihren Zuhörern ein Stichwort und können dort wieder anknüpfen.

Wenn Sie bei der mentalen Vorbereitung auf eine Redesituation mit positiven Imaginationen nicht zurechtkommen, kann es auch einmal hilfreich sein, **sich den schlimmsten Fall realistisch vorzustellen** und sich klar zu machen, dass dieser zwar unangenehm, aber letztlich doch zu bewältigen sein wird. Dieser Gedanke ist wichtig, denn bei ausgeprägter Nervosität oder Redeangst stellt sich nicht selten das subjektive Gefühl ein, einen Misserfolg nicht überstehen zu können. Das Gefühl von Bedrohung ist manchmal so stark, als ginge es tatsächlich um Leben und Tod. Machen Sie sich stattdessen klar, dass Sie unter einem Misserfolg zwar leiden würden, dass Sie aber mit ihm würden leben können und dass er nach einiger Zeit für Sie auch an Wichtigkeit und Bedeutung verlieren würde.

Sehen Sie einen möglichen Misserfolg dabei möglichst losgelöst von Ihrer Persönlichkeit – wenn Sie eine schlechte Rede halten, hat das mit Ihrem Wert als Mensch nur wenig zu tun. Machen Sie sich klar, dass das auch Ihre Zuhörer unterscheiden können – nur weil Sie eine schlechte Rede gehalten haben, haben Sie sich als Person noch lange nicht unmöglich gemacht. Nachdem Sie diesen Gedankengang einmal durchlaufen haben, können Sie sich vielleicht auch wieder von den allzu negativen Vorstellungen lösen und sich stattdessen auf einen positiven Verlauf der Rede einstellen und auf das bevorstehende Gefühl der Erleichterung freuen.

7. Kommunikations-
situationen vorbereiten

Das A und O gelungener Kommunikation ist die optimale Anpassung eigener Kommunikationsbeiträge an die jeweilige Situation, um so sicher-zustellen, dass diese Beiträge angemessen sind. Dies wird in der klassischen Rhetorik in einem weit gefassten Sinn als *aptum* (›Angemessenheit‹) bezeichnet (s. Kap. 2.1.3).

Das Wichtigste in Kürze

Wenn wir mit anderen kommunizieren, passen wir uns meistens an – bewusst oder unbewusst. Wir stellen uns ständig Fragen zu unserem Gegenüber: Was ist das für ein Mensch? Ist er mir sympathisch? Welche Informationen besitzt er? Wie ist er zum Thema eingestellt? Welchen Bildungsstand hat er wohl? usw. Auf Basis von Signalen, die unser Gegenüber aussendet – teilweise absichtlich, teilweise unabsichtlich, zum Teil bewusst, zum Teil unbewusst –, bilden wir uns ständig hypothetische Antworten auf unsere Fragen. Wenn wir absehen können, dass es zu einer bestimmten Kommunikationssituation kommen wird, bilden wir uns übrigens zu zwei Zeitpunkten solche Hypothesen: einmal bei der Vorbereitung auf diese Situation und einmal (ständig) in der Situation selbst. Zur Anpassung des eigenen Kommunikationsbeitrages gehört also nicht nur das Eingehen auf unseren Gesprächspartner, sondern auch – soweit möglich – die Vorbereitung und Planung der Kommunikationssituation. (Wir werden übrigens im Folgenden ganz allgemein von Kommunikationssituationen, Kommunikationsbeiträgen und Kommunikationsteilnehmern bzw. -partnern sprechen. Damit meinen wir alle ›Kommunikationen‹, die im Rahmen dieses Buches behandelt werden.)

Bereiten Sie Kommunikation vor: In diesem Sinne empfehlen wir Ihnen nachdrücklich, vor dem eigentlichen Kommunizieren stets einige Aspekte zu klären. So können Sie bereits im Vorfeld bestimmte Parameter näher beleuchten, die Kommunikationssituationen ausmachen. Die Auswahl der Aspekte, die wir im Folgenden diskutieren, basiert auch auf eigenen Erfahrungen; sie kann sicherlich je nach Erfahrungsschatz, Kenntnis und vor allem Perspektive beschnitten, erweitert, modifiziert werden. Für den Zweck dieses Buches ist die Auswahl aber in dieser Form ausreichend und zufriedenstellend.

7.1 | Was ist Bestandteil einer Kommunikationssituation?

Um festzustellen, welche Aspekte bei der Vorbereitung von Kommunikation eine Rolle spielen, stellen wir uns zunächst die Frage: **Was prägt eine Kommunikationssituation?** Ohne größeres Nachdenken lassen sich sofort drei Dinge benennen:

■ die Teilnehmer an der Kommunikation
■ das Thema der Kommunikation
■ die Rahmenbedingungen und äußeren Umstände der Kommunikation

Das entspricht in groben Zügen einem einfachen Kommunikationsmodell: Der Verlauf von Kommunikation wird oft mithilfe der sogenannten **Lasswell-Formel** beschrieben (vgl. etwa Meggle 1997), die die folgenden Elemente enthält:

Lasswell-Formel
■ Wer (Sender) sagt
■ was (Botschaft)
■ über welchen Kanal (Medium)
■ zu wem (Empfänger)
■ mit welchem Effekt?

Feststellen können wir zunächst also, dass die Kommunikationsteilnehmer in Sender und Empfänger unterschieden werden, während das Thema eine Botschaft und einen Effekt umfasst. Die äußeren Umstände der Kommunikation beinhalten das Medium (Telefon? Direktes Gespräch? E-Mail?), darüber hinaus aber noch einige weitere Aspekte, die wir weiter unten ausführlicher besprechen (zum Unterschied zwischen Medium, Kommunikationsform und kommunikativer Gattung vgl. Dürscheid 2005).

Verfeinerung der Lasswell-Formel: Die Lasswell-Formel ist eine deutliche Erweiterung unserer ersten Überlegung, greift aber unseres Erachtens immer noch zu kurz, um die Rahmenbedingungen sinnvoll abzuklären. Daher verfeinern wir dieses Modell im Folgenden um einige Faktoren, die von Roelcke (2002, insbesondere 51 ff.) beschrieben werden. Dieser beschäftigt sich zwar vor allen mit Texten, also geschriebener Sprache; was er schreibt, lässt sich jedoch gut auf gesprochene Sprache übertragen. Als **Elemente der Kommunikation** bzw. Beschreibungseinheiten führt er unter anderem folgende auf (vgl. Roelcke 2002, 52 f.):

■ Kommunikant
■ Kommunikat (Komplexität)
■ Kapazität: Kompetenz und Konzentration

Keine Angst, hinter all diesen K-Ausdrücken steckt ein einfaches, einleuchtendes Modell!

Kompetenz beschreibt Roelcke (2002, 52) als »allgemeine Fähigkeit zur Kommunikation«, während **Konzentration** »die Kommunikationsbereitschaft ganzer Gemeinschaften oder einzelner Personen« darstellt.

Beide finden sich in der Person des **Kommunikanten**, dessen **Kapazität** etwas über die Ausprägung von Kompetenz und Konzentration bei ihm aussagt. Mit Kommunikant sind hier übrigens sowohl Sender als auch Empfänger bezeichnet; es gibt ja im Regelfall zwei Kommunikanten. Mit **Kommunikat** hingegen ist letztlich nichts anderes als die sprachliche Äußerung eines Kommunikanten (›Botschaft‹) gemeint; je nach Verhältnis von Aufwand und Ergebnis kann man darüber hinaus noch Aussagen über die **Komplexität** des Kommunikates treffen.

Der **Kommunikationsverlauf** lässt sich mit diesen gerade eingeführten Begriffen schematisch darstellen:

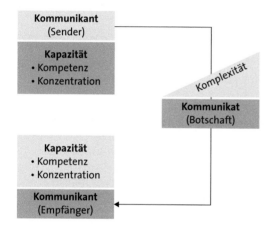

Kommunikations-
verlauf,
schematisch

Unsere erste Annäherung an den Begriff der Kommunikation können wir so um bestimmte Aspekte erweitern, die sich als Tabelle folgendermaßen zusammenfassen lassen:

Erste Annäherung	Lasswell-Formel	Roelcke (2002)
Kommunikationspartner	Sender Empfänger	Kommunikanten mit individueller Kapazität (Kompetenz&Konzentration)
Thema	Botschaft Effekt	Kommunikat mit unterschiedlicher Komplexität
Rahmenbedingungen und äußere Umstände	Medium	–

Bestandteile von
Kommunikation

Wir sollten also die folgenden Aspekte näher beleuchten:
- Rahmenbedingungen und äußere Umstände
- Kommunikat
- Kommunikanten

Interessanterweise tauchen die Rahmenbedingungen und die äußeren Umstände der Kommunikationssituation in unserer Tabelle nur am Rande auf, beeinflussen aber die Kommunikationssituation insgesamt doch maßgeblich. Damit gehören sie zu den Faktoren, die unbedingt analysiert werden sollten, um Kommunikation gelingen zu lassen, und deswegen wollen wir auch mit ihnen beginnen.

7.2 | Rahmenbedingungen und äußere Umstände

7.2.1 | Dialogisch – monologisch

Der erste wichtige Punkt ist die Frage, ob die Kommunikationssituation (primär) dialogisch oder monologisch ist; eine Frage, die wir bisher ausgeblendet haben, da dieses Buch sich sowohl mit monologischen als auch mit dialogischen Kommunikationssituationen befasst.

Zum Begriff

> **Dialogisch** sind Situationen dann, wenn zwei oder mehr Gesprächspartner aktiv verbal an der Kommunikation teilnehmen; besonders wichtig ist hier die Einschränkung der aktiven *verbalen* Teilnahme, denn auch in monologischen Kommunikationssituationen kann eine nonverbale Teilnahme an der Kommunikation stattfinden (s. Kap. 8.7). Unter die primär dialogischen Kommunikationssituationen fallen demnach:
> - Besprechungen und Meetings
> - Konferenzen
> - interaktive Präsentationen, in denen die Teilnehmer sich aktiv verbal beteiligen
> - Gespräche jeglicher Art, z.B. auch Prüfungsgespräche

Zum Begriff

> **Monologische Kommunikationssituationen** zeichnen sich dadurch aus, dass hauptsächlich nur ein Kommunikationsteilnehmer verbal aktiv ist; hierzu gehören zum Beispiel:
> - Vorträge
> - Referate
> - Ansprachen

Kleinere Rückfragen etwa bei Referaten werden hier als Ausnahmen gewertet; sie sind sozusagen kleinere Seitenwege in den Bereich der dialogischen Kommunikationssituationen, die jedoch schnell wieder zum Hauptpfad – der monologischen Situation – zurückführen.

Für den seltenen Fall, dass Sie sich nicht im Klaren darüber sind, ob die Kommunikationssituation, auf die Sie sich vorbereiten, dialogisch oder monologisch ist, treffen Sie – soweit das möglich ist – eine Entscheidung. Denkbar ist zum Beispiel der Fall, dass Sie ein Referat halten sollen, aber nicht genau wissen, ob es sich eher um ein ›klassisches‹ Referat oder um eine interaktive Präsentation handelt. Solche Dinge werden im Regelfall im Vorfeld abgeklärt, aber gelegentlich kommt es vor, dass Lehrende Ihnen diese Entscheidung überlassen. Sollte dies so sein, dann entscheiden Sie sich auch – entweder für ein klassisches Referat oder eben für eine interaktive Präsentation. Und unabhängig davon, wie Sie sich entscheiden: Sie sollten am Anfang der Kommunikationssituation klarstellen, was Ihre Zuhörer erwartet!

7.2.2 | Übergeordnete Musterhaftigkeit und Institutionalisierung

Musterhaftigkeit: Um es deutlich zu sagen: Grundsätzlich folgt jede Kommunikation, die wir betreiben, bestimmten Mustern, ist an bestimmten Konventionen ausgerichtet. Wenn das nicht so wäre, wären wir vermutlich kognitiv ziemlich schnell überlastet, da wir uns nicht an gewohnten Dingen orientieren könnten. Wir neigen etwa dazu, in Kommunikationssituationen bestimmte Sequenzen ›durchzuspielen‹. Diese Muster können einfach und grundlegend sein – Frage–Antwort –, aber auch komplexer, etwa dann, wenn wir jemanden nach dem Weg fragen: Zunächst folgt im Regelfall eine Entschuldigung für die Störung. Danach formulieren wir eine Frage, die zumeist indirekt die Aufforderung enthält, uns den Weg zu einem bestimmten Punkt zu beschreiben (»Können Sie mir erklären, wie ich zum Hauptbahnhof komme?«). Üblicherweise erhalten wir auch eine Antwort auf die Frage, und abhängig von dieser Antwort reagieren wir dann – entweder mit einem herzlichen Dank oder mit einer Floskel wie »Kein Problem, dann frage ich mal weiter!«.

Institutionalisierte Kommunikation: Daneben tritt aber noch eine Art von übergeordneter Institutionalisierung – man ist beinahe versucht zu sagen: Ritualisierung –, die über diese kommunikativen Grundmuster hinausgeht und die sich in bestimmten Abläufen manifestiert. Damit Sie sich gut auf eine Kommunikationssituation vorbereiten können, müssen Sie sich auch Gedanken über eben diesen Institutionalisierungsgrad einer Situation machen: Gibt es bestimmte **Abläufe**, vielleicht sogar geschriebene oder ungeschriebene Regeln, die typisch sind für diese Kommunikationssituation? (s. hierzu auch Kap. 1). Neben Kommunikationssituationen, die zu einem relativ hohen Grad institutionalisiert, d.h. stark an bestimmten Mustern orientiert sind (etwa Prüfungsgespräche, Bewerbungsgespräche), gibt es solche, die weniger deutlich an fixen Ablauf-

Ablaufmuster

mustern orientiert sind, also kaum institutionalisiert sind, zum Beispiel Gespräche mit Freunden.

> Wenn Sie eingeladen werden, einen Vortrag im Rahmen einer Veranstaltung zu halten, dann klären Sie im Vorfeld, ob bzw. inwiefern dieser Vortrag bestimmten institutionalisierten Mustern folgen soll. Haben Sie 60 Minuten Zeit, ist es essentiell zu wissen, ob von dieser Zeit am Anfang einige Minuten für eine Anmoderation bzw. Vorstellung verplant sind. Gehört eine Diskussion zu dem, was man von Ihnen erwartet? Wenn ja: Wie lang soll diese Diskussion dauern? Und ist die Diskussionszeit in den 60 Minuten erhalten?

7.2.3 | Situationsspezifische Planbarkeit und Antizipierbarkeit

Neben der Institutionalisierung spielt auch die Frage nach der spezifischen **Planbarkeit von Kommunikationssituationen** eine wichtige Rolle. Zu unterscheiden ist hier einerseits die Planbarkeit bzw. Antizipierbarkeit von Inhalten, andererseits die Planbarkeit bzw. Antizipierbarkeit von Abläufen und Strukturen. Antizipierbarkeit verstehen wir übrigens als Zwischenstufe zwischen Planbarkeit und Nicht-Planbarkeit; gemeint ist die Voraussehbarkeit von etwas. Am Beispiel: Wenn ich selbst einen Vortrag halte, ist dieser inhaltlich planbar; werde ich über ein Thema geprüft, ist das Prüfungsgespräch inhaltlich im Regelfall antizipierbar, aber nicht planbar – zumindest nicht für mich.

Relativität der Begriffe: Bitte beachten Sie, dass die Begriffe der Planbarkeit und Antizipierbarkeit relativ sind und dass sich die inhaltliche und strukturelle Planbarkeit je nach Gesprächspartner unterschiedlich darstellen kann. Festreden von Überraschungsgästen bei großen Feierlichkeiten sind für die Gäste inhaltlich höchstens antizipierbar, für den Redner aber planbar. Prüfungsgespräche, die vom Prüfer hoffentlich gut vorbereitet werden, sind für den Prüfer sowohl inhaltlich als auch strukturell planbar, für den Prüfling allerdings höchstens antizipierbar.

Manche Situationen sind komplett planbar, zum Beispiel rein monologische Vorträge ohne Fragemöglichkeiten, manche lassen sich teilweise planen, zumindest aber in wesentlichen Punkten antizipieren, zum Beispiel offizielle Besprechungen mit fixer Agenda, die strukturell planbar und inhaltlich antizipierbar sind. Andere hingegen sind weder inhaltlich noch strukturell planbar – für einen Befragten in einem Polizeiverhör ist diese Situation strukturell nicht planbar, inhaltlich erst nach einem Einstieg ins Thema antizipierbar. Die Klärung der Frage, ob Inhalte planbar, antizipierbar oder nicht planbar sind, hat übrigens noch nichts mit dem Inhalt selbst zu tun – dazu erfahren Sie unten mehr!

7.2.4 | Äußerer Rahmen

Der äußere Rahmen: Ein weiterer wichtiger Faktor bei der Vorbereitung und Planung von Kommunikationssituationen ist die Frage nach dem äußeren Rahmen. Dazu zählt insbesondere die **Räumlichkeit**, in der die Kommunikationssituation stattfindet. Auch die Frage, ob **Hilfsmittel** zur Verfügung stehen und auch eingesetzt werden können/sollen/dürfen, sollte bereits im Vorfeld geklärt werden.

Daneben spielen unserer Erfahrung nach auch weitere, teilweise **technische Aspekte** eine Rolle, die auf den ersten Blick nicht wirklich relevant erscheinen, zum Beispiel bei Vorträgen oder Referaten die Frage nach der **Beleuchtung** eines Raumes, der **Anordnung von Stühlen und Tischen**, die Frage, ob ein Rednerpult vorhanden ist usw.

→ Klären Sie den äußeren Rahmen im Vorfeld ab, besser noch: **Schauen Sie sich die Räumlichkeit, in der die Kommunikationssituation stattfinden soll, vorher an!** Das hilft Ihnen dabei, unliebsame Überraschungen zu vermeiden, zum Beispiel fixe Bestuhlung, wenn Sie eigentlich für eine interaktive Sequenz einen Stuhlkreis benötigen etc.

Tipp

Nicht zu vergessen: die reine **Teilnehmerzahl** – wichtig, auch wenn es trivial erscheint. Kleine Gruppen entwickeln eine andere Dynamik als größere, die Steuerung der Gruppen – wenn das denn Ihre Aufgabe ist – kann mit unterschiedlichen Mitteln verwirklicht werden. Dieser Punkt leitet uns direkt über zum nächsten Aspekt.

7.3 | Die Teilnehmer/Kommunikanten: Kompetenz und Konzentration?

Kompetenz und Konzentration sind zentrale Aspekte, die Sie bei Ihren Planungen berücksichtigen sollten: Da an Kommunikation zwei ›Seiten‹ – Sender und Empfänger – beteiligt sind, heißt das selbstverständlich auch, dass Sie sich für effizientes Kommunizieren nicht nur über eigene Kompetenz und Konzentration im Klaren sein müssen, sondern auch über die Kapazität des Empfängers. Folgende Aspekte spielen also eine Rolle:

Das Wichtigste in Kürze

- **eigene Konzentration:** eigene Erwartung und Einstellung
- **Konzentration der anderen Kommunikationsteilnehmer:** Erwartungshaltung der Teilnehmer an die Situation und Einstellung der Teilnehmer zur Situation, vermutetes Aufnahmevermögen
- **eigene Kompetenz:** eigener Kenntnisstand, eigene Kommunikationsfähigkeit

■ **Kompetenz der anderen Kommunikationsteilnehmer:** Kenntnis-stände der Teilnehmer (insbesondere in Bezug auf eventuell notwendi-ges Vor-/Fachwissen), allgemeine Kommunikationsfähigkeit (z. B. ver-mutetes sprachliches Niveau)

Damit eng verbunden ist ganz generell die Frage nach der **Personenkon-stellation.** Aus ihr ergeben sich weitere Aspekte, die die Interaktion der Kommunikationsteilnehmer in der Kommunikationssituation teilweise gravierend beeinflussen können:

Personen-konstellation

■ **Der Bekanntheitsgrad der Teilnehmer untereinander:** Teilnehmer, die sich nicht kennen, interagieren normalerweise – zumindest am An-fang – weniger intensiv miteinander als solche, die sich gut kennen. Das kann bei Besprechungen, Meetings, Gesprächen etc. leicht dazu führen, dass die Eingangsphase sich zäh gestaltet und vorangetrieben werden muss, damit sich die Kommunikation voll entfalten kann.

■ **Der Status der Teilnehmer** an der Gesprächssituation spielt für die Vor-bereitung von Kommunikation eine wichtige Rolle. Einige Kommuni-kationssituationen zeichnen sich zum Beispiel dadurch aus, dass die Rollenverteilung hierarchisch asymmetrisch ist, Kommunikation also nicht auf gleicher Augenhöhe erfolgt. Zudem können unterschiedliche Kenntnisstände Auswirkungen auf den Status innerhalb der Kommu-nikation haben.

Beispiel

Klassischer Fall einer asymmetrischen Kommunikationssituation: das **Prüfungsgespräch,** in dem einer der Teilnehmer hierarchisch höher steht als der andere und per Definition auch einen höheren Kenntnis-stand hat – Voraussetzung für die Möglichkeit des einen, die Leistungen des anderen zu bewerten. Kurz: Der Status des Prüfers in einem Prü-fungsgespräch ist deutlich höher als der des Prüflings, was ganz kon-kret auch in der Macht des Prüfers resultiert, der ja letztlich über das Ergebnis der Prüfung entscheidet und ggf. eine Bewertung vornimmt.

Beschaffen Sie sich alles Wissen, das Sie im Vorfeld über die Kommunika-tionsteilnehmer beschaffen können: Das Einbeziehen all dieser Aspekte – Teilnehmerzahl, Kompetenz, Konzentration, Bekanntheitsgrad, Status – bei der Vorbereitung der Kommunikationssituation kann Ihnen dabei hel-fen, unliebsame Überraschungen zu vermeiden.

Beispiel

Eine klassische Folge aus fehlender Analyse dieser Aspekte tritt etwa dann auf, wenn Sie einen fachlichen Vortrag halten, der aber im **Niveau** deutlich über dem liegt, was die Teilnehmer aufnehmen und verarbei-ten können.
Oder aber Sie besuchen im Rahmen eines Fortbildungstages eine Firma und sollen dort ein bestimmtes Modell präsentieren. Einige Aspekte der Kommunikationssituation haben Sie im Vorfeld geklärt, einige nicht.

Unter den Aspekten, die Sie nicht geklärt haben, ist zufällig auch der der **Einstellung** Ihrer Kommunikationspartner. Daher ist Ihnen entgangen, dass die Teilnehmer gar nicht freiwillig in Ihrer Präsentation sitzen, sondern von ihrem Vorgesetzten dazu gezwungen wurden.

Oder stellen Sie sich vor, dass Sie für ein Meeting, dass Sie als externer Moderator leiten sollen, einige provokative Fragen vorbereitet haben, bei denen Sie mit heftigen, kontroversen Reaktionen und einem aktiven Einstieg in eine bestimmte Thematik rechnen. Leider haben Sie aber nicht berücksichtigt, dass neben den Mitarbeitern auf mittlerer Hierarchieebene auch einige der hierarchisch ganz oben angesiedelten Kollegen dabei sind, was dazu führt, dass die Diskussion gar nicht kontrovers verläuft.

Zugegeben, das sind alles ›Worst-Case‹-Szenarien; aber alle sind schon so oder so ähnlich passiert. Und eine vollständige Analyse der relevanten Aspekte im Vorfeld hätte einiges davon verhindern können.

7.4 | Was wollen Sie kommunizieren?

7.4.1 | Ziel

Die Kernfrage – was ist das Ziel Ihres Kommunikationsbeitrages, was ist sein Inhalt? Beide Punkte sind eng miteinander verbunden, dürfen aber nicht gleichgesetzt werden. Das Ziel Ihres Beitrages kann ganz unterschiedlich sein: Sie möchten jemanden von einem Standpunkt überzeugen, eine Information verbreiten bzw. Wissen vermitteln, an Ihre Zuhörer appellieren, zu einem gemeinsamen Ergebnis gelangen, Positionen abklären usw. usf. Wichtig ist nur: Machen Sie sich vor der Kommunikationssituation klar, was Sie wollen! Das ist einer der wichtigsten Punkte der Vorbereitung: **Definieren Sie Ihr Ziel, machen Sie sich klar, worauf Sie hinarbeiten!** Nur dann haben Sie eine Chance, Ihr Ziel auch zu erreichen.

Klassische Kommunikationssituationen, in denen eine fehlende Zielsetzung eines oder beider Kommunikanten zu einem unbefriedigenden Ergebnis führt, sind **Sprechstundengespräche an der Hochschule** (eine interessante Studie finden Sie in Boettcher/Meer 2000): Hier ist recht häufig zu beobachten, dass Studierende ihr Anliegen nicht klar formulieren, so dass Lehrende logischerweise nicht adäquat auf dieses Anliegen eingehen können. In manchen Situationen ist dies von den Studierenden sicherlich beabsichtigt: Wenn ich etwa die Sprechstunde eines potentiellen Prüfers besuche, dort über ein banales Thema rede (z.B. einen eigentlich nicht kontroversen Aspekt der letzten Vorlesung diskutiere), aber insgeheim für mich klären möchte, ob der Lehrende

Beispiel

als Prüfer in Frage kommt. Solche verdeckten Anliegen, die sich hinter vorgeschobenen Anliegen verbergen, sind aber sicherlich seltener als unklar oder gar nicht formulierte Anliegen. Oft hat man als Dozent den Eindruck, dass Studierende nicht genau wissen, was sie eigentlich in der Sprechstunde erreichen möchten, so dass man kaum oder nur unter erschwerten Bedingungen helfen kann.

Also, um es noch einmal zu wiederholen: Machen Sie sich klar, was Ihr Anliegen, Ihr Ziel ist. Die Entscheidung, ob Sie dieses Ziel offen oder verdeckt verfolgen möchten, ist von der Zielklärung zunächst auch einmal unabhängig.

7.4.2 | Inhalt

Die Klärung von Inhalten ist erst der nächste Schritt: Abgesehen von Fällen, in denen Inhalte nicht planbar, vielleicht noch nicht einmal antizipierbar sind (s. Kap. 7.2.3), sollte eine inhaltliche Klärung vor der Kommunikationssituation Ihr Standard sein. Wie Sie sich dem Thema nähern, ist eine Frage, die stark von den oben bereits besprochenen Aspekten – äußere Umstände/Rahmenbedingungen und Kommunikanten – abhängt (s. auch Kap. 2.1.1). Unabhängig von diesen Aspekten raten wir Ihnen aber dazu, eine solche Klärung schriftlich zu machen – wie übrigens auch die Fixierung Ihres Zieles schriftlich erfolgen sollte!

Aus diesen beiden Punkten ergeben sich zunächst folgende Fragen:

- Was ist mein Ziel? Was will ich erreichen?
- Welche Inhalte sind relevant, worüber werden wir vermutlich sprechen?

Daneben spielt allerdings auch noch der **Faktor Komplexität** eine Rolle. Das betrifft wiederum Ziel und Inhalt – beide können unterschiedlich komplex sein. Ziele können sich aus untergeordneten Teilzielen zusammensetzen; es kann primäre, sekundäre, tertiäre Ziele geben; Sie können obligatorische und fakultative Zielsetzungen festhalten usw.

Komplexität
des Themas

Auch bei Inhalten stellt sich die Frage nach der Komplexität; diese ist oft auch mit der Frage des Umfangs und der Kompliziertheit des ›Themas‹ verbunden (Komplexität des Kommunikats). Wenn Sie sich über Umfang und Kompliziertheit des Themas im Vorfeld keine Gedanken machen, können Sie unter Umständen eine böse Überraschung erleben – nämlich dann, wenn Sie mit unerwarteten Nebenaspekten konfrontiert sind oder aber feststellen, dass Sie Inhalte zu stark vereinfacht gesehen haben. Bitte verstehen Sie uns jetzt nicht falsch: Wir raten Ihnen nicht dazu, einfache Inhalte kompliziert zu machen oder gar kompliziert darzustellen (dazu im nächsten Kapitel mehr). Wir möchten Sie aber davor warnen, Inhalte zu unterschätzen!

Zusätzlich zu den oben genannten Fragen sollten Sie daher noch folgende Dinge berücksichtigen:

Zentrale Fragen zum Inhalt

- Abgesehen von meinem Hauptziel: Gibt es untergeordnete Ziele?
- Ist es sinnvoll, zunächst Teilziele zu erreichen (bzw. Teilanliegen zu klären), bevor ich mich dem Hauptziel widme? Wenn ja: in welcher Reihenfolge?
- Was tue ich, wenn ich mein Ziel nicht erreichen kann? Habe ich ein Minimalziel?
- Was sind Kerninhalte, was gehört zum Randbereich?
- Ist es wahrscheinlich, dass Randbereiche thematisiert werden?
- Auf welchem Niveau werden die Inhalte vermutlich behandelt?
- Welches Niveau reicht aus, damit ich meine Ziele erreichen kann?
- In welcher Reihenfolge möchte ich die Inhalte besprechen?
- Gibt es Inhalte, deren Behandlung im Gespräch heikel sein könnte? Wie gehe ich damit um?

Dahinter stecken übrigens zwei einfache Gedanken, die Ludwig Wittgenstein 1918 formuliert hat: »Was sich überhaupt sagen läßt, läßt sich klar sagen; und wovon man nicht reden kann, darüber muß man schweigen« (Wittgenstein 2003, 7).

7.4.3 | Mind Maps – Hilfsmittel zur inhaltlichen Vorbereitung

Gerade bei komplexen Inhalten kann es nützlich sein, diese nicht einfach linear zu Papier zu bringen, sondern sie auf andere Art und Weise zu visualisieren. Bewährt hat sich dafür die Mind-Map-Methode, die in den 1960er/1970er Jahren von Tony Buzan entwickelt wurde.

Was Sie zur Erstellung einer Mind Map benötigen, sind lediglich ein Blatt Papier sowie farbige Stifte: Sie beginnen die Mind Map, indem Sie das Thema, das Sie ›mappen‹ möchten, in der Mitte des Blattes notieren. Alternativ – gerade dann, wenn Sie sich einem Thema assoziativ nähern möchten – können Sie auch eine kleine Zeichnung als Ausgangspunkt nehmen, ein Foto, ein Symbol usw. Wofür auch immer Sie sich entscheiden, vom Zentrum des Blattes – dem Kern oder der Wurzel – ausgehend notieren Sie weitere Aspekte zum Thema entlang von Hauptästen. An diesen wiederum können weitere Zweige wachsen, die weitere Details ausführen. Auf diese Art und Weise können Sie Aspekte des Themas hierarchisch notieren, ohne an eine lineare Form gebunden zu sein, wie sie Ihnen etwa ein Text vorschriebe. Wichtig ist, dass Sie an den Hauptästen und den Unterzweigen stets nur eine Information notieren – entweder als Wort bzw. sehr kurze Phrase oder Frage oder aber ebenfalls als Symbol,

Bild etc. Assoziative, kreative Funktionen unseres Gehirns unterstützen Sie dadurch, dass Sie z. B. unterschiedliche Farben verwenden. Positiver Nebeneffekt: Die Mind Map wird dadurch auch übersichtlicher.

Wenn Sie sich einem Thema assoziativ nähern möchten, dann sollten Sie wirklich alles notieren, was Ihnen zum Thema einfällt: Sobald Sie die Schere in Ihrem Kopf aktivieren und sich selbst zensieren, nehmen Sie sich im harmlosesten Fall ›nur‹ Spaß am Mindmappen. Im schlimmsten Fall unterdrücken Sie wichtige Gedanken!

Tipp

> → Einen weiterführenden Einstieg ins Thema finden Sie in Buzan/ Buzan 2002. – Passende Open-Source-Software steht mit dem Programm FreeMind zur Verfügung. Ein Beispiel für eine simple Mind Map, die mit FreeMind erstellt wurde, zeigt folgende Abbildung:

Beispiel für eine
Mind Map mit
FreeMind

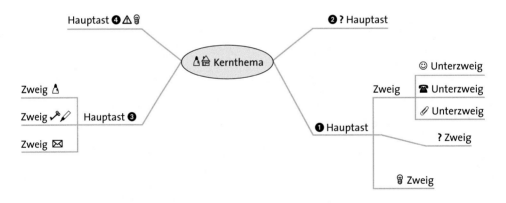

7.5 | Checkliste

Checkliste

> → Rahmenbedingungen und äußere Umstände:
> - Ist die Situation dialogisch oder monologisch? Erwarten Sie Besonderheiten?
> - Welchen Konventionen wird die Kommunikation folgen? Gibt es spezifische Muster? Ist der Verlauf institutionalisiert?
> - Sind Inhalte und Strukturen planbar oder antizipierbar?
> - Ist der Inhalt planbar oder antizipierbar?

- Welche Räumlichkeit steht zur Verfügung? Wie ist diese beschaffen? Gibt es Besonderheiten, die Sie beachten müssen?
- Können Sie Hilfsmittel nutzen? Welche Hilfsmittel stehen zur Verfügung?
- Wie ist die Beleuchtung? Welche Möbelstücke (Tische, Stühle, Pult usw.) stehen zur Verfügung? In welcher Anordnung? Kann man die Anordnung ändern?
- Wie viele Personen nehmen neben Ihnen teil?

→ Kommunikationsteilnehmer:
- Wie ist Ihre eigene Erwartung und Einstellung?
- Welche Erwartungshaltung werden die anderen Teilnehmer vermutlich an die Situation anlegen? Wie sind sie wohl zur Situation eingestellt? Wie viele Informationen können sie voraussichtlich aufnehmen?
- Wie ist Ihr eigener Kenntnisstand? Gibt es Besonderheiten Ihrer Kommunikationsfähigkeit (Stärken oder Schwächen), die Sie berücksichtigen sollten?
- Welche Kenntnisstände bringen die anderen (insbesondere in Bezug auf eventuell notwendiges Vor-/Fachwissen) vermutlich mit? Wie schätzen Sie deren allgemeine Kommunikationsfähigkeit (z.B. vermutetes sprachliches Niveau) ein?
- Kennen sich die Teilnehmer untereinander?
- Gibt es hierarchische Besonderheiten, die Sie berücksichtigen müssen? Wenn Sie bei einer Organisation eingeladen sind: Haben Sie Informationen über kommunikative Besonderheiten, die sich aus der Hierarchie, Statusunterschieden, kurz: dem Klima in der Organisation ergeben?

→ Ziel und Inhalt:
- **Was ist das Ziel der Kommunikation?** Definieren Sie es so genau wie möglich: Abgesehen von Ihrem Hauptziel: Gibt es untergeordnete Ziele? Ist es sinnvoll, zunächst Teilziele zu erreichen (bzw. Teilanliegen zu klären), bevor Sie sich dem Hauptziel widmen? Wenn ja: in welcher Reihenfolge? Was tun Sie, wenn Sie Ihr Ziel nicht erreichen können? Haben Sie ein Minimalziel?
- **Was wird Inhalt der Kommunikation sein?** Spezifizieren Sie Inhalte so genau und so detailliert wie möglich: Was sind Kerninhalte, was gehört zum Randbereich? Ist es wahrscheinlich, dass Randbereiche thematisiert werden? Auf welchem Niveau werden die Inhalte vermutlich behandelt? Welches Niveau reicht aus, damit Sie Ihre Ziele erreichen können? In welcher Reihenfolge möchten Sie die Inhalte besprechen? Gibt es Inhalte, deren Behandlung im Gespräch heikel sein könnte? Wie gehen Sie damit um?

8. Verständlichkeit

Das Wichtigste in Kürze

In diesem Kapitel geben wir Ihnen Informationen zum Bereich der verständlichen Aufbereitung von Inhalten, die Sie kommunizieren wollen. Sie werden feststellen, dass es zwar einige universale Aspekte gibt, die Sie beachten sollten. Vor allem gilt aber, dass Sie auf bestimmte Dinge achten und sich an die jeweilige Situation anpassen sollten (s. Kap. 2.1.3).

8.1 | Verbale Anteile an der Wirkung von Kommunikation

Vielleicht haben Sie an anderer Stelle schon einmal gehört, dass sich die **Wirksamkeit von Kommunikation** einer bekannten Studie von Albert Mehrabian (1981) zufolge angeblich folgendermaßen zusammensetzen soll:

- 7 % der Wirkung durch Inhalte
- 38 % der Wirkung durch Paraverbales
- 55 % der Wirkung durch Nonverbales

Wenn dies so wäre, müsste ein Kapitel über Verständlichkeit der Inhalte entsprechend kurz ausfallen. **Eine Anwendung der sogenannten 55–38–7-Regel auf jede Art von Kommunikation ist allerdings grob verallgemeinernd und damit unzulässig.** Sie lässt zudem außer Acht, dass Mehrabian in seiner Studie sehr spezielle Kommunikationssituationen untersucht hat. Deshalb stellt Mehrabian auf seiner Website auch fest, dass diese Gleichung ausschließlich für die von ihm experimentell untersuchten Situationen zutrifft: für Kommunikation über Gefühle und Einstellungen (vgl. http://www.kaaj.com/psych/smorder.html; letzte Sichtung 7.5.2007).

Die Anteile verbaler, nonverbaler und paraverbaler Aspekte an der Wirksamkeit von Kommunikation lassen sich also sicherlich nicht auf eine immer geltende Formel bringen. Selbstverständlich spielen para- und nonverbale Elemente eine wichtige Rolle; sie dürfen uns aber nicht verführen, die Inhalte zu vernachlässigen. Denn natürlich spielt die Verständlichkeit der verbalen Teile, der Sprache selbst, eine große Rolle – insbesondere im universitären Kontext, sollte man meinen! (Wir wollen übrigens im Folgenden von verbaler Verständlichkeit sprechen, um Missverständnisse zu vermeiden.)

8.2 | Effektivität oder Effizienz?

Beide Begriffe spielen für gelungene Kommunikation eine wichtige Rolle und werden gern benutzt, und beide Begriffe werden manchmal so benutzt, als sei ihre Bedeutung austauschbar. Das ist allerdings nicht so.

Das Wichtigste in Kürze

Mit Effektivität ist der Erfolg von Handlungen gemeint. Eine Handlung kann entweder erfolgreich sein, oder aber sie ist es nicht. Das gilt auch für Kommunikation, besser: unsere kommunikativen Handlungen, denn mit Sprache handeln wir genauso wie mit anderem Verhalten. Man spricht hier im Bereich der Sprachwissenschaft von Sprechakten; die sogenannte Sprechakttheorie geht zurück auf Schriften von Austin (1962) und Searle (1969). Dahinter steht die Idee, dass wir mit unseren Äußerungen Handlungen vollziehen, zum Beispiel jemanden auffordern, etwas versprechen oder jemanden informieren. Ohne wirklich detailliert auf die Materie eingehen zu wollen (eine gelungene Einführung bildet das entsprechende Kapitel in Meibauer 2007), sei hier gesagt, dass Sprechakte jeder Kommunikation zugrunde liegen und sich sowohl in geschriebener als auch in gesprochener Sprache finden.

Zum Begriff

Effektivität in der Kommunikation lässt sich durch eine klare Entweder-oder-Entscheidung beschreiben: Entweder wird durch einen mit einer Äußerung verbundenen Sprechakt – eine Handlung durch bzw. mithilfe von Sprache – ein gesetztes Ziel erreicht oder aber nicht. Ein einfaches (und beinahe schon klassisches) Beispiel dafür ist die Aufforderung, ein Fenster zu schließen. Wird das Fenster vom Empfänger geschlossen, ist der kommunikative Akt erfolgreich, also effektiv. Wird es nicht geschlossen, ist der kommunikative Akt nicht effektiv.

Solche Ziele müssen nicht unbedingt immer sofort erkennbar sein; sie werden unter Umständen ja auch indirekt erreicht. Daher werden **direkte und indirekte Sprachakte** unterschieden, und bei beiden lässt sich die Effektivität beurteilen. Um beim oben genannten Beispiel zu bleiben: Wenn ich jemanden dazu veranlassen möchte, ein Fenster zu schließen, kann ich das entweder direkt tun: »Bitte schließen Sie das Fenster!« Oder

aber ich mache das indirekt: »Hier ist es aber kalt!« oder: »Hier zieht es!«
Je nach dem, was mein Kommunikationspartner tut, war meine Sprach-
handlung, mein Sprechakt effektiv oder eben nicht.

Zum Begriff

> Effizienz zielt ab auf die Wirtschaftlichkeit von Handlungen.
> Dahinter steht das Ökonomische Prinzip, auch als Effizienzpostulat
> bekannt. Die Wirtschaftlichkeit von Handlungen kann aus zwei
> Perspektiven beurteilt werden, die von jeweils unterschiedlichen
> Voraussetzungen ausgehen. Im einen Fall sind die Mittel zum Errei-
> chen eines Zieles fix, zum Beispiel die zur Verfügung stehende
> Arbeitskraft. Und je mehr ich aus dieser Arbeitskraft heraushole,
> desto effizienter bin ich (sogenanntes Maximumprinzip; bei Roelcke
> 2002, 21: »Ergebniseffizienz«). Im anderen Fall ist das Ziel fest defi-
> niert; je weniger Mittel ich zum Erreichen des Zieles aufwenden
> muss, desto effizienter bin ich, desto effizienter ist meine Hand-
> lungsweise (sogenanntes Minimumprinzip; bei Roelcke 2002, 21:
> »Aufwandeffizienz«).

Beispiel

> Am (stark vereinfachten) Beispiel: Stellen Sie sich vor, Sie müssen im
> Rahmen einer Präsentation ein neues Produkt vorstellen. Ziel ist, dass
> die Mehrheit der anwesenden Entscheider einer Firma sich dafür ent-
> scheidet, dieses Produkt in Zukunft einzusetzen. Sie haben dazu
> 30 Minuten Zeit. Effektiv sind Sie dann, wenn mehr als die Hälfte der
> Entscheider anschließend für Ihr Produkt stimmt.
> Effizienz kann sich hier einerseits daran messen, dass Sie bereits nach
> 20 Minuten die Mehrheit hinter sich haben – je weniger Zeit Sie benöti-
> gen, desto effizienter sind Sie. Andererseits kann sich Effizienz auch
> daran bemessen, dass Sie nicht nur 51 Prozent der Entscheider für Ihr
> Produkt begeistern, sondern so viele wie möglich. Wenn Sie also die
> 30 Minuten ausschöpfen, dann waren Sie bei einer Quote von 80 Pro-
> zent effizienter als bei ›nur‹ 70 Prozent Zustimmung – je mehr Entschei-
> der Sie überzeugen, desto effizienter sind Sie (und desto leichter wird
> die Einführung Ihres Produktes gelingen!).

Die Effektivität von Handlungen (auch von sprachlichen) hat zunächst
mit der Effizienz dieser Handlungen nichts zu tun; sie wird unabhängig
von der Effizienz beurteilt und ist Voraussetzung für die Messung von Effizienz. Um beim Beispiel zu bleiben: Haben Sie mehr als die Hälfte der
Entscheider überzeugt, haben Sie effektiv gearbeitet. Erst im nächsten
Schritt kann dann geprüft werden, wie effizient Ihre Arbeit war.

Was hat nun dieser Komplex mit verbaler Verständlichkeit zu tun? Verständlichkeit hat sowohl mit Effektivität als auch mit Effizienz zu tun.
Wenn ich so kommuniziere, dass meine Ausführungen so gerade eben

verstanden werden, dann bin ich zwar effektiv. Bin ich aber auch so effizient, wie ich sein könnte?

Selbstverständlich gibt es einen Zusammenhang zwischen der Verständlichkeit und der Effizienz meiner Kommunikationsbeiträge: Je verständlicher ich bin, desto effizienter kommuniziere ich (vgl. die folgende Abbildung). Das Streben nach höherer Verständlichkeit folgt also keinem hehren Ideal, sondern hat handfeste Gründe. Insbesondere in einem Bereich, den wir Ihnen im Folgenden vorstellen, hat die Verständlichkeit eine ganz besondere Bedeutung, da in diesem Bereich manche Kommunikationsbeiträge oft unverständlich und damit ineffektiv sind.

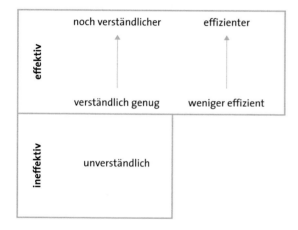

Effektivität, Effizienz und Verständlichkeit

8.3 | Experten-Laien-Kommunikation

Gerade im Bereich der Experten-Laien-Kommunikation spielt die Verständlichkeit eine wichtige Rolle: In dieser Kommunikationsform besteht ein spezielles Verhältnis zwischen den Kommunikanten, genauer: zwischen deren unterschiedlicher Kompetenz und Konzentration, und dieser Unterschied tritt öfter auf, als Sie vielleicht denken.

Das Wichtigste in Kürze

Typische Beispiele sind die Kommunikation zwischen Arzt und Patient, zwischen Behörde und Bürger, zwischen Hotline-Mitarbeiter und Anrufer, aber (leider) oft auch zwischen Lehrendem und Studierendem. Denn auch und gerade im universitären Umfeld spielen solche Verhältnisse eine wichtige Rolle. Klassisch ist der Vortrag eines Lehrenden im Rahmen einer Vorlesung; die Zuhörer sind im Regelfall (noch) keine Experten im Thema, während der Vortragende (hoffentlich) einer ist. Auch Referatsituationen haben leider oft einen solchen Charakter, nämlich dann, wenn der Referent der einzige im Seminar ist, der sich mit dem Thema auseinandergesetzt hat. Zwar ist das Ideal, dass alle Seminarteilnehmer dem Referat lauschen und folgen können und anschließend in eine intensive Interaktion mit dem Referenten treten; die Realität sieht allerdings oft anders aus.

Probleme bei der Wissensvermittlung: Das Problem bei einer solchen speziellen Kommunikation ist genereller Natur; Kernstück ist die Frage: Wie kann ich als Experte einem Laien mein Wissen so vermitteln, dass er es versteht und gegebenenfalls weiß, was zu tun ist? Beispiele für Probleme, die hier entstehen können, gibt es zuhauf – denken Sie etwa an das Gespräch mit dem netten Techniker einer beliebigen Computerfirma. Sprachliche Verständlichkeit ist deswegen gerade vor dem Hintergrund von Experten–Laien-Kommunikation wichtig, und daher stellen wir Ihnen nun ein Modell vor, das sich mit diesem Bereich befasst und das wir für Sie zusammengefasst haben: das sogenannte Hamburger Verständlichkeitsmodell.

8.4 | Das Hamburger Verständlichkeitsmodell

Das Wichtigste in Kürze
Das Hamburger Verständlichkeitsmodell geht zurück auf Arbeiten von Inghard Langer, Friedemann Schulz von Thun und Reinhard Tausch; einen guten Einstieg bildet Langer, Schulz von Thun und Tausch (2006). Es entstand im Rahmen mehrerer Studien in den 1970er Jahren und bezieht sich ursprünglich auf Texte. Trotzdem ist es auch für gesprochene Sprache gut verwendbar, hilft es doch dabei, bestimmte Dinge zu vermeiden, die dazu führen können, dass wir unverständlich sprechen.

Dimensionen der Verständlichkeit
Das Hamburger Modell geht davon aus, dass sich **Verständlichkeit in vier Dimensionen** zeigt, die jeweils in Kommunikation vorhanden sind:

- Einfachheit
- Gliederung und Ordnung
- Kürze/Prägnanz
- Anregende Zusätze

Diese Dimensionen können mithilfe von Skalen dargestellt werden, die von starker Ausprägung (in den Texten von Langer, Schulz von Thun und Tausch mit › + +‹ bezeichnet) bis zu fehlender Ausprägung (›– –‹) reichen. Das Interessante ist nun, dass nicht einfach behauptet wird, dass eine starke Ausprägung in jeder Dimension immer optimal ist. Vielmehr variiert die Ausprägung – im Sinne dieses Buches je nach Redeanlass, Publikum usw. Oder, um die Begriffe von Roelcke aufzugreifen: **Je nach Kommunikanten und Kommunikat ist eine unterschiedliche Ausprägung der Dimensionen sinnvoll.**

Beispiel

Die **Dimension Einfachheit** in maximaler Ausprägung bedeutet, dass Fachwörter immer erklärt werden. Das ist sicherlich sinnvoll und wünschenswert bei Experten–Laien-Kommunikation, kann die Effizienz von Experten–Experten-Kommunikation allerdings reduzieren. Warum sollte ich auch jedes Fachwort erklären, wenn ich genau weiß, dass meine Gesprächspartner es verstehen?

Im Folgenden wollen wir uns die Dimensionen einmal genauer anschauen und Ihnen konkrete Tipps an die Hand geben, die sich aus den Dimensionen ableiten lassen. Grundlage dafür ist Langer, Schulz von Thun und Tausch (2006).

8.4.1 | Einfachheit

»Einfachheit bezieht sich auf die Wortwahl und den Satzbau, also auf die sprachliche Formulierung« (Langer, Schulz von Thun und Tausch 2006, 22), und damit auf Dinge, die immer auch in gesprochener Sprache relevant sind. Dabei geht es nicht darum, maximal einfach zu formulieren. Das kann eventuell sogar dazu führen, dass sich mein Gesprächspartner nicht ernst genommen fühlt und das Gespräch abbricht. Gemeint ist relative Einfachheit: Einfachheit, die an die Zielperson/-gruppe angepasst ist.

Das Hamburger Modell beschreibt Einfachheit u. a. anhand der folgenden Extremausprägungen auf der Skala:

- einfache Darstellung – komplizierte Darstellung
- kurze, einfache Sätze – lange, verschachtelte Sätze
- geläufige Wörter – ungeläufige Wörter
- Fachwörter erklärt – Fachwörter nicht erklärt

Daneben wird vor allem betont, dass einfache Darstellungen konkret und anschaulich sind, nicht abstrakt und trocken.

Einfachheit in der Darstellung ist insbesondere wichtig, wenn die Sachverhalte, über die kommuniziert wird, kompliziert sind. Das gilt für geschriebene wie für gesprochene Sprache gleichermaßen. Denn: Komplizierte Dinge einfach machen ist eine Kunst; einfache Dinge kompliziert machen ist eine Zumutung!

> → Achten Sie auf Ihre Sätze – setzen Sie sich eine Grenze für die Satzlänge!

Tipp

An vielen Stellen werden Sie hören, dass Sie sich auf maximal sieben/elf/dreizehn Wörter pro Satz beschränken sollen, aber es gibt hier keinen absoluten Wert, der für alle Redner/Sprecher gilt.

Wie bereits im Kapitel 7.3 geschrieben, hängen solche Faktoren ganz entscheidend von den Kommunikationsteilnehmern ab, also von Ihnen und von Ihren Zuhörern. Sprechen Sie über ein passendes fachliches Thema vor einem Fachpublikum, das dem Vortrag voraussichtlich aufmerksam folgen kann und will, dann spricht nichts dagegen, gelegentlich auch einmal Sätze mit 20 Wörtern oder mehr zu bilden. Das gilt insbesondere dann, wenn Sie sonst auch dazu neigen, längere Sätze zu bilden – es wirkt wenig authentisch, wenn Sie in einem Vortrag Ihren Redestil plötzlich komplett verändern!

In allen Situationen sollten Sie jedoch darauf achten, Ihre Sätze nicht zu stark zu verschachteln. Wir verarbeiten Informationen linear, d. h. – ganz trivial – vom Anfang bis zum Ende, unabhängig davon, ob wir Sprache mit den Augen oder mit den Ohren aufnehmen (vgl. Schwarz 1996, 145 ff.). Glauben Sie nicht? Ein guter Test für unsere Verarbeitungsrichtung sind sogenannte Holzwegsätze (im Englischen *garden path sentences*). Das sind Sätze, die uns zu einer bestimmten Interpretation ihres Inhaltes anregen, wobei sich am Ende des Satzes dann aber herausstellt, dass diese Interpretation falsch ist. Ein Beispiel dafür: »Klaus hat die Frau an der Theke, die gerade erst dort zu arbeiten angefangen hatte, noch immer kein Bier gebracht«. Bis zum »kein Bier gebracht« gehe ich davon aus, dass Klaus der Handelnde (das Subjekt) ist; erst ganz am Ende des Satzes wird mir klar, dass Klaus vielmehr Ziel einer (Nicht-) Handlung ist (als Objekt).

Das spricht dafür, Satzstrukturen einfach zu halten und damit den Zuhörern das Verarbeiten zu erleichtern.

Tipp

> → Passen Sie Ihr Vokabular an Ihre Gesprächspartner und an die Gesprächssituation an!

Das hängt natürlich ganz massiv mit vermuteter Kapazität (Sie erinnern sich: Kompetenz und Konzentration) unserer Gesprächspartner zusammen. Ich kann ein Gespräch nur dann effizient führen, wenn ich mich mit meinem Sprachgebrauch optimal an meine Gesprächspartner anpasse. Das bedeutet konkret, dass ich in einem Vortrag vor einem Publikum an der Universität eine andere Sprache wähle als vor einer Schulklasse, dass ich in einer Verhandlung mit Geschäftspartnern anders spreche als mit meinem Vermieter usw. Setzen Sie Fachwörter bewusst und gezielt ein, erklären Sie sie gegebenenfalls und vermeiden Sie das bekannte ›intellectual name dropping‹, die Aneinanderreihung von Fachbegriffen, Namen von Fachleuten usw.

8.4.2 | Gliederung, Ordnung

Das Hamburger Modell beschreibt die Dimension Gliederung/Ordnung u. a. anhand dieser Ausprägungen:

- gegliedert – ungegliedert
- folgerichtig – zusammenhanglos
- übersichtlich – unübersichtlich

Daneben wird betont, dass die Erkennbarkeit eines roten Fadens und die Unterscheidung von Wesentlichem und Unwesentlichem maßgeblich zu dieser Dimension beitragen.

Wichtig erscheint uns dabei eine Unterscheidung, die nur ange- *Struktur und* **deutet wird: die Unterscheidung zwischen Struktur und Gliederung.** *Gliederung* Während das erste die Anordnung von Informationen auf einer höheren Ebene beschreibt, ist mit dem zweiten die Sichtbarmachung von Strukturen mithilfe von sprachlichen Hilfsmitteln gemeint. Auf Textebene würde zur Strukturierung gehören, dass ich mir Gedanken darüber mache, in welcher Reihenfolge meine Leser die Informationen am besten aufnehmen können, während die Gliederung des eigentlichen Textes durch Überschriften, Listen, Tabellen usw. erfolgen könnte.

Auch im Bereich der gesprochenen Sprache sind beide Punkte – Struktur und Gliederung – wesentlich für die Verständlichkeit von dem, was ich kommunizieren möchte. Ich kann es meinen Zuhörern leicht machen, indem ich mir gut überlege, wie ich zum Beispiel meinen Vortrag aufbaue; ich kann es ihnen aber auch schwer machen, indem ich daran keinen Gedanken verschwende und einfach losrede.

> → Wählen Sie eine angemessene Struktur für Ihren Beitrag! *Tipp*

Machen Sie sich Gedanken darüber, was Ihre Hörer erwarten, woran sie bzw. Sie anknüpfen können, wie Sie es ihnen leicht machen können, die Informationen aufzunehmen und zu verarbeiten. Letztlich geht es darum, das, was Sie sagen wollen, in leicht verdauliche Häppchen zu zerlegen, die Ihre Hörer konsumieren können, ohne sich dauernd zu verschlucken oder – um im Bild zu bleiben – sich den Magen zu verderben, weil sie etwas in falscher Reihenfolge zu sich genommen haben!

> → Wenn Sie eine angemessene Struktur gefunden haben: Machen *Tipp* Sie die Struktur durch Gliederungselemente wahrnehmbar!

Das können Sie auf ganz unterschiedliche Art und Weise tun, zum Beispiel indem Sie bei einem Vortrag eine Gliederung auf Folie oder auf Flipchart präsentieren, auf die Sie sich während des Vortrages beziehen

(»Wir sind jetzt bei Punkt XYZ angelangt. Bevor ich hier fortfahre: Welche Fragen haben Sie?«).

Ein Alternative dazu – wenn Sie zum Beispiel keine Hilfsmittel nutzen können oder wollen – ist das sprachliche Signalisieren von Gliederungsschritten, etwa durch längere Redepausen, Überleitungsformeln (»Ich komme nun zum Thema XYZ, wenn Sie keine Fragen mehr zu ABC haben«). Für welche Variante Sie sich auch entscheiden: Halten Sie sie konsequent durch, signalisieren Sie die Struktur Ihres Beitrages deutlich.

Struktur in Gesprächen: Auch Gespräche haben im Übrigen (fast) immer eine grundlegende Struktur. Sie bestehen normalerweise aus drei Phasen: der Gesprächseröffnung, der Kernphase und der Beendigungsphase (vgl. u. a. Brinker/Sager 2006). Gerade die Eröffnungs- und die Beendigungsphase enthalten oftmals Handlungen, die stark an Rituale erinnern, zum Beispiel bestimmte Grußformeln, Small-Talk-Elemente (»Und, wie geht's?«, »Grüßen Sie Ihre Frau!«). Die Kernphase hingegen ist stark abhängig vom Gesprächsanlass, dem Thema, enthält aber auch ritualisierte Elemente, zum Beispiel Frage–Antwort- oder Vorschlag–Reaktion-Sequenzen. Auch in dialogisch orientierten Kommunikationssituationen ist daher eine Strukturierung und Gliederung sinnvoll.

Beispiel	Klassisches Beispiel: Die **schriftliche Tagesordnung als Gliederungselement** für offizielle Besprechungen. Gespräche lassen sich mit solchen Hilfsmitteln wesentlich effizienter gestalten, vorausgesetzt, dass sie auch beachtet werden. Auch in weniger formalisierten, schlechter vorzubereitenden Gesprächen lassen sich Hilfsmittel einsetzen, zum Beispiel, indem Sie am Anfang Themen sammeln, die besprochen werden sollen/können/müssen/dürfen. Diese Themen können Sie in einem ›**Themenspeicher**‹ sammeln, zum Beispiel am Flipchart oder auf einer Tafel. Alle Gesprächsteilnehmer haben die Möglichkeit, sich auf dieses Gliederungsinstrument zu beziehen; werden Themen aufgegriffen, die noch nicht oder nicht mehr behandelt werden, kann ein Verweis auf die Gliederung zu einer deutlichen Straffung der Diskussion führen (zur Frage der Visualisierung in Besprechungen vgl. Hartmann u. a. 2002, 134 ff.).

Dieses »**Structure first**«-**Prinzip** führt manchmal allerdings auch zu Ablehnungen (»Wir sind für eine Besprechung hier, nicht für einen Workshop!«). Stellen Sie sich zum Beispiel vor, dass Sie mit verschiedenen Personen zusammensitzen, um eine Versammlung vorzubereiten. Sie wissen, dass Ihr Vorgesetzter Visualisierungen auf Flipcharts usw. ablehnt, aber dazu neigt, bereits behandelte und abgeschlossene Themen wieder aufzugreifen und neu zu diskutieren. Mit der »Structure first«-Methode kommen Sie hier nicht weiter. Was also tun? Ganz einfach: Nehmen Sie ein leeres Blatt Papier und notieren Sie – vielleicht eingeleitet durch ein vorsichtiges »Also, wenn ich das richtig verstanden habe, dann … Ich fixier das mal schriftlich [für mich] …« – Ergebnisse für alle sichtbar darauf. Wenn jetzt jemand – Ihr Chef? – zu einem bereits behandelten Thema zurückspringt, können Sie demonstrativ Ihr Papier zurate ziehen und mit der gebotenen Rücksichtnahme feststellen, dass das Thema mit dem Ergebnis XYZ bereits behandelt wurde. Wenn Sie das Ganze noch ein wenig offizieller gestalten wollen, dann bieten Sie zu Anfang des Gesprächs an, ein kurzes Ergebnisprotokoll zu erstellen (s. Kap. 9.9). Dieses »**Structure by summarizing**«-**Vorgehen** führt in der Regel ebenfalls zu effizienteren Gesprächen.

> → Versuchen Sie, so oft wie möglich schriftliche Hilfsmittel zur Strukturierung von Kommunikationssituationen zu nutzen. Erweitern Sie dabei Ihr Repertoire regelmäßig.

Tipp

8.4.3 | Kürze/Prägnanz

Diese Dimension wird im Hamburger Verständlichkeitsmodell u. a. anhand folgender Ausprägungen beschrieben:

- zu kurz   – zu lang
- alles ist notwendig   – vieles ist überflüssig
- nur wesentliche Informationen – auch unwesentliche Informationen
- knapp, gedrängt   – breit, ausführlich

Verständliche Beiträge zur Kommunikation enthalten selbstverständlich alle wesentlichen Informationen; darüber hinaus sind aber auch ›unwesentliche‹ Informationen, etwa Beispiele, Erläuterungen usw., notwendig, um Kommunikation verständlich(er) zu machen. Diese Dimension ist daher nach unserer Auffassung mit Vorsicht zu genießen; denn bei den anderen Dimensionen beschreibt der Name der Dimension das Ziel: Einfachheit sowie Gliederung/Ordnung sind Aspekte, die Sie sich durchaus als Ziel setzen können, während die reine Zielsetzung ›Kürze‹ sicherlich nicht dazu führen wird, dass Ihre Kommunikationsbeiträge maximal verständlich sind. Hier wird schon deutlich, dass es für optimale Beiträge zu einer Kommunikation nicht darum gehen kann, sich maximal kurz zu fassen. Die Dimension heißt ja auch ›Kürze/Prägnanz‹, nicht einfach ›Kürze‹.

> → So kurz wie möglich, aber so lang wie nötig! – Halten Sie Ihre Kommunikationsbeiträge prägnant und gestalten Sie sie angemessen kurz!

Tipp

Gerade bei Referaten wird oft noch eine andere Regel ergänzt, die von Johann Wolfgang von Goethe (Westöstlicher Diwan, Buch der Sprüche) stammt: **Getretener Quark wird breit, nicht stark!** Gemeint ist damit natürlich, dass Sie ein Thema nicht unnötig auswalzen sollten – das erweckt den Eindruck, Sie wollten Zeit schinden, weil Sie sonst nicht viel zu sagen haben. Das mag bei manchen Referaten auch tatsächlich zutreffen, aber Sie wollen es ja richtig machen. Daher sind Sie gut vorbereitet, und zwar zu allen Aspekten eines Themas, und haben es daher nicht nötig, Zeit zu schinden. Halten Sie sich gerade bei Referaten lieber an die Binsenweisheit: **In der Kürze liegt die Würze!**

8.4.4 | Anregende Zusätze

Die Dimension Anregende Zusätze wird im Rahmen des Hamburger Modells anhand der folgenden Ausprägungen beschrieben:

- anregend   – nüchtern
- interessant   – farblos
- abwechslungsreich – neutral
- persönlich   – unpersönlich

Für einen packenden Kommunikationsbeitrag, der die Kommunikationspartner wirklich erreicht und anspricht, spielt diese Dimension unseres Erachtens die größte Rolle. **Nur dann, wenn Sie es schaffen, Ihre Gesprächspartner zum Mitdenken und Mitmachen anzuregen, können Sie einen bleibenden Eindruck hinterlassen.**

Bedeutung von Beispielen   Als wesentlich dafür erweist sich immer wieder das Arbeiten mit Beispielen, und hier treffen wir auch wieder auf Merkmale aus der Dimension Einfachheit: Beispiele sind konkret, sie sind besser nachvollziehbar als abstrakte Sachverhalte, und vor allem: Sie lassen sich leichter im Gedächtnis behalten. Wir wollen damit nicht sagen, dass Schilderungen abstrakter Sachverhalte etwa in Vorträgen nichts zu suchen haben; sinnvollerweise werden aber alle abstrakten Schilderungen mit einem Beispiel unterfüttert. Sie erreichen so eine enge Kopplung von Sachverhalt und Beispiel, von Abstraktem und Konkretem, von Theorie und Praxis.

Tipp   → Finden Sie zu jedem abstrakten Aspekt, den Sie ansprechen möchten, ein konkretes Beispiel.

Ein weiterer Aspekt, der diese Dimension betrifft, ist der Einsatz von Hilfsmitteln, vor allem Visualisierungen. Diesem Aspekt ist allerdings ein eigenes Kapitel gewidmet (s. Kap. 9); an dieser Stelle wollen wir nur unterstreichen:

Tipp
> → Nutzen Sie Hilfsmittel, um abstrakte, komplizierte oder umfang-
> reiche Sachverhalte optisch wahr- und aufnehmbar zu machen!

Auf einen Punkt möchten wir hier noch hinweisen: Diese Dimension kollidiert mit einer Zielsetzung, die sich aus der falsch verstandenen Dimension ›Kürze/Prägnanz‹ ergeben kann. Wenn Sie aus jener Dimension das
Ziel maximaler Kürze ableiten, dann haben Beispiele in Ihrem Beitrag
keinen Platz. Davon raten wir aber ganz ausdrücklich ab und unterstreichen noch einmal, dass nicht maximale Kürze Ihr Ziel sein sollte, sondern **angemessene Länge bei hoher Prägnanz**. Und das kollidiert auf
keinen Fall mit der Dimension ›Anregende Zusätze‹!

8.5 | Ganz wichtig: Üben, üben, üben!

Das Wichtigste
in Kürze
Ihre Sprache wird nicht dadurch verständlicher, dass Sie dieses Kapitel gelesen haben. Sie müssen vielmehr etwas dafür tun, und zwar: üben! Völlig
unabhängig davon, welche Art von Rede oder Gespräch bei Ihnen als
nächstes ansteht, überprüfen Sie vorher Ihre verbale Verständlichkeit und
verbessern Sie sie gegebenenfalls.

Das wird Ihnen leicht fallen, wenn Sie etwa eine Rede halten müssen, die
Sie vorher ausformuliert haben (zum Vorformulieren s. auch Kap. 9.6).
Einen solchen Redetext können Sie in Ruhe lesen, korrigieren, redigieren,
bis er optimal auf die Redesituation abgestimmt ist. Danach ›kondensieren‹ Sie ihn dann, so dass Sie nur noch Stichpunkte übrig haben. Trotzdem bleiben Ihnen aber die (verständlichen) Redewendungen im Gedächtnis, und Sie können sie in der Kommunikationssituation selbst
dann leicht reproduzieren.

Schwieriger wird es, wenn Sie in einer eher dialogisch orientierten Gesprächssituation spontan auf Gesprächspartner eingehen müssen. Hier
gilt: **Trainieren Sie möglichst oft, zum Beispiel mithilfe von Videoauf-
zeichnungen echter oder simulierter Gespräche, anhand von Feedback eines Coachs usw.** Setzen Sie sich bestimmte Regeln, auf deren
Überschreitung Sie entweder selbst achten oder achten lassen.

Die Idee hinter ständigem Üben ist ein einfacher Vierschritt:
1. Sie machen es zunächst unbewusst falsch.
2. Nachdem Sie sich selbst oft genug gesehen haben oder aber durch
   Feedback sensibilisiert sind, wird Ihnen bewusst, dass Sie es falsch
   machen.
3. Haben Sie diese Stufe erreicht, werden Sie anfangen, bestimmte Dinge
   bewusst richtig zu machen.

4. Nach einiger Zeit gehen Ihnen diese Dinge so sehr in Fleisch und Blut über, dass Sie es unbewusst richtig machen – und damit haben Sie Ihr Ziel erreicht!

Vier Schritte zu ›richtigem‹ Verhalten

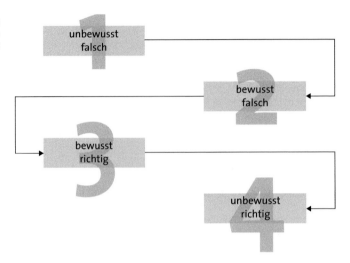

8.6 | Bleiben Sie authentisch!

Ein Punkt ist hier allerdings noch zu erwähnen: Bei allem Üben verständlicher Sprache gilt – wie beim Trainieren von Kommunikation generell – ein Leitsatz: Bleiben Sie authentisch! **Ihre Zuhörer werden sehr schnell merken, wenn Sie in Ihrem Vortrag gänzlich anders reden und agieren als sonst!** So etwas wirkt oft künstlich, weil es weder zur Person noch zur Persönlichkeit passt. Das soll freilich nicht heißen, dass Sie sich nicht verändern können im Hinblick auf bestimmte Aspekte. Eine solche Veränderung wird dann allerdings tiefer greifen und sich auch in Ihrem Verhalten außerhalb von Referaten usw. zeigen.

8.7 | Hörersignale – das können Sie in der Kommunikationssituation nutzen!

Das Wichtigste in Kürze

Ein wichtiges Indiz für die Verständlichkeit Ihrer Sprache und damit auch für die Effektivität und Effizienz der Kommunikation ist die Reaktion der anderen Kommunikationsteilnehmer. Ob bewusst oder unbewusst, wir achten immer auf die kleineren oder größeren verbalen, nonverbalen und paraverbalen Signale, die unsere Kommunikationspartner aussenden.

Deshalb sollten Sie verschiedene Arten von sogenannten Hörersignalen (er-) kennen und gerade in dialogischer Kommunikation nutzen, um festzustellen, ob Ihre Beiträge verständlich und der Situation angemessen sind.

> Mit dem Begriff ›Hörersignal‹ wird im Bereich der linguistischen Gesprächsanalyse (als Einführung zu empfehlen: Brinker/Sager 2006) ein breites Spektrum von Signalen beschrieben, die Hörer aussenden und die Sie als **Indikatoren für die Qualität Ihrer Beiträge** beobachten sollten. Zu den Hörersignalen gehören **sprachliche und nicht-sprachliche Signale.**

Zum Begriff

Nonverbale Mittel: Im Bereich des Nonverbalen kennen Sie vermutlich **bestätigendes Nicken** Ihrer Kommunikationspartner, das fragende **Hochziehen der Augenbrauen**, das **Kopfschütteln**, fragende oder zustimmende **Blicke**. Daneben gibt es unendlich viele verschiedene Möglichkeiten, wie ich als Hörer rückmelden kann, wie ich etwas finde, ob ich Fragen habe usw. So kann ich mich demonstrativ von einem Kommunikationspartner abwenden, um mich zu distanzieren oder mein Desinteresse auszudrücken; ich kann mich nach vorn beugen, wenn ich besonders interessiert oder engagiert am Thema bin oder aber den nächsten Gesprächsschritt gestalten will (man spricht in der Fachliteratur vom Turn-Taking, dem Übernehmen des Rederechts) usw. Die nonverbalen Hörersignale werden Ihnen gerade in Referatsituationen helfen, Einstellungen, aber auch Kompetenz Ihrer Zuhörer einzuschätzen.

Verbale Mittel: Auch mithilfe sprachlicher Mittel kann ich bestimmte Einstellungen ausdrücken; dazu gehören etwa sogenannte **Interjektionen** wie »ach«, »ähm«, »tja«, »aha«, »huch« usw. Ihnen ist gemein, dass Sie keinen eigentlichen Sinn haben, sondern im Gespräch eine Funktion: Sie signalisieren eben eine bestimmte Einstellung, eine Ablehnung oder Zustimmung des Hörers zum Beitrag des Sprechers, ohne selbst schon einen ›sinnhaften‹ Beitrag zur Kommunikation darzustellen. Daneben gibt es auch sehr kurze Äußerungen wie etwa »sicher«, »ja, ja«, »okay«, »ich weiß« usw., die sich von Interjektionen dadurch unterscheiden, dass ihnen ein eigener Sinn und eine Funktion zugeschrieben werden können. Nichtsdestotrotz stellen solche kurzen Einwürfe keine vollständigen Beiträge zur Kommunikation dar, sondern werden als Hilfsmittel der Rückmeldung vom Hörer zum Sprecher aufgefasst.

Längere **kommentierende Höreräußerungen** wie zum Beispiel »das ist eine Übertreibung«, »ist das wirklich so?«, »das ist ja interessant« usw. sind ebenfalls Einstellungsbekundungen, haben darüber hinaus aber gerade in dialogischer Kommunikation eine weitere Funktion: Mit ihnen kann ich als Hörer Einfluss auf den Verlauf der Kommunikation nehmen, sie steuern.

Ohne jetzt weiter auf die Feineinteilung dieser Hörersignale eingehen zu wollen, halten wir fest, dass diese Signale äußerst wichtig für das Gelingen von Kommunikation sind. Die Beobachtung und Auswertung solcher Signale geschieht unbewusst; **wir plädieren aber dafür, dass Sie sich verschiedener Signale bewusst werden und diese zu lesen lernen.** So können Sie Ihre Kommunikation ›on the fly‹ an das anpassen, was um Sie herum geschieht.

Tipp

> → **Nutzen Sie Hörersignale, um sich und Ihre Beiträge optimal an die Situation anzupassen!** Wenn Sie einfach Ihren Streifen durchziehen, werden Sie manchmal feststellen, dass Sie zwar das gemacht haben, was Sie machen wollten, ohne aber das erreicht zu haben, was Sie erreichen wollten!

9. Mediale Unterstützung und Hilfsmittel

Um es gleich vorweg zu sagen: Mediale Unterstützung (vulgo: Medien) und die Benutzung von Hilfsmitteln sind bei Vorträgen usw. sinnvoll, aber nur dann, wenn sie gezielt unterstützend eingesetzt werden. Ein Vortrag, der hinter den kunstvoll einfliegenden PowerPoint-Folien verschwindet, ist Zeitverschwendung, sowohl für den Vortragenden als auch für die Zuhörer. Vielmehr sollten Hilfsmittel sparsam eingesetzt werden – und eben gezielt! Daher werden wir im Folgenden einige Typen vorstellen und vor allem ihre Vor- und Nachteile anreißen. Zudem skizzieren wir mögliche Einsatzgebiete verschiedener Unterstützungstechniken.

Das Wichtigste in Kürze

9.1 | Audio- und Video-Beiträge

Manchmal kann es sinnvoll sein, eine Präsentation durch **Audio-Beiträge** zu unterstützen. Nehmen Sie zum Beispiel den Fall, dass Sie im Rahmen eines Referates eine Ballade vorstellen, analysieren und interpretieren sollen. Bekanntlich interpretieren Sie bereits dadurch, dass Sie beim Vorlesen bestimmte Entscheidungen treffen (Betonungen, Stimmhöhe, Geschwindigkeit usw.). Zufällig haben Sie auf CD eine ›traditionell‹ vorgetragene und eine vertonte, d. h. mit Musik unterlegte, gesungene Variante dieser Ballade. Vorausgesetzt, die technische Ausrüstung ist vorhanden, können Sie beide Audio-Beiträge in Ihr Referat einbauen und die unterschiedlichen Arten des Vortrages auf interpretatorische Unterschiede zurückführen. Oder stellen Sie sich vor, dass Sie einen Vortrag zu einem politischen Thema halten sollen. Zu diesem Thema gibt es bereits von einem bekannten Kabarettisten ein – wie Sie finden: passendes – Audio-Stück. Dieses könnten Sie hervorragend an den Anfang Ihres Vortrages stellen, um so erstens einen (hoffentlich) humorvollen Einstieg ins

Thema zu schaffen und sich zweitens die Aufmerksamkeit der Zuhörer zu sichern.

Sinnvoll kann auch der Einsatz ausgewählter **Video-Beiträge** sein. Ein Beispiel: Sie sollen im Rahmen einer Fortbildungsreihe einen Vortrag zur geschlechtsspezifischen Kommunikation halten. Allerdings möchten Sie einen etwas lockereren Einstieg in dieses Thema, und deswegen spielen Sie den Teilnehmern am Anfang einen passenden Sketch von Loriot vor, zum Beispiel »Feierabend«.

| Tipp | → Machen Sie sich mit der Technik vertraut! |

Sie müssen auf jeden Fall überprüfen, ob Medium und Abspielgerät kompatibel sind: Spielt der vorhandene CD-Player MP3-Dateien? Kann der Beamer den Sketch vom DVD-Player abspielen? Kann ich die vorhandenen Boxen an mein Notebook anschließen? Wenn Sie die Gelegenheit dazu haben, dann starten Sie kurz vor Ihrem Kommunikationsbeitrag einen Probelauf!

| Tipp | → Binden Sie Video-/Audio-Beiträge immer in Ihre Kommunikation mit ein! |

Ein einfaches Abspielen eines Video-/Audio-Beitrages zum Selbstzweck ist letztlich ein sinnfreier Zeitfresser, auf den Sie verzichten sollten. Wenn Sie hingegen einen Audiobeitrag pointiert und gezielt einsetzen, um ein Schlaglicht auf einen bestimmten Aspekt zu werfen, und an diesen Audiobeitrag dann auch in Ihrer Kommunikation anknüpfen, dann schaffen Sie nicht nur Abwechslung in der Kommunikationssituation, Sie haben sogar Gelegenheit, einen medialen Höhepunkt zu bieten.

| Tipp | → Beachten Sie die Akustik des Raumes! |

Das gilt insbesondere dann, wenn Sie Ihre eigene Technik mitbringen. Wollen Sie etwa im Rahmen einer Tagungsreihe ein kurzes Einführungsreferat für einen Workshop, an dem acht Personen teilnehmen, mit einem Audiobeitrag beginnen, dann reicht – je nach Raum – eventuell die Audioleistung Ihrer Notebooklautsprecher aus. Bei größeren Räumen dürfte der Audiobeitrag in hinteren Bereichen allerdings kaum noch zu hören sein; hier müssen Sie auf externe Boxen umsteigen. In großen Auditorien bzw. Hörsälen sind Sie im Regelfall ausschließlich auf die vorhandene Tonanlage angewiesen; hier müssen Sie die Kompatibilität im Vorfeld prüfen.

Tipp

→ Achten Sie beim Abspielen von Video-/Audio-Beiträgen auf die Urheber- und die Verwertungsrechte!

Eventuell müssen Sie Beiträge an die Gesellschaft für musikalische Aufführungs- und mechanische Vervielfältigungsrechte (GEMA) abführen, wenn Sie öffentlich Audio-Beiträge abspielen. Das Abspielen von Videoclips kann ebenfalls gebührenrechtliche Konsequenzen haben; informieren Sie sich darüber im Vorfeld!

9.2 | Vorbereitete Folien – per Beamer oder per Overhead-Projektor (OHP)

Folien, die mithilfe eines Beamers oder eines OHP projiziert werden, helfen Ihnen dabei, Kerninformationen zu visualisieren und damit Sachverhalte so darzustellen, dass Ihre Zuhörer sie sich besser merken können.

Das Wichtigste in Kürze

Betrachten Sie Folien als Werkzeug und Hilfsmittel, nicht als dominantes Ereignis – das Wichtigste am Vortrag sind Sie, nicht die Folien! Der naheliegende Umkehrschluss, dass nämlich schlechte Folien bzw. eine schlechte Präsentation einem ansonsten guten Vortrag nicht schaden können, ist allerdings falsch: Eine schlecht gemachte Präsentation kann auch den besten Vortrag ruinieren. »Schlecht gemacht« bedeutet dabei vor allem: schlecht lesbar, mit zu vielen Informationen überfrachtet, zu konfus, zu bunt, zu multimedial (wobei letzteres auch Geschmacksfrage ist!).

Es lohnt sich also immer, ein wenig Zeit in das Erstellen einer guten Präsentation zu investieren! Vorher müssen Sie allerdings entscheiden, ob Sie eine Präsentation in einem konkreten Fall überhaupt für sinnvoll halten – es gibt keinen Zwang zu PowerPoint, auch wenn jeder Hinz und Kunz es verwendet und Sie das glauben macht! Nicht umsonst wird oft abschätzig über die ›**Verpowerpointisierung**‹ **von Inhalten** gesprochen; damit ist natürlich gemeint, dass jeder noch so triviale Inhalt in medial unglaublich aufgeblähte Folien gepresst wird, nein sogar ausgewalzt. Wir glauben: Das muss nicht sein! Entscheiden Sie also frei und dem Inhalt angemessen.

→ Zielplanung

Checkliste

- Legen Sie die genaue **Funktion der Folien** für Ihren Vortrag fest.
- Entscheiden Sie: Welche **Kerninformationen** sollen meine Zuhörer mitnehmen? Visualisieren Sie ausschließlich Kerninformationen!

- **Kalkulieren Sie ausreichend Zeit ein.** Faustregel: drei bis sechs Minuten pro Folie!

→ Folieninhalte

- Die Inhalte sollten bereits vorbereitet sein, wenn Sie damit anfangen, Folien zu gestalten! Nutzen Sie Ihre Inhaltssammlung und tragen Sie wichtige Daten (Texte, Graphiken, Diagramme usw.) zusammen. Berücksichtigen Sie dabei Vorwissen und Perspektive der Adressaten.

- **Weniger ist mehr!** Formulieren Sie kurz und prägnant. In manchen Publikationen wird Ihnen der Tipp gegeben, auf Folien niemals in ganzen Sätzen zu formulieren. An anderer Stelle heißt es dann, dass ganze Sätze auf Folien ein Muss seien. Unser Tipp: Entscheiden Sie sich für eine der beiden Varianten und halten Sie sie konsequent durch. Das bedeutet übrigens gegebenenfalls auch, dass Sie – bei Entscheidung für vollständige Sätze – Satzzeichen auf die Folien bringen!

- **Gliedern Sie Ihre Folien.** Geben Sie dabei maximal sieben Informationen pro Folie! Diese Zahl hört sich vielleicht etwas willkürlich an, hat aber einen wissenschaftlichen Hintergrund: Bereits in den 1950er Jahren hat George A. Miller festgestellt, dass wir in unserem Kurzzeitgedächtnis nur eine bestimmte Anzahl von Informationseinheiten (»chunks of information«) speichern können: nämlich fünf bis neun solcher Einheiten, sieben plus/minus zwei. Die Begrenzung auf maximal sieben Informationen pro Folie hat also was mit unserer Aufnahme- und Speicherungskapazität zu tun und sollte daher auf jeden Fall beachtet werden!

- **Benutzen Sie Zusammenfassungen und Wiederholungen**, um den Erinnerungswert Ihres Vortrags zu erhöhen. Verwenden Sie zum Beispiel Übersichten, um die wichtigsten Informationen zusammenzufassen.

- **Benutzen Sie Überschriften**, um die wichtigsten Themenblöcke voneinander abzugrenzen. Bewährt haben sich hier vor allem kurze, knappe Fragen.

- **Legen Sie eine Stichwortsammlung für den Vortrag an.** Wenn Sie ein Präsentationsprogramm wie OpenOffice Impress oder Microsoft PowerPoint nutzen, bietet sich die Notizen-Funktion an.

→ Form

- Generell gilt der alte architektonische Grundsatz: **Form follows function!** (Damit ist übrigens nicht – wie oft kolportiert – gemeint, dass Sie auf jegliches schmückende Beiwerk verzichten sollten; vielmehr sollten Sie solche Elemente sparsam und funktionell einsetzen!)
- Nutzen Sie Folienlayouts, die Ihre Inhalte unterstützen.

- Benutzen Sie schmucklose Schriftarten in ausreichender Größe (Minimum: 18 Punkt).
- Achten Sie auf einen angemessenen Zeilenabstand ($1\frac{1}{2}$-zeilig).
- Verwenden Sie Bilder und Grafiken – aber nur dann, wenn sie auch eine Funktion haben. Setzen Sie grafische Elemente generell sparsam ein. Das gilt insbesondere für Animationen!
- Nummerieren Sie Ihre Folien! Das erleichtert es Ihren Zuhörern, Notizen zuzuordnen.
- **Wenn Sie per Beamer projizieren:** Gestalten Sie Ihre Folien durch ein Präsentationslayout bzw. durch einen Folienmaster einheitlich. Wählen Sie moderate Farben für den Hintergrund. Achten Sie auf ausreichenden Kontrast!
- **Wenn Sie per OHP projizieren:** Prüfen Sie, ob Hoch- oder Querformat sinnvoller ist. Gestalten Sie Ihre Folien einheitlich, am besten am PC. Wenn Sie Folien über einen Drucker ausgeben, dann prüfen Sie immer, ob Sie den für den Drucker geeigneten Folientyp eingelegt haben! Eine Tintenstrahldruckerfolie ist nicht so hitzebeständig wie eine Laserdruckerfolie und wickelt sich im Laserdrucker gern um die Bildtrommel.

→ Und am Ende ...

- ... kontrollieren Sie Ihre Präsentation sorgfältig auf Rechtschreibfehler.
- ... überprüfen Sie die Struktur der Folien und stellen Sie sicher, dass Form und Inhalt aufeinander abgestimmt sind.
- ... proben Sie mindestens einmal den gesamten Vortrag und gleichen Sie dabei die Folien mit den Inhalten Ihres Vortags ab.
- ... drucken Sie die Folien als Notizenseiten, um Ihre Stichpunkte und die Folien für den Vortrag in der Hand zu halten, und als Handzettel für Ihr Publikum (s. auch Kap. 9.6.4).

Praxis-Tipps für den Umgang mit dem OHP und Folien

- **Halten Sie Ihren Vortrag möglichst frei.** Lesen Sie auf keinen Fall den Inhalt der Folie vor!
- Heben Sie Elemente auf den Folien immer hervor, indem Sie einen spitzen, schmalen Gegenstand – klassisch: einen Pfeil aus Pappe oder einen Bleistift – auf die Folie legen. Das hat den großen Vorteil, dass Sie den Gegenstand dort liegen lassen können, während Sie sich weiter Ihrem Vortrag widmen.

Das Zeigen mit einem Laserpointer oder einem Zeigestock birgt im Vergleich dazu Nachteile: Zeigen Sie mit einem Laserpointer auf die Projektion an der Wand, verlieren Sie den Blickkontakt; ein dauerhaftes Zeigen auf Elemente scheidet damit aus. Zeigestöcke werden hingegen oft als oberlehrerhaft empfunden.

Was auch immer Sie nutzen: Hüpfen Sie niemals vor der Projektion nach oben, um mit dem Finger auf projizierte Elemente zu deuten!

- **Stellen Sie sich nicht hinter den OHP,** sondern daneben: auf die linke Seite (von Ihnen aus gesehen), wenn Sie Rechtshänder sind, auf die rechte, wenn sie Linkshänder sind. So haben Sie die Folien stets in Reichweite Ihrer ›normalen‹ Hand, gleichzeitig aber Blickkontakt zum Publikum.

- **Falls nötig, reinigen Sie den OHP vor der Präsentation.** Diese Geräte neigen dazu einzustauben, insbesondere dann, wenn sie neben einer Kreidetafel stehen.

- Finden Sie im Vorfeld heraus, wie Sie das Bild kleiner oder größer stellen und vor allem fokussieren können! Experimentieren während des Vortrags wirkt nicht nur unprofessionell, es ist es auch!

Praxis-Tipps für den Umgang mit Beamern und Präsentationsprogrammen (am Beispiel von StarOffice bzw. OpenOffice Impress und Microsoft PowerPoint)

- **Halten Sie Ihren Vortrag möglichst frei.** Lesen Sie auf keinen Fall den Inhalt der Folie vor!

- **Machen Sie sich mit der Technik vertraut.** Wenn Sie Gelegenheit dazu haben, dann testen Sie den Beamer im Vorfeld. Lernen Sie die Funktionen des Gerätes kennen. (Das gilt übrigens analog auch für die Verwendung von PC und Notebooks – egal, ob es sich dabei um Ihr Gerät handelt oder ein fremdes, Sie sollten es kennen und nutzen können!) Die meisten Geräte weisen zum Beispiel eine sehr nützliche Funktion auf, die oft mit ›Picture Mute‹ oder ›Blank‹ bezeichnet ist. Damit können Sie den Beamer auf ein schwarzes Standbild schalten, während Sie am PC Folien wechseln o. Ä.

- **Testen Sie mindestens eine halbe Stunde vor Beginn, ob alles funktioniert!**

- Sie müssen immer einen **Plan B** aus dem Ärmel schütteln können! Nichts ist unsouveräner, als ein Referat ausfallen lassen zu müssen, nur weil der Computer nicht bootet.

- Stellen Sie sicher, dass Sie den Beamer erst dann einschalten, wenn Sie Ihren Computer und das Präsentationsprogramm gestartet haben – es gibt wenige Dinge, die unprofessioneller wirken als das Projizieren des gesamten Bootvorgangs inklusive Anmeldung und Programmstart! Alternative: Steuern Sie den Beamer vom Notebook aus erst dann an, wenn Sie die Präsentation gestartet haben.

- Zeigen Sie Elemente der Projektion immer mit einem Laserpointer oder einem Zeigestock. Hüpfen Sie niemals vor der Projektion nach oben, um mit dem Finger auf Elemente zu deuten – das wirkt noch unprofessioneller als das Booten vor Publikum (s. o.)!

- Tippen Sie die entsprechenden Ziffern ein und drücken Sie < Enter >, um zu einer bestimmten Folie zu springen! Beispiel: < 12 > + < Enter > bringt Sie zu Folie 12. Vermeiden Sie es, in Ihren Folien schnell (nach vorn) durchzublättern – man hat als Zuhörer rasch das Gefühl, dass etwas unterschlagen wird!

- Wenn Sie < . > oder < b > drücken, zeigen Sie eine leere, schwarze Folie und unterbrechen damit die Präsentation; drücken Sie erneut eine der beiden Tasten, wird die Präsentation fortgesetzt. Das funktioniert übrigens auch mit < w >, was allerdings zu einer leeren weißen Folie führt.
- Ein Druck auf < ESC > beendet Ihre Präsentation.
- Wenn Sie Ihren Vortrag beendet haben, dann gibt es zwei Möglichkeiten:
  - Sie haben eine Ausklang-Folie vorbereitet, üblicherweise mit einem Dankeschön für die Aufmerksamkeit? Dann lassen Sie diese Folie während der anschließenden Diskussion die ganze Zeit über an! (Solche Folien sollten übrigens keine Animationen enthalten!)
  - Sie haben keine Ausklang-Folie? Auch kein Problem, dann schalten Sie bitte die Präsentation durch Druck auf < . >, < b > oder < w > auf eine leere Folie.

    Bitte beachten Sie: Es wirkt extrem unprofessionell und vor allem auch unhöflich, wenn ein Redner beim Diskutieren mit der Technik hantiert.

    Und: Beenden Sie auf keinen Fall das Präsentationsprogramm, während der Beamer noch projiziert! Ihre Zuhörer wollen das Herunterfahren des PC genauso wenig sehen, wie sie das Hochfahren bestaunen wollten.

Kino-Effekt: Ein weiterer Effekt darf gerade bei der Präsentation mit Beamer und Software hier nicht unter den Tisch fallen: der **Kino-Effekt**. Wenn Sie Ihre Zuhörer mit längeren Beamerpräsentationen konfrontieren, dann wirkt das deaktivierend, Ihre Zuhörer werden sich gemütlich in ihren Stühlen zurücklehnen (sofern diese das zulassen) und mehr oder weniger das konsumieren, was Sie ihnen präsentieren.

→ Wenn Sie mithilfe von Beamer und Software projizieren, dann halten Sie diesen Teil Ihrer Präsentation kurz, auf keinen Fall länger als zwanzig Minuten. Ist das nicht möglich, dann unterbrechen Sie Ihre Beamerpräsentation gelegentlich; ein Medienwechsel bietet sich an, um Zuhörer wieder ›ins Boot zu holen‹.

Tipp

→ **Präsentation per Beamer und Software**

Vorteile: flexibel; keine Kosten, wenn technische Infrastruktur vorhanden ist; leicht recyclebar; schnell zu ändern; potentiell strukturiert und gut lesbar; im Vorfeld planbar

Auf einen Blick

Nachteile: oft einschläfernd (Kino-Effekt); Aktivierung nach einer Beamerpräsentation fällt oft schwer; stark von der vorhandenen Technik abhängig; ohne Technik nicht einsetzbar

→ Präsentation per OHP und vorbereiteten Folien
Vorteile: ohne großen Aufwand einsetzbar; portabel (mit tragbarem OHP); potentiell strukturiert und gut lesbar; im Vorfeld planbar
Nachteile: unflexibel, da nur mit recht großem Aufwand zu ändern; schlecht recyclebar; vgl. Präsentation per Beamer und Software

9.3 | Flipchart oder Whiteboard?

Das Wichtigste
in Kürze
Whiteboard (un)gleich Flipchart? Vielleicht haben Sie sich schon gefragt, warum wir Whiteboards und Flipcharts gemeinsam besprechen, obwohl es sich doch um unterschiedliche Hilfsmittel handelt. In der Praxis werden Whiteboard und Flipchart oft jedoch als nahezu identisch betrachtet. Ihre grundlegende Funktion (Fixierung von handschriftlichen Notizen) ist zwar gleich, sollte aber unterschiedlich genutzt werden, und das hängt mit ihrer Beschaffenheit zusammen. Die Dinge, die Sie am Flipchart notieren, sind dauerhaft fixiert – im Gegensatz zum Whiteboard, wo Sie normalerweise ja mit abwischbaren Stiften schreiben.

Einsatzbereich von Flipchart und Whiteboard: Wenn Sie nur ein Flipchart oder nur ein Whiteboard zur Verfügung haben, dann ist die unterschiedliche Beschaffenheit letztlich folgenlos. Stehen Ihnen aber beide zur Verfügung, dann sollten Sie eine klare Aufteilung vornehmen: **Das Flipchart ist für wichtige Notizen, die dauerhaft fixiert werden müssen** und die von hoher Relevanz für Vortrag, Moderation oder Präsentation sind. **Strukturell oder inhaltlich bedeutsame Dinge notieren Sie am Flipchart** – eventuell sogar schon vor der eigentlichen Kommunikationssituation! Flipcharts bieten Ihnen nämlich den unschätzbaren Vorteil, dass Sie die entsprechenden Papiere schon vorher anfertigen können. Dann können Sie locker-flockig umblättern und Ihren Zuhörern zeigen, was Sie bereits erstellt haben.

   Das Whiteboard ist sozusagen Ihr überdimensionaler Schmierzettel, auf dem Sie alles notieren können, was zwischendurch auftaucht, aber nicht von übergeordneter Bedeutung ist. Kurze Skizzen zur Verdeutlichung, die Begleitung von inhaltlichen Exkursen, schriftliche Behandlung von spontanen Beispielen – das sind Dinge, die Sie gut am Whiteboard erledigen können.

   Flipcharts gibt es in unterschiedlicher Variation: als ›Insellösung‹, die bei Bedarf in einen Raum gerollt wird, oder als Bestandteil einer fest montierten Kombi-Lösung, die im Regelfall auch ein Whiteboard umfasst. Beide Varianten haben Vor- und Nachteile: Das Flipchart als Bestandteil einer fest montierten Kombi-Lösung nimmt wenig Platz im Raum weg, kann meist längs einer Schiene an der Wand verschoben werden, ist aber auf die Position der Kombilösung fixiert. Das frei bewegliche Flipchart auf Rollen kann im Raum bewegt werden, bietet somit große Flexibilität, steht aber gelegentlich im Weg und versperrt diesen manchmal.

Whiteboards (›Weißwandtafeln‹) sind aufgrund ihrer Größe im Regelfall fest im Raum montiert, werden gelegentlich aber auch als Klapptafeln auf Rollen zur Verfügung gestellt, wobei dann die Rückseite oft anders beschichtet ist, etwa als Pinnwand. Normalerweise bestehen Whiteboards aus Stahlblech, das mit Kunststoff überzogen ist; daher haften zusätzlich Magnete an ihnen. Komplexere Technik wie etwa elektronische Whiteboards, die eine Mischung aus Projektions-, Beschriftungs- und Fixierungsprogramm darstellen und nur mithilfe von speziell abgestimmten PC und Beamern funktionieren, blenden wir an dieser Stelle aus. Im Grund gilt dafür all das, was wir auch zu Whiteboards sagen; die Möglichkeiten, die über das Übliche hinausführen, sollten Sie sich im Vorfeld anschauen und sich auch damit vertraut machen.

Relativ neu sind ›**Whiteboard-Folien**‹, das sind selbstklebende Kunststofffolien, die durch statische Aufladung an glatten Flächen haften bleiben. Diese Folien können mit normalen Whiteboard-Stiften beschrieben werden, wobei wir Ihnen für diese Folien dringend empfehlen, Permanent-Marker einzusetzen. Denn üblicherweise werden solche Folien nur einmal benutzt und dann abgenommen – abwaschbare Stifte sind daher nicht notwendig und vielleicht sogar kontraproduktiv, da sie leicht verschmieren. Diese Einmal-Folien haben den großen Vorteil, dass Sie sie an nahezu jedem Ort einsetzen können. (Die Hersteller sichern normalerweise zu, dass Sie darauf schreiben können, ohne dass der Untergrund leidet.) Nach Benutzung können Sie sie ab- oder weghängen, einrollen usw. Nachteilig ist allerdings, dass die Folien gelegentlich verrutschen; außerdem ist das Schreibgefühl je nach Untergrund eher gewöhnungsbedürftig. Erwähnt sei hier auch, dass diese Folien preislich bei unter einem Euro pro Stück liegen (je nach Anbieter) – je nach Verbrauch kann die Verwendung solcher Folien aber durchaus ins Geld gehen.

→ Stiftfarben: **Grundregel 1: Schwarz ist die Stiftfarbe, die Sie immer als Standard- bzw. Grundfarbe wählen sollten.** Alle anderen Farben sind zum Anschreiben längerer Informationen ungeeignet; vielmehr sollten Sie sie gezielt und bewusst für bestimmte Markierungsformen einsetzen. So könnte Blau zum Beispiel als Signalfarbe für Beispiele dienen, während Sie Rot dazu einsetzen, besonders wichtige Dinge hervorzuheben (durch Unterstreichung etwa). **Grundregel 2: Mischen Sie die Farben nicht!** Wenn Sie damit angefangen haben, Beispiele blau anzuschreiben, dann behalten Sie diese Farbe bei. Sie markieren Wichtiges einmal rot, einmal grün?

Tipps

Ihre Kommunikationspartner werden nach einem Grund für diesen Unterschied suchen!

Analoges gilt übrigens auch für Kreide, wobei dann natürlich weiß Ihre Standardfarbe ist.

→ Trennen Sie permanente und abwischbare Stiftsorten räumlich! Wenn Sie (etwa während einer Präsentation) sowohl permanent schreibende als auch abwischbare Stifte verwenden müssen, dann sorgen Sie dafür, dass Sie sich nicht vertun können.

Falls Sie sich doch einmal vertan haben und mit einem permanent schreibenden Stift aufs Whiteboard geschrieben haben, dann können Sie folgenden Trick versuchen: Nehmen Sie einen gleichfarbigen, abwischbaren Whiteboardstift und ziehen Sie vorsichtig – am besten versuchen Sie das zunächst an einer kleinen Stelle – die permanenten Markierungen nach. Mit etwas Glück können Sie dann die nachgezogene Linie ganz normal abwischen!

→ Stiftauswahl: **Suchen Sie sich Stifte, mit denen Sie gut schreiben können.** Weigelt (2005, 73) plädiert für Stifte mit gerader Spitze – eine Empfehlung, die wir – ganz subjektiv – nachdrücklich unterstützen möchten, da solche Spitzen die Lesbarkeit oft deutlich erhöhen. Wenn Sie allerdings mit abgerundeter Spitze besser schreiben können, dann wählen Sie Stifte mit solchen Spitzen!

→ Achten Sie auf Ihre Handschrift! Üben Sie das Schreiben an Whiteboard oder Flipchart! Gerade im Zeitalter der Überallpräsenz von Computern (›ubiquitous computing‹) gerät man leicht aus der Übung, was das Schreiben mit der Hand angeht. Das gilt insbesondere dann, wenn Sie noch nicht oft an Whiteboard oder Flipchart geschrieben haben.

→ Reden Sie nur, wenn Sie Ihre Zuhörer sehen können! Wenn Sie etwas anschreiben und Ihren Rücken dem Publikum zudrehen, dann hören Sie auf zu reden! Sie kennen das vielleicht: Jemand schreibt etwas ans Whiteboard und erzählt dabei munter weiter. Konsequenz: Die Lautstärke der Stimme nimmt für die Zuhörer ab, diese fühlen sich nicht mehr direkt angesprochen, der Geräuschpegel steigt. Wenn Sie beim Anschreiben schweigen, werden Sie feststellen, dass der Geräuschpegel kaum steigt, die Konzentration erhalten bleibt – zumindest einige Zeit lang!

(Gelegentlich werden Sie sehen, dass es Menschen gibt, die für das Anschreiben an Flipcharts eine ganz spezielle Technik entwickelt haben: Sie stellen sich halb hinter das Flipchart, greifen mit der Schreibhand um das Flipchart herum und schreiben so, ohne ihrem Publikum den Rücken zuzuwenden. Aber auch in diesen Fällen empfehlen wir das Schweigen: Wenn Sie nicht voll multitaskingfähig sind, erhöht sich sonst nämlich auch die Gefahr, Fehler zu machen – sowohl beim Schreiben als auch beim Reden!

→ Lange Texte sind tabu! Aus dem gerade Gesagten folgt übrigens auch, dass das Anschreiben von wirklich langen Informationen – zum Beispiel in Form ganzer Texte – ein Tabu ist. Solche Dinge müssen Sie vorbereitet haben!

→ Quietschende Kreide? Wenn Sie mit Kreide schreiben und das Kreidestück quietscht, gibt es einen ganz einfachen Trick: Zerbrechen Sie es in der Mitte und schreiben Sie mit einem kleineren Stück weiter. Das Quietschen verschwindet sofort!

→ Ergebnissicherung: Wenn Sie Ergebnisse sichern wollen, die Sie am Flipchart oder am Whiteboard notiert haben, dann haben Sie prinzipiell drei Möglichkeiten: abschreiben, mitnehmen (geht natürlich nur mit Flipchartpapier oder Whiteboardfolien) oder fotografieren.

- Für kurze Informationen mag das **Abschreiben** noch akzeptabel sein, aber bei mehreren Flipcharts ist Abschreiben unpraktikabel. Kurz: Abschreiben ist die unbequemste Möglichkeit; wir raten Ihnen davon ab.
- Bequemer ist das **Mitnehmen von Flipchartpapier** oder Whiteboardfolien. Dabei sollten Sie allerdings eines beachten: Wenn Sie Flipchartpapier abnehmen – zum Beispiel über Nacht – und später wieder aufhängen wollen, dann rollen Sie es richtig herum ein. ›Richtig‹ bedeutet hier, dass Sie die beschriftete Seite nach außen rollen müssen! Warum? Ganz einfach: Wenn Sie das Flipchartpapier anders herum aufrollen und danach wieder aufhängen, dann wird das Papier allen Anwesenden mehr oder weniger deutlich zeigen, wie es aufgerollt war – im Extremfall können Sie das Papier nicht mehr aufhängen, weil es sich immer zusammenrollt!
- **Fotografieren** ist die eleganteste, schnellste und praktikabelste Möglichkeit, Tafelbilder zu fixieren oder Flipchart-Anschriebe zu archivieren. Digitalkameras sind erschwinglich, die Möglichkeit, Bilder am Rechner zu speichern und zu bearbeiten, ist hervorragend geeignet, Materialien zu sammeln und ggf. für Vorbereitungen wieder zu benutzen. Ein Tipp von uns: Wenn Sie mit einer Digitalkamera fotografieren, dann stellen Sie sie so ein, dass das Datum ins Bild eingeblendet wird (Zeitstempel-Funktion). Damit erleichtern Sie sich hinterher das Zuordnen von Bildern.

> → Ein Thema pro Flipchartblatt! Wenn Sie ein Flipchart auch für Notizen nutzen müssen, dann machen Sie es sich zur Gewohnheit, pro Flipchart-Blatt maximal ein Thema mit Unterpunkten zu notieren. Das verhindert Verwirrung bei Anderen und hilft Ihnen dabei, Ihre Notizen und Fixierungen zu strukturieren.

Kleiner Exkurs: Kreidetafeln

Anstelle von Whiteboards stehen gelegentlich Kreidetafeln zur Verfügung. Im Prinzip gilt dafür genau das, was wir Ihnen auch schon zu Whiteboards gesagt haben. Allerdings fordert das Schreiben mit Kreide immer einen Tribut: Egal, wie geschickt Sie sich anstellen, Sie werden hinterher an irgendeinem Kleidungsstück Kreidestaub finden. Daraus sollten Sie sich nichts machen; was Sie allerdings beachten sollten, ist die Frage nach dem Kreidestaub in der Nase oder in den Augen. Wenn Sie von sich wissen, dass Sie leicht auf solchen Staub reagieren – durch Juckreiz in der Nase oder tränende Augen –, dann verzichten Sie lieber auf die Nutzung der Tafel. An solchen Tafeln haften die oben beschriebenen Whiteboard-Folien übrigens prima!

Apropos Tafeln: Kennen Sie eigentlich noch **Tafelbilder**? In Zeiten, in denen Kommunikations- und Lernsituationen noch nicht mehr oder weniger umfassend medialisiert waren, haben Tafelbilder eine wichtige Bedeutung gehabt – und sie können sie immer noch haben! Tafelbilder – oder auch Whiteboard-Bilder – bieten Ihnen den Vorteil, dass Sie sie ebenfalls im Vorfeld planen und dann im Laufe der Kommunikation entwickeln können. Die Entwicklung guter, in sich konsistenter Tafelbilder ›on the fly‹ ist hingegen eine Kunst, die nur wenige Menschen beherrschen! Den Vorteil der Planbarkeit können und sollten Sie nutzen; gerade für interaktive Präsentationen, wenn Sie also gemeinsam mit Ihren Kommunikationspartnern ein Thema entwickeln wollen, sind Tafelbilder gut zu gebrauchen. Bitte beachten Sie aber, dass solche Tafelbilder zu Lasten der oben erwähnten Schmierzettel-Funktion von Tafel oder Whiteboard gehen!

Auf einen Blick

> → Flipchart
> **Vorteile**: leicht und flexibel nutzbar; häufig vorhanden; im Raum oft mobil; vorbereitbar
> **Nachteile**: begrenzter Platz: Blättern u. a. anstrengend; stark von der eigenen Handschrift abhängig; einmal Geschriebenes kann nicht getilgt, nur gestrichen werden: erhöhte Sorgfalt notwendig; im Vorfeld bedingt planbar
>
> → Whiteboard
> **Vorteile**: leicht und flexibel nutzbar; häufig vorhanden; einmal Geschriebenes kann leicht getilgt werden; im Vorfeld bedingt planbar

Nachteile: erfordert spezielle Stifte (nicht verwechseln!); begrenzter Platz; im Raum meist immobil; im Vorfeld bedingt planbar

→ Tafel

Vorteile: leicht und flexibel nutzbar; häufig vorhanden; einmal Geschriebenes kann leicht getilgt werden; im Vorfeld bedingt planbar

Nachteile: erfordert Kreide – Achtung bei Stauballergien!; begrenzter Platz; im Raum in der Regel immobil; im Vorfeld bedingt planbar; am Ende hat man immer Kreide irgendwo an der Kleidung

9.4 | Pinnwand und Metaplan-Karten

Pinn- oder Stellwände gehören zur Ausstattung moderner Tagungs- oder Vortragsräume. Sie können sie gut nutzen, wenn Sie es mit einer überschaubaren Zahl von Kommunikationspartnern zu tun haben. Zwar sind bestimmte Moderationsmethoden, die auf Pinnwände zurückgreifen, auch mit sehr großen Gruppen verwendbar (vgl. Königswieser/Keil 2000); aber da es hier nicht um Moderation geht, sondern um das Reden, Argumentieren und Überzeugen, blenden wir an dieser Stelle die Großgruppenmoderation aus.

Das Wichtigste in Kürze

Wie können Sie Pinnwand und Metaplankarten nutzbringend etwa für Vorträge einsetzen? Dazu gibt es mehrere Möglichkeiten.

1. Anregungen, Erwartungen, Ideen der Teilnehmer mithilfe von Kartenabfragen sammeln, systematisieren und in Ihren Vortrag einbauen: Hier befinden wir uns wieder an der Grenze zur Moderation.

Ohne näher auf bestimmte Phasen und Regeln der Moderation einzugehen (vgl. hierzu etwa Hoffmann 2002), sei hier doch gesagt, dass Sie Metaplankarten zum Beispiel auch in einem Vortrag dann nutzen können, wenn Sie während Ihres Vortrages keine Fragen zulassen möchten. Damit Ihre Zuhörer dennoch die Möglichkeit haben, Fragen zu einzelnen Themen zu stellen, ohne den Vortrag zu unterbrechen, können Sie im Vorfeld jedem Teilnehmer eine oder zwei Metaplankarten zur Verfügung stellen. Auf diesen Karten soll jeder die Punkte notieren, zu denen sich während des Vortrages Fragen stellen. (Am besten weisen Sie frühzeitig darauf hin, dass die Punkte möglichst groß und mit möglichst dicken schwarzen Stiften notiert werden müssen, damit man sie später auch aus größerer Entfernung gut ablesen kann. Die entsprechenden Stifte können Sie mit den Karten verteilen.)

Nach Ihrem Vortrag können Sie dann fragen, welche Fragen offen sind; meldet sich ein Zuhörer, dann bitten Sie ihn, seine Frage zu formulieren, und nehmen danach die Karte an sich. Diese Karte heften Sie dann sorgfältig an die Pinnwand – ob systematisiert oder nicht, können Sie entscheiden. Das bedeutet für Sie, dass Sie nicht nur Zeit haben, über die Antwort nachzudenken; Sie können die Karten auch als Gedächtnisstützen nutzen und in Antworten auf nachfolgende Fragen einbeziehen (»Das haben wir bereits im Kontext dieser Karte angerissen …«).

2. Pinnwand und Metaplankarten als Visualisierungsinstrument zur Vortragsunterstützung benutzen: Dazu müssen Sie vor Ihrem Vortrag entsprechende Metaplankarten vorbereiten und inhaltlich relevante Themen-Schlagwörter darauf vermerken. Diese werden umgekehrt an die Metaplanwand geheftet und erst dann umgedreht, wenn Sie beim entsprechenden Thema angekommen sind. Das hat den Vorteil, dass Ihre Visualisierung im Gegensatz etwa zu einer Präsentation via Folien und OHP überschaubar bleibt: Anhand der Karten erkennen Ihre Zuschauer, wie viel sie bereits erfahren haben und was Sie noch mit ihnen vorhaben. Das ist natürlich ein psychologischer Trick, denn die zeitlichen Abstände zwischen der Aufdeckung einzelner Karten bestimmen letztlich ja Sie; nichtsdestotrotz geben Sie Ihren Zuhörern das Gefühl, das Thema ganz wörtlich im Blick zu haben.

Daneben hat das Aufdecken der Karten auch noch einen verzögernden Effekt. Wenn der Fokus der Zuhörer sich von Ihnen auf die Pinnwand verschiebt und danach wieder zurück zu Ihnen, steigert das die allgemeine Aufmerksamkeit.

Auf einen Blick

> → **Karten und Stell-/Pinnwand**
> **Vorteile**: gut nutzbar, um Inhalte nach Schlagwörtern zu strukturieren und zu systematisieren
> **Nachteile**: im Raum oft immobil; Wand selbst kann oft nicht beschrieben werden; je nach Technik sind die Inhalte vom Referenten nur sehr bedingt planbar

9.5 | Poster

Das Wichtigste in Kürze

Die Grundidee hinter Präsentationen mit Poster ist, dass Sie alle relevanten Informationen in geordneter Form auf einem Poster unterbringen. Dabei bilden die einzelnen Abschnitte Wegstationen, die Sie gemeinsam mit Ihren Zuhörern abgehen. An jeder Station berichten Sie etwas über die Dinge, die dort zu sehen sind; Sie sind also eine Art Fremdenführer!

Voraussetzung für eine gelungene Posterpräsentation ist eine relativ kleine Gruppe. Sie befinden sich hier nicht so sehr in der Rednerrolle; das Poster bekommt gegenüber etwa einer Beamerpräsentation mehr Gewicht, wobei Sie und das, was Sie sagen, aber nach wie vor im Mittelpunkt stehen! Die maximale Größe der Gruppe richtet sich nach der Postergröße. Kleiner als Format DIN A1 (59,4 × 84,1 cm) sollte Ihr Poster auf keinen Fall sein; ideal ist DIN A0 (84,1 × 118,9 cm).

Bei Postern sollten Sie stark auf Visualisierungen und grafische Elemente setzen: Logischerweise können Sie auf ein strukturiertes, übersichtliches Poster nicht alle Informationen ›pressen‹, die Sie vermitteln möchten – insofern ähneln sich Poster und Folien stark. Allerdings haben Sie bei einem Poster noch stärker die Pflicht, **inhaltliche Zusammenhänge visuell deutlich** zu **markieren** – Ihr Publikum nimmt das Poster zunächst ja einmal komplett auf, bevor es sich den einzelnen Stationen widmet (erst simultane Aufnahme des gesamten Posters, dann lineare Aufnahme einzelner Elemente). **Betrachten Sie Ihr Poster einfach als eine Art Gemälde, das Sie komponieren** (ohne jetzt künstlerische Aspekte in den Vordergrund rücken zu wollen!). Wie bei einem Gemälde auch muss das Gesamtbild stimmig sein und das Publikum ansprechen, damit es sich weitere Einzelelemente anschaut!

Zentral bei der Gestaltung von Postern ist eine klare Strukturierung: Die einzelnen **Wegstationen** müssen deutlich erkennbar sein; Zusammenhänge zwischen einzelnen Stationen lassen sich sinnvollerweise durch Pfeile oder andere grafische Elemente darstellen. Machen Sie sich dabei unbedingt die **Sehgewohnheiten Ihres Publikums** zunutze: Beginnen Sie oben links, gehen Sie dann nach unten oder nach rechts weiter. Ein Anfang unten oder auf der rechten Seite ist – aufgrund unserer Lesegewohnheiten – kontraproduktiv. Ein Beispiel für ein solches, von oben nach unten und von links nach rechts strukturiertes Poster finden Sie in der folgenden Abbildung.

Möglich ist allerdings auch ein Ausgehen von der Mitte, zum Beispiel mithilfe einer Mind Map (s. Kap. 7.4.3). Wenn Sie sich für ein solches Vorgehen entscheiden, dann werden Sie die Äste auch in einer bestimmten Reihenfolge präsentieren, üblicherweise im Uhrzeigersinn. Eine Präsentation gegen den Uhrzeigersinn ist ebenfalls möglich; wovon wir Ihnen abraten, ist die unsystematische Präsentation einzelner Äste (also ohne Reihenfolge). Auch eine Art interaktiver (zumindest pseudo-interaktiver) Posterpräsentation ist denkbar, in der Sie Ihr Publikum bitten, Sie nach bestimmten Ästen zu fragen, um diese dann vorzustellen.

Strukturierung von Postern

9.6 | Handouts? Handouts!

Mittlerweile gehört es zum guten Ton, Zuhörern eines Vortrages oder Teilnehmern an einem Workshop ein vorbereitetes Handout zur Verfügung zu stellen. Da Handouts einen Kommunikationsbeitrag unterstützen sollen, müssen Sie auch hier vorab ein paar Überlegungen anstellen. Zunächst die Hauptfrage: Welche Funktion soll das Handout genau haben? Wenn Sie diese Frage beantwortet haben, dann können Sie auch die Fragen nach den Inhalten des Handouts beantworten.

Das Wichtigste in Kürze

Schriftliche Verwaltungs-Bürger-Kommunikation: Forschungs- und Arbeitsgebiet für Germanist(inn)en?

Ausgangspunkt

(1) Kooperationsprojekt »Verwaltungssprache und Textoptimierung« der Stadt Bochum mit dem Germanistischen Institut der RUB unter Leitung von Prof. Dr. Hans-R. Fluck (01.2000 bis 03.2001)

$\Rightarrow$

(2) daran anschließend: Schulungstätigkeit zunächst für die Stadt Bochum, später auch für andere Städte und öffentliche Einrichtungen

Verwaltungs-Bürger-Kommunikation: Ansatzpunkt für die Textoptimierung

Produzent Verwaltung

Sachebene — Kodierung — Beziehungsebene

Rezipient (Bürger)

Ansatzpunkte für die linguistische Arbeit

Typische Spannungsfelder in Verwaltungstexten

Inhaltliche Verständlichkeit

Rechts-sicherheit — Kunden-perspektive

Fachliche Angemessenheit

Problembereiche für die Diskussion

Schulungskonzept

Forschung/Vorbereitung: Analyse authentischer Texte auf linguistischer Grundlage

► Macro- und Mikrostruktur: Textausbau
► lexikalische Analyse: Fachwörter?
► syntaktische Analyse: Satzstruktur? Wortbildungsmuster?
► pragmatische Analyse: Adressaten-orientierung? Sprechakte?
► insgesamt: Verständlichkeit?

zeitlicher Ablauf der Schulungen

Forschungsimpulse

1. Schulungsmodul: Schulung der Mitarbeiter(innen) im Hinblick auf sprachliches Bewusstsein und Textkompetenz

► Sprachbewusstsein wecken bzw. fördern
► Mitarbeiter für spezielle Probleme in der Experten-Laien-Kommunikation sensibilisieren
► konkrete Schwachpunkte in typischen Verwaltungsbriefen anhand authentischen Materials aufzeigen

Beratung, Betreuung, Controlling: Individuelle Nachbereitung

► Hilfestellung bei Umsetzungsproblemen
► Tipps zur weiteren, eigenständigen Überarbeitung
► Hinweise zur Entwicklung individueller Strategien

2. Schulungsmodul: Praktisches Training der Mitarbeiter im Hinblick auf Optimierungs-möglichkeiten von Texten

► Analyse aktueller eigener Texte
► gemeinsame Überarbeitung
► Entwicklung allgemeiner Strategien für die zukünftige Textproduktion

Literatur

Händel, Daniel (2004): Zur Schulung kommunaler Verwaltungen im Hinblick auf Fachsprache und Textoptimierung. Ein Erfahrungsbericht über Sprachwissenschaft in der Praxis. In: Fachsprache 26/3-4 S. 148-159 (Pdf-Version auf http://homepage.rub.de/daniel.haendel/).
Händel, Daniel/Hans-R. Fluck/Michael Förster/Michaela Blaha (2001): Bürgernahe Verwaltungstexte. Ein Kooperationsprojekt der Stadt Bochum und der Ruhr-Universität zur Textoptimierung. In: Fachsprache 23/3-4. S. 139-152

Beispiel für ein Poster

Mögliche Funktionen von Handouts mit entsprechenden exemplarischen Handouttypen (in Klammern) sind:

- **Strukturierung des Ablaufs** (Ablaufpläne, Tagesordnungen)
- **Unterstützung des Vortrages** mit Daten, Beispielen etc. (Beispielhandouts, Diagrammvorlagen usw.)
- **Wiedergabe zentraler Inhalte** (Thesenpapier, Kurzzusammenfassung, Zitatensammlung)
- **wörtliche Wiedergabe des Vorgetragenen** (Nach- bzw. Ablesevorlage)
- **Zusammenfassung der unterstützenden Visualisierung** zu einem Vortrag (Folienhandzettel)

Unabhängig davon, für welche Funktion Sie sich entscheiden – einen Punkt gibt es, der uns bei allen Handouts besonders wichtig ist: **Beachten Sie unbedingt alle formalen Vorgaben!** Dazu gehört, dass Tischvorlagen orthographisch korrekt sind; außerdem sollte die Kommunikationssituation genau bezeichnet sein. Bei Referaten bedeutet das: Nennung von Seminar, Dozent, Referent, Datum und Thema; bei Vorträgen nennen Sie den Rahmen (zum Beispiel die Tagung, auf der der Vortrag gehalten wird, und den Tagungsort), den Vortragenden, das Datum und das Thema. Bei Tagesordnungen sind meist noch weitere Dinge vorgegeben, etwa regelmäßig wiederkehrende Themen, Zeit und Dauer der Sitzung usw.

Zeitpunkt der Verteilung von Handouts: Es gibt drei Möglichkeiten, wann Sie dies tun: vor einem Vortrag, während eines Vortrags oder im Anschluss an einen Vortrag. Mit dem Ausgabezeitpunkt sind auch verschiedene inhaltliche Konsequenzen verbunden; diese sollten Sie bei der Entscheidung über die Funktion des Handouts und der Wahl der Form berücksichtigen. Darüber hinaus hat das Ausgeben von Handouts auch noch ganz praktische Konsequenzen: Sobald Sie Handouts ausgeben, verlagert sich die Aufmerksamkeit automatisch auf diese – zumindest bei den Personen, die gerade diese Handouts erhalten, erhalten haben oder erhalten werden. **Planen Sie auf jeden Fall einige Minuten für das Herumgehenlassen ein, in denen Sie nichts machen, sondern nur lenkend eingreifen, wenn bei der Verteilung etwas aus dem Ruder zu laufen scheint!**

> → Kleiner Trick: Lassen Sie Handouts von zwei oder sogar noch mehr Stellen herumgehen – das geht schneller und vermeidet Ungeduld.

Tipp

Wir möchten im Folgenden einige Handouttypen erläutern, Beispiele vorstellen und Vorzüge und Schwächen diskutieren.

> → Aufmerksamkeitssteuerung und -sicherung durch Lückentexte

Tipp

Gerade bei Referaten in den berühmt-berüchtigten Referatsseminaren, die es immer noch und immer wieder an Hochschulen geben soll, haben viele Referenten das Problem, dass die Zuhörer im Halbschlaf vor sich hin dämmern und das Gesagte kaum mitkriegen, geschweige denn verarbeiten. Wenn Sie an die klassische Referatsform gebunden sind und keine interaktive Präsentation gestalten können, dann benötigen Sie Strategien, Ihre Zuhörer zu aktivieren. Eine Möglichkeit besteht darin, Ihr **Handout als Lückentext** zu gestalten. Damit bringen Sie einen Interaktionsaspekt in Ihrem Referat unter, ohne zugleich in eine tatsächliche direkte Kommunikation mit Ihren Zuhörern zu treten.

Bitte beachten Sie, dass der Lückentext die Variation einer vorher gewählten anderen Handoutform darstellt und kein eigenständiger Handouttyp an sich ist!

Zum Begriff

Lückentexte kennen Sie sicherlich noch aus der Schule: Sie haben einen Text vor sich, der gezielt mit Leerstellen versehen wurde. Diese Leerstellen müssen Sie als Leser ergänzen; so können verschiedene Bereiche abgefragt werden: Grammatik (beim Ergänzen von Flexionsendungen), Leserverständnis (beim Ergänzen inhaltlicher Leerstellen), in Fremdsprachen auch Vokabelkenntnisse (beim Ergänzen der passenden Vokabel).

In eine ähnliche Richtung zielt auch ein Handout, das als Lückentext gestaltet ist. Oft ist es bei Referaten so, dass die Zuhörer nur auf das Handout vertrauen (insbesondere dann, wenn das Referatsthema in einer Prüfung relevant wird), am Referat selbst aber keinerlei Interesse haben. Wenn Sie nun Ihr Handout gezielt mit Lücken versehen, die Ihre Zuhörer im Laufe des Referates ergänzen können und müssen, um ein Handout mit allen relevanten Informationen zu erhalten, dann steigt der Grad der Aufmerksamkeit schlagartig. Wichtig dafür ist allerdings, dass Sie keine trivialen Leerstellen lassen (etwa an Stellen, an denen lediglich Artikel ergänzt werden müssen).

Beispiel

Ein Beispiel für einen solchen Lückentext aus dem Bereich der Sprachwissenschaft finden Sie in der folgenden Abbildung. Dabei handelt es sich um eine thesenartige Zusammenfassung wichtiger Referatspunkte, bei der zentrale Begriffe ausgelassen wurden.

Beispiel für ein
Handout mit
Lückentext

Konsonantismus: Zweifelsfälle	29. Februar 2007
Referent: XXX	Wintersemester 2006/2007
Seminar: Phonologie des Deutschen	Leitung: Prof. Dr. XXX
Ruhr-Universität Bochum	Germanistisches Institut

Das Phonem ...

– ist das kleinste bedeutungs.................... Segment einer Sprache,

– kann als Bündel simultan realisierter, binärer Merkmale beschrieben werden
(±nasal, ±Stimmton, ±rund, ±hinten, ±vorn, ±kontinuerlich usw.),

– ist eine abstrakte .... Einheit, bei deren Ermittlung von nicht-
distinktiven Eigenschaften abgesehen wird (im Deutschen etwa ±Aspiration,
±Tonhöhe),

– konstituiert damit „eine ganze Klasse von Lauten, die alle distinktiven Eigenschaften gemeinsam haben, in den nicht-distinktiven dagegen differieren
können" (Ramers 2002: 83) und

– wird ermittelt durch ....

Affrikaten ...

- sind homorgane Lautcluster, d. h. an annähernd gleicher Artikulationsstelle
gebildete Verbindungen aus .... und nachfolgendem
...................,

- entwickeln sich ....
aus ....,

- sind [pf bzw. pᶠ], [ts bzw. tˢ], [tʃ bzw. tˢ], [dʒ bzw. dˢ], [kx bzw. kˣ],
wobei [dʒ bzw. dˢ] nicht nativ ist und [kx bzw. kˣ] nur im ....
verwendet wird.

[...]

9.6.1 | Strukturierung des Ablaufs durch Tagesordnung oder Ablaufplan

Vor vielen Vorträgen und den meisten Konferenzen bzw. Sitzungen erhalten Teilnehmer einen Ablaufplan bzw. eine Tagesordnung.

Tagesordnungen sind in der Regel an eine bestimmte Form gebunden
und weisen normalerweise bestimmte regelmäßig wiederkehrende Elemente auf. So gehört am Anfang als erster Tagesordnungspunkt (meistens als ›Top‹ oder ›TOP‹ abgekürzt) die Genehmigung der Tagesordnung
dazu, am Ende steht – quasi als Sammelpunkt – der TOP »Sonstiges« oder
»Allgemeines«.

Ablaufpläne bei Vorträgen oder Referaten sind in der Form freier und
geben den Zuhörern einen groben inhaltlichen Überblick über das, was
sie erwartet. Sinnvollerweise sollte das in gegliederter Form geschehen,

etwa durch nummerierte Aufzählungen oder ähnliches. Vorteil für die Zuhörer ist, dass sie sich anhand dieser Strukturierung eine Vorstellung davon machen können, wie sich das Thema ungefähr entfalten wird. Zudem ist eine Einordnung des aktuell Vorgetragenen in den Rahmen möglich, sofern sich der Vortragende auf den Ablaufplan bezieht.

<table>
<tr><td>Beispiel</td><td>Ein Beispiel für einen solchen Ablaufplan aus dem Bereich der Erziehungswissenschaft finden Sie in der folgenden Abbildung. (Wenn ein solcher Ablaufplan Ihr einziges Handout ist, dann müssen Sie das Prinzip, ausschließlich Themen bzw. Strukturpunkte zu nennen, an einer Stelle durchbrechen: Unter dem Punkt »Benutzte Literatur« wird dann nämlich sinnvollerweise die gesamte verwendete Literatur aufgeführt.)</td></tr>
</table>

Beispiel für einen
Ablaufplan

Facharbeit und Selbständigkeit – exemplarisch am Lehrplan Deutsch	
Referent: XXX	29. Februar 2007
Hauptseminar: Selbständiges Lernen in Lehr-/Lernsituationen der Oberstufe	
Leitung: Prof. Dr. XXX	Wintersemester 2006/2007
Ruhr-Universität Bochum	Institut für Pädagogik

Struktur und Ablauf

1	Zu den Unterrichtsprinzipien
2	Zur Facharbeit
3	Bewertung der Facharbeit
3.1	Zu Klausuren
3.2	Zur Facharbeit
4	Vorbereitung der Facharbeit im Unterricht
4.1	Inhaltliches Verständnis
4.2	Formale Kenntnisse bzw. Voraussetzungen
4.3	Methodische Kenntnisse
5	Benutzte Literatur

[...]

9.6.2 | Unterstützung des Vortrages mit Daten, Beispielen etc.

Gerade bei Vorträgen werden oft **Daten, Beispiele, Zitate, Abbildungen** usw. angeführt; Abbildungen tauchen noch relativ häufig in begleitenden Visualisierungen (Folien) auf, während Beispiele, Daten und Zitate nur einmal genannt werden. Zuhörer können diese Elemente daher nur maximal so lange studieren, wie Sie sie projizieren; die intensive Beschäftigung mit solchen Inhalten fällt unter den Tisch. Gerade bei sich anschließenden Diskussionen führt das dann oft zu Problemen.

Daher finden sich oft Handouts, auf denen diese Informationen abgedruckt sind. **Damit geben Sie Ihren Zuhörern die Möglichkeit, diese intensiver zu studieren und auch in eine Diskussion mit einzubeziehen.** Nachteilig ist dabei allerdings, dass das Studium insbesondere von grafischen Elementen dazu führt, dass Ihre Zuhörer Ihnen nicht mehr folgen. Eine Möglichkeit, dies zu unterbinden, sehen wir darin, solche Handouts erst nach Ihrem Vortrag auszuteilen – allerdings ist damit auch der Vorteil der intensiveren Beschäftigung am thematisch passenden Punkt zunichte gemacht.

Ein Beispiel für ein solches Handout aus dem Bereich der Sprachwissenschaft finden Sie in der folgenden Abbildung. Bitte beachten Sie, dass es sinnvoll und vernünftig ist, solche Beispiele zu nummerieren, um schnell darauf verweisen zu können. Eine Möglichkeit, diesen Handouttyp mit anderen Handouts zu kombinieren, finden Sie im folgenden Abschnitt; dort wird auch deutlich, woher die Beispiele stammen.

Beispiel

Logic and Conversation und 'Minimalismus'   29. Februar 2007
Referent: XXX   Wintersemester 2006/2007
Seminar: Historische Semantik   Leitung: Prof. Dr. XXX
Ruhr-Universität Bochum   Germanistisches Institut

Beispiele

(1)   (un-) absichtlich/freiwillig: ich sitze absichtlich/freiwillig in meinem Stuhl [*(in-) voluntary*]

(2)   sich wieder erinnern: ich erinnere mich wieder an meinen Namen [*remember (again)*]

(3)   etwas sehen als/aussehen wie: der Löffel sieht für mich wie ein Löffel aus [*see sth. as*]

(4)   versuchen/probieren: ich versuchte, einen Kaffee zu kochen [*trying*]

(5)   sorgfältig/vorsichtig: sorgfältig fuhr er die Straße hinunter (er hielt an jeder Ausfahrt, um zu schauen, ob nicht ein Hund mit halsbrecherischer Geschwindigkeit herausgeschossen käme) [*carefully*]

(6)   Es ist wahr/es stimmt, dass es regnet.

(7)   Der Mann am Nachbartisch zündet seine Zigarette nicht mit einer 20-Dollar-Note an.

(8)   A vermied es, das Licht anzumachen.

(9)   Es wurde (möglicherweise) von A erwartet, dass er das Licht anmachte.

Handout mit unterstützenden Beispielen

9.6.3 | Wiedergabe zentraler Inhalte

Oft dienen Handouts dazu, zentrale Inhalte eines Vortrages, einer Präsentation oder eines Referates wiederzugeben. Auch bei Besprechungen gibt es im Anschluss an die Sitzung häufig Protokolle, die zentrale Ergebnisse und/oder den Verlauf der Sitzung darstellen. Protokolle werden allerdings in einem separaten Abschnitt (s. Kap. 9.9) behandelt, da es sich dabei ja nicht um Handouts im eigentlichen Sinne handelt.

Bei der Wiedergabe zentraler Inhalte gibt es verschiedene Varianten; Sie können:

■ **Kurzzusammenfassungen** zu zentralen Inhalten austeilen
■ **zentrale Thesen** darstellen (Thesenpapier im eigentlichen Wortsinn)
■ **Zitate** aus einem zu besprechenden Text wiedergeben

Alle Möglichkeiten haben Vor- und Nachteile.

1. Kurzzusammenfassungen sind besonders dann sinnvoll, wenn die zentralen Inhalte für die weitere Arbeit benötigt werden, zum Beispiel in einem Seminar in der Folgesitzung. Problematisch ist allerdings – wie weiter oben bereits angedeutet –, dass sich möglicherweise alle Teilnehmer nur auf das Handout konzentrieren und das Referat nicht oder nur am Rande beachten. Selbst wenn Sie ein solches Handout mit Kurzzusammenfassungen erst nach Ihrem Referat verteilen, reicht den Teilnehmern oft das Handout aus – sie können ja alle zentralen Themen bequem nachlesen. Hier bietet sich die oben beschriebene Lückentextvariante an. Alternativ können Sie ein solches zusammenfassendes Handout auch nach dem Referat austeilen, aber wenn Sie dies vor dem Referat ankündigen, nehmen Sie den Teilnehmern einen Teil der Verantwortung für die Inhalte ab. Falls Sie sich also für ein solches Handout entscheiden: Halten Sie es knapp und arbeiten Sie mit Lücken im Text, um Aufmerksamkeit zu sichern und zu steuern!

Beispiel

Ein Beispiel für ein zusammenfassendes Handout mit Lücken finden Sie auf Seite 147; ein vollständiges Beispiel aus dem Bereich der Sprachwissenschaft ist in der folgenden Abbildung dargestellt. An diesem Handout können Sie übrigens erkennen, dass es manchmal sinnvoll und vernünftig ist, bestimmte Handouttypen miteinander zu kombinieren, in diesem Fall ein Handout mit Kurzzusammenfassungen und ein Handout mit Beispielen, auf die verwiesen wird (vgl. S. 149).

Beispiel für ein
zusammenfas-
sendes Handout

Logic and Conversation und 'Minimalismus'	29. Februar 2007
Referent: XXX	Wintersemester 2006/2007
Seminar: Historische Semantik	Leitung: Prof. Dr. XXX
Ruhr-Universität Bochum	Germanistisches Institut

Basis: Grice, H. Paul (1991): Studies in the way of words. Cambridge (Massachusetts) (daraus: *Prolegomena*, S. 3-21; *Logic and Conversation*, S. 22-40; *Further Notes on Logic and Conversation*, S. 41-57)

I. Vorüberlegungen *Beispiele 1-10*

- Ausgangsbeobachtung: es gibt eine Menge von Ausdrücken, deren Elemente in bestimmten Situationen nicht angewendet werden können, ohne dass die Anwendung seltsam, unangemessen oder sinnlos wäre
- das ausschlaggebende Merkmal solcher Situationen ist, dass sie eine bestimmte Bedingung C nicht erfüllen
- Ziel ist es also, Erklärungen für diese sprachliche Unangemessenheit zu finden, die 'Beispiel übergreifend' sind
- Grice beschreibt also ein Manöver, mit dem auf Basis der Unangemessenheit eines Wortes oder einer Phrase in bestimmten Situationen Rückschlüsse über die Bedeutung dieses Wortes oder dieser Phrase gezogen werden können

II. Grundlegendes *Beispiel 11*

- Frage: Wie kann man Antworten dieses Typs in den Diskurs einbauen?
- Idee: es gibt Konversationsmaximen, aus denen sich die Notwendigkeit der Implikatur ableitet
- diese konversationellen Implikaturen hängen demnach mit bestimmten allgemeinen Merkmalen des Diskurses zusammen

III. Konversationsprinzipien und -maximen

- normalerweise hängen die Äußerungen in einem Diskurs zusammen; ein Diskurs ist eine Folge von zusammenhängenden Äußerungen ⇒ Rationalitätsprinzip

1 Kooperationsprinzip

- Gestalte Deinen Diskursbeitrag so, wie es zu dem Zeitpunkt, an dem er geäußert wird, das gemeinsame Ziel oder die gemeinsame Richtung erfordert.
  – Kurz: Sei kooperativ.

[...]

2. Die Darstellung zentraler Thesen unterscheidet sich von der ersten Variante insofern, als zentrale Thesen nicht unbedingt das sein müssen, was jemand anders behauptet. Vielmehr ist zu unterscheiden zwischen der Darstellung eigener Thesen und der Darstellung fremder Thesen, und dieser Unterschied muss auf den ersten Blick erkennbar sein! Stellen Sie fremde Thesen dar, die für Ihren Vortrag zentral sind, kann das entweder in Zitatform geschehen oder in eigenen Worten mit entsprechendem Quellenvermerk. Egal ob fremde oder eigene Thesen, wichtig ist die Funktion: Normalerweise sollten solche Thesen die Diskussion eines bestimmten Themas in Gang bringen und vorantreiben. Daher ist es sinnvoll, solche Thesen – wenn Sie sie in eigenen Worten formulieren – möglichst kurz, knapp und knackig auf den Punkt zu bringen, gern auch provokativ und überspitzt. Alternativ zum Handout bietet sich übrigens die Präsentation von Thesen auf Flipchart oder als Poster an.

3. Zitate aus einem Text auszuteilen, der in einem Vortrag besprochen wird, kann ebenfalls dazu dienen, zentrale Informationen zu transportieren. Wichtig dabei sind vor allem folgende Punkte:

- sorgfältige Auswahl der Zitate
- Zitieren ohne Sinnverfälschung, indem etwa der Kontext des Zitates vernachlässigt wird
- Einbinden der Zitate in den Vortrag – besonders wichtig für die Zuhörer!

Beispiel

Im folgenden Beispiel werden nicht nur Zitate zu einem sprachwissenschaftlichen Thema wiedergegeben; durch die Überschriften ist zugleich auch die Struktur des Referates dargestellt.

Beispiel für ein Handout mit wichtigen Zitaten

Seminar: 'Sprachwandel' · Leitung: Prof. Dr. XXX
Winter 2006/07 · Germanistisches Institut, Ruhr-Universität Bochum
Thema: **Rudi Keller – Sprachwandel**
Referent: XXX · 29. Februar 2007

Textbasis: Keller, Rudi (1994): Sprachwandel. Von der unsichtbaren Hand in der Sprache. 2., überarb. und erw. Auflage. Tübingen, Basel (=UTB 1567)

„Wandel der Sprache ist [...] eine notwendige Folge unserer Art und Weise, von ihr Gebrauch zu machen." (207)

1   Das Problem des Sprachwandels

1.1   Warum ändert sich die Sprache?

„Neuerungen in unserer Welt sind weder notwendig noch hinreichend für Veränderungen in unserer Sprache. Die Idee, dass es so sei, hängt mit der Ideologie zusammen, dass es die Aufgabe der Sprache sei, die Welt abzubilden (nach Möglichkeit eineindeutig), und dass Kommunizieren seinem Wesen nach darin bestehe, wahre Aussagen über die Welt zu treffen. Aber dies ist nur **ein** Aspekt des Kommunizierens. Kommunizieren heißt zuallererst auf bestimmte Art und Weise beeinflussen wollen." (20)

1.2   Organismus oder Mechanismus?

„In Bezug auf den Wandel der Sprache haben wir die Wahl zwischen zwei Fragen:
'Warum ändert sich die Sprache?' oder 'Warum ändern die Sprecher die Sprache?'" (23)

1.3   Intentionen, Pläne und Bewusstsein

„'Die Sprecher verändern die Sprache; aber sie tun es nicht intentional und nichtplanvoll, sondern unbewusst." (26)

1.4   Wesen, Wandel und Genese

„Wenn wir die Funktion unseres Kommunizierens kennen würden, wüssten wir etwas über die Logik der Genese unserer Sprache." (31)

[...]

Solche Handouts sind deshalb oft nützlich, weil – bittere Realität – gerade in universitären Seminaren viele Zuhörer den Text, der besprochen werden soll, oft nicht gelesen haben. Allerdings gilt auch hier wieder unser Hinweis, dass Sie sich gut überlegen sollten, ob Sie eine solche Zusammenfassung in Zitatform nicht erst nach Ihrem Vortrag verteilen!

4. **Wörtliche Wiedergabe des Vorgetragenen:** Gelegentlich erhalten Zuhörer nach einer Rede den kompletten Redetext als Abdruck – oder zumindest die Möglichkeit, sich den Text zu verschaffen, etwa über das Internet. Das ist gerade im Bereich politischer Festreden üblich.

Wir raten Ihnen allerdings letztlich von diesem Verfahren ab, und zwar vornehmlich aus einem ganz einfachen Grund: **Wir halten Sie dazu an, möglichst frei zu sprechen – wie können Sie dann ein Manuskript Ihrer Rede, Ihres Vortrages oder Ihres Referates erstellen?** Was allerdings manchmal sinnvoll sein kann, ist das Vorbereiten eines Vortrages, indem Sie diesen komplett niederschreiben. Aus dem so entstandenen Text können Sie dann durch wiederholtes Kondensieren einen Stichwortzettel für Ihren Vortrag erstellen; den ursprünglichen Text benötigen Sie dann nicht mehr. Ein solches Vorgehen bietet einige Vorteile. So haben Sie zu bestimmten Themen zum Beispiel einige Redewendungen gespeichert, die Sie ja schon zu Papier gebracht haben; auf diese gespeicherten Redewendungen können Sie ohne größeren Aufwand während Ihres Vortrages zugreifen.

> → Komplette Vortragstexte als Handout herauszugeben, sollten Sie lieber denen überlassen, die ihre Reden mehr oder weniger professionell wortgetreu ablesen; Sie halten Vorträge frei und können daher gar kein fertiges Manuskript ausgeben.

Tipp

9.6.4 | Zusammenfassung der unterstützenden Visualisierung zu einem Vortrag: Folienhandzettel

Seit die Unterstützung von Vorträgen, Referaten usw. durch Folienprojektion modern ist, gibt es auch die Frage: »**Stellen Sie die Folien zur Verfügung?**« Dahinter steckt einerseits die nachvollziehbare, verständliche Motivation, sich weniger auf die Folien zu konzentrieren, sie gar abschreiben zu müssen, sondern vielmehr dem Vortrag zu folgen. Oft steckt andererseits allerdings auch etwas dahinter, was man treffend mit ›Konsumentenhaltung‹ beschreibt: der Wunsch, möglichst viele Informationen ohne eigene Mühe zu erhalten, möglichst viel zu bekommen, ohne etwas dafür zu leisten. Das gipfelt gerade an Hochschulen manchmal darin, dass zum Beispiel Vorlesungen immer mehr ausdünnen, nachdem klar ist, dass der Dozent alle Folien online zur Verfügung stellt, möglichst sogar mit weiterführenden Notizen. Besonders dann, wenn die Folienpräsentation sehr umfangreich ist und nicht den Vortrag unterstützt, sondern allein geeignet ist, den Vortrag zu ersetzen, wird der Dozent so überflüssig – schade, denn gute Vorträge sind durch keine noch so gute Präsentation zu ersetzen!

Folienhandzettel können gängige Präsentationsprogramme automatisch aus einer vorhandenen Folienpräsentation erstellen; dabei werden zwei bis maximal neun Folien verkleinert auf einer Seite ausgegeben.

Handzettel-
Varianten
Wenn Sie Ihre **Handzettel vor dem Vortrag** ausgeben, dann entscheiden Sie sich für drei Folien pro Blatt. Normalerweise finden sich alle drei Folien in der linken Hälfte des Blattes, während auf der rechten Hälfte Platz für Notizen ist. So können sich Ihre Zuhörer wichtige Informationen notieren, die jeweils zur passenden Folie geordnet werden.

Wenn Sie Ihre **Handzettel nach dem Vortrag** ausgeben, benötigen Ihre Zuhörer keinen Platz mehr für weitere Notizen. Hier sollten Sie sechs Folien pro Blatt wählen; das ist gut lesbar (wenn Sie sich an unsere Empfehlung zur Gestaltung von Folien halten; s. Kap. 9.2) und dient als Gedächtnisstütze, so dass Ihre Zuhörer beim Vortrag nichts von den Folien abschreiben müssen. Wenn Sie darüber hinaus auch noch Ihre Folien nummeriert haben, dann können Ihre Zuhörer Notizen zu den einzelnen Foliennummern machen und diese dann mit dem Handout abgleichen.

Wenn Sie Ihre **Folien per Hand** gestalten, wird das Erstellen von Handouts komplizierter. Die einfachste Möglichkeit ist natürlich, einfach die Folien zu kopieren. Alternativ können Sie sie einscannen und dann am PC weiterverarbeiten, etwa ins weit verbreitete Dateiformat PDF konvertieren.

Gestalten Sie Ihre **Folien am PC**, indem Sie etwa ein Textverarbeitungsprogramm wie OpenOffice Writer oder Microsoft Word benutzen, dann können Sie eine eingebaute automatische Verkleinerungsfunktion benutzen, die es Ihnen ermöglicht, mehrere Seiten auf einem Blatt unterzubringen. Damit können Sie Handouts erstellen, die denen der Präsentationsprogramme ähneln.

Tipp

> → Arbeiten Sie mit Folienhandzetteln, die Sie je nach gewünschter Funktion entweder vorher oder nachträglich verteilen! Achten Sie darauf, dass Ihre Folien und damit auch Ihre Handzettel Ihren Vortrag unterstützen, nicht ersetzen!

9.7 | Fünf Grundregeln für den Einsatz von Medien und Hilfsmitteln

1. Machen Sie sich mit den räumlichen und technischen Gegebenheiten vertraut.
2. Halten Sie stets einen Plan B in petto.
3. Medien unterstützen den Vortrag, nicht umgekehrt.
4. Weniger ist mehr.
5. Setzen Sie nicht ein Medium dauerhaft ein, sondern wechseln Sie Ihre Medien!

9.8 | Der eigene Präsentationskoffer?

Im Moderatorenkoffer sind all die Dinge enthalten, die Sie für eine professionelle Moderation benötigen – oder zumindest das, was die Hersteller bzw. Verkäufer für nötig halten. Wenn Sie keinen solchen Moderationskoffer besitzen, dann empfehlen wir Ihnen, analog dazu einen Präsentations- bzw. Vortragskoffer zu packen.

Das Wichtigste in Kürze

Diesen können Sie immer dann mitnehmen, wenn Sie einen Vortrag oder eine Rede halten oder ein Thema präsentieren sollen. Daneben können Sie diesen Koffer auch dann verwenden, wenn Sie eine Besprechung vorbereiten oder leiten sollen.

Das Grundprodukt, den Koffer, erhalten Sie preiswert im Baumarkt; dort werden solche Koffer als Werkzeugkoffer verkauft. Gut geeignet sind Aluminiumkoffer, die ungefähr die Maße 45 × 35 × 15 cm haben. Normalerweise haben solche Koffer variable Fächer, die Sie nach Ihren Bedürfnissen abtrennen können. Zudem haben sie im Deckel ein Fach, das gut geeignet ist, dort einige Stifte stets griffbereit vorzuhalten. (Bitte beachten Sie, dass Sie ab einem bestimmten ›Level‹ vermutlich nicht darum herumkommen werden, einen teuren Koffer von Firmen zu kaufen, die sich auf Präsentations-/Moderationszubehör spezialisiert haben. Das liegt nicht daran, dass solche Koffer per se besser wären; allerdings gehört nach Meinung vieler Auftraggeber zu einem überzeugenden, professionellen Auftritt auch ein gewisses Maß an Statussymbolen, und bestimmte Markenartikel gehören dann einfach dazu.)

Normalerweise sind solche Koffer übrigens abschließbar, so dass Sie sie gut transportieren können, ohne Angst zu haben, dass der Koffer unterwegs aufgeht.

Ausstattung: Wir denken, dass Sie auf jeden Fall diese Gegenstände in Ihren Koffer packen sollten, damit Sie den meisten Situationen gewachsen sind:

- Notizblock, Kugelschreiber, Bleistift
- Whiteboard-Stifte in schwarz, rot und blau/grün
- Flipchart-Stifte in drei Farben: schwarz, rot und blau/grün

- schwarze und rote Permanentmarker
- OHP-Folien zum Beschriften
- Folienstifte: drei Sätze, verschiedenfarbig
- Pinnwandnadeln, Magnete und Kreppklebeband zum Anheften/Ankleben von Plakaten, Postern, Karten
- Papppfeil zum dauerhaften Hervorheben
- Karten

Tipp

→ Farbige Karteikarten sind wesentlich preiswerter als spezielle Moderationskarten! Ab einem bestimmten Präsentationsniveau erwartet man allerdings letztere von Ihnen – wie auch einen ›Profi-Koffer‹; vgl. oben.

Sinnvoll, wenn auch nicht unbedingt notwendig ist darüber hinaus noch eine Digitalkamera, um Tafelbilder, Kartenabfragen usw. festzuhalten. Auch einen Laserpointer sollten Sie sich früher oder später anschaffen, wenn Sie öfter Vorträge halten.

Tipps für Notebook und Beamer

Wenn Sie oft **mit dem Notebook** reisen, um **per Beamer zu präsentieren**, dann denken Sie daran, folgende Gegenstände mitzunehmen:
- ›Cordless Presenter‹ – ein technisches Instrument, das es Ihnen ermöglicht, Ihre Präsentation am PC bequem über Funk zu steuern
- ein eigenes VGA-Verbindungskabel
- eine Mehrfachsteckdose
- falls Sie Audio- oder Videostücke einbauen möchten: portable Boxen mit USB-Anschluss
- USB-Stick mit Daten

9.9 | Exkurs: Protokollführung

Das Wichtigste in Kürze

Protokolle gehören dazu – egal, ob Sie während eines Meetings das Protokoll führen müssen oder aber ein Referat an der Hochschule protokollieren sollen. Daher ist es sinnvoll, wenn Sie sich mit dieser besonderen Textform vertraut machen – je früher, desto besser!

Grundsätzlich lassen sich zwei Arten von Protokollen unterscheiden: **Ergebnisprotokoll** und **Verlaufsprotokoll**.

Beim Ergebnisprotokoll werden nur Ergebnisse, Resultate festgehalten, während Sie beim Verlaufsprotokoll tatsächlich den gesamten Verlauf einer Sitzung schriftlich fixieren müssen. Je nach Anlass und Rahmen kann das sogar so weit gehen, dass Sie Redebeiträge wörtlich wiedergeben, genau wie Zwischenrufe, non-verbale Aspekte (»Herr Meier dreht dem Redner demonstrativ den Rücken zu«) und auch kleinste Details (»[lachend mit verdrehten Augen] Das ist doch wohl nicht Ihr Ernst, Herr Meier! Sind wir denn hier im Kindergarten? [schnaubt verächtlich]«). Je nach Detailtiefe kann es sich bei solchen **Wort-Protokollen** tatsächlich schon um **Transkripte** handeln (vgl. Brinker/Sager 2006). Der Normalfall ist das allerdings nicht.

Normalerweise fokussieren Sie auch im Verlaufsprotokoll den Verlauf auf zentrale Aspekte. Eines sollten Sie dabei immer im Kopf behalten: Dadurch, dass Sie etwas fixieren, interpretieren Sie es notwendigerweise auch. Nur wenn Sie ein Band mitlaufen lassen und hinterher transkribieren, minimieren Sie die interpretierten Anteile, können Sie aber letztlich auch dann nicht vermeiden.

Der am häufigsten anzutreffende Typ ist allerdings eine *Mischform*, in der wichtige Ergebnisse fixiert sind, aber auch Verlaufselemente. Zum Beispiel werden bei längeren Diskussionen Standpunkte aufgeführt, die dann letztlich zum Ergebnis führen. Gerade bei diesem Typ geht es nicht um eine minutiöse, genaue Verschriftlichung einer Besprechung, in der alle Ereignisse chronologisch dokumentiert sind. Sie sollen vielmehr die Ergebnisse schriftlich sichern und zusammenfassen sowie anschließend strukturiert darstellen.

→ Zur Frage, wer protokolliert, haben Hartmann u.a. (2002, 140 ff.) eine Checkliste erstellt. Dort werden verschiedene Eigenschaften genannt, die Protokollführer besitzen sollten, um ihr Aufgabe optimal zu erfüllen.

Tipp

Zum Inhalt: Sie sollen nichts nacherzählen (»dann meldete sich Frau Müller ...«)! Ihre Aufgabe ist es, den Stoff einer ganzen Sitzung strukturiert zusammenzufassen und ansprechend darzustellen. Darüber hinaus müssen Sie ggf. kommentieren und ergänzen. Der inhaltliche Teil des Protokolls soll in ganzen Sätzen und im Präsens (Gegenwartsform) geschrieben sein.

Elemente, die auf jeden Fall ins Protokoll gehören, sind:

- Hauptdiskussionspunkte, ggf. auch kontroverse Aspekte und offene Fragen
- Querverweise auf andere Sitzungen
- Erklärung von Fachtermini (falls notwendig)
- eventuell Skizzen und graphische Darstellungen, wenn sie relevant für die zentralen Inhalte sind
- ggf. Angabe der verwendeten Literatur in entsprechender Form

> → Das ist eine Menge; daher unser erster Tipp: **Wenn Sie ein Proto-
> koll anfertigen müssen, dann machen Sie das möglichst schnell nach
> der Sitzung** – je frischer die Erinnerung, desto genauer können Sie sie
> niederschreiben. Der zweite Tipp: **Lassen Sie eine zweite Person über
> Ihr Protokoll schauen, bevor Sie es öffentlich machen.** Zwar gibt es
> immer die Möglichkeit, Protokolle zu ändern (Die Genehmigung des
> Protokolls der vorhergehenden Sitzung ist in der Regel Bestandteil
> von institutionalisierten Besprechungen!). Doch je weniger an Ihrem
> Protokoll geändert werden muss, desto besser für Sie – gute, präg-
> nante und trotzdem vollständige Protokolle lassen auch darauf
> schließen, wie tief Sie die Materie verarbeitet haben, und das trägt
> letztlich zu Ihrem Image bei!

Abgesehen davon empfehlen wir Ihnen nachdrücklich, bereits Ihre handschriftlichen Notizen zu gliedern und zu strukturieren. Erstens fällt Ihnen
das Notieren leichter, wenn Sie nicht einfach unstrukturiert alles mit-
schreiben, und zweitens können Sie ein Protokoll auf der Basis struktu-
rierter, gegliederter Notizen wesentlich einfacher erstellen. Versuchen Sie
bereits beim Notieren, zwischen wesentlichen und unwesentlichen Punkten zu unterscheiden!

Noch ein Hinweis, der aus leidvoller Erfahrung geboren ist: Bitte beachten Sie, dass Ihr Protokoll den anderen Teilnehmern auch als Gedächtnisstütze dient. Individualsprachliche (›idiolektale‹) Abkürzungen, das
Auslassen von Ihnen bekannten Hintergründen und Kontexten usw. sind
daher nicht zulässig.

Formale Aspekte **Besonders wichtig:** Formale Korrektheit – Stichwort Orthographie – wird
auch bei Protokollen immer vorausgesetzt! In den Kopf des Protokolls gehören folgende Dinge:

- Institution (»Firma XYZ, Controlling«) und Anlass der Veranstaltung
  (»Abteilungsbesprechung«, »Außerordentliche Projektsitzung« usw.)
- Datum und Dauer der protokollierten Sitzung (Angabe von Anfangs-
  und Endzeit oder Anfangszeit und Dauer)
- Teilnehmer
- Name des Protokollanten (»Protokoll: ...«) – damit wird auch die Ver-
  antwortlichkeit übernommen

Falls es **organisatorische Dinge** gibt, die von Relevanz für alle Teilnehmenden sind (Terminverschiebungen, ggf. Hausaufgaben usw.), sollten
diese an erster Stelle erwähnt werden – auch wenn sie in der Sitzung erst
am Ende besprochen wurden.

10. Praktische Hinweise für konkrete Kommunikationssituationen

10.1 | Monologische Situationen

10.1.1 | Typen monologischer Situationen

Bevor wir Ihnen weitere praktische Tipps geben, die sich auf spezielle Typen primär monologischer Kommunikationssituationen beziehen, stellt sich die Frage: Wodurch unterscheiden sich Referat, Vortrag und Präsentation eigentlich? Wenn Sie sich jetzt spontan unsicher sind oder die Antwort nicht kennen, dann geht es Ihnen wie vielen Menschen, die diese Begriffe oft gleichbedeutend verwenden. Daher werden wir im Folgenden eine kleine Typologie primär monologischer Kommunikationssituationen erstellen; wir nehmen nicht in Anspruch, dass es sich dabei um der Weisheit letzten Schluss handelt. Vielmehr entwickeln wir mit Ihnen ein System, nach dem wir dann Kommunikationssituationen einteilen und im Anschluss besprechen können.

Also: Worüber reden wir eigentlich? Was genau ist ein Referat? Was ist ein Vortrag? Worin unterscheiden sie sich? Systematisch betrachtet können Sie primär monologisch Kommunikationssituationen mithilfe dieser Begriffsfelder beschreiben: Inhalt, Form, Funktion und Stellenwert. Diese können folgendermaßen gefüllt werden:

Inhalt	Form	Funktion	Stellenwert
■ (den Zuhörern) bekannt ■ (den Zuhörern) unbekannt ■ Themenentwicklung frei ■ Themenentwicklung vorgegeben ■ abgeschlossen ■ offen ■ sachgebunden ■ anlassgebunden	■ im Ablauf frei ■ im Ablauf institutionalisiert ■ ohne Zwang ■ mit Zwang ■ offen ■ geschlossen	■ Informationen aufbereiten/ nutzbar machen ■ Informationen wiederholen ■ unterhalten	■ keine Anbindung an übergeordneten Rahmen ■ teilweise Anbindung an übergeordneten Rahmen ■ volle Anbindung an übergeordneten Rahmen

Die meisten dieser Aspekte sind selbsterklärend, einige müssen allerdings hier kurz erläutert werden:

- **Den Zuhörern bekannte oder unbekannte Inhalte?** Unbekannt Inhalte sind auch solche, in denen bereits bekannte Informationen auf neue Art und Weise miteinander kombiniert werden. Darüber hinaus ist Bekanntheit/Neuheit auch relativ: Was für den einen unbekannt ist, kann dem anderen schon lange bekannt sein.
- **Themenentwicklung vorgegeben oder frei?** Die Frage, ob Themen frei entwickelt werden können oder aber genau festgelegt sind, bezieht sich nicht unbedingt nur auf die Wahl des Themas, sondern auch auf die Entfaltung eines vorgegebenen Themas. In Referaten sind Themen meist vorgegeben und können nur bedingt frei entwickelt werden, während bei Vorträgen die Themen zwar auch oft durch den Rahmen vorgegeben sind, aber frei entwickelt werden können.
- **Freier oder institutionalisierter Ablauf?** Ob eine Kommunikationssituation formal frei oder festgelegt ist, hängt stark mit der Frage nach der Institutionalisierung zusammen (s. Kap. 7.2.2).
- **Mit oder ohne Zwang?** Dieser Aspekt lässt sich am einfachsten anhand eines Beispieles verdeutlichen: Referate, die Bestandteil eines Seminars an der Hochschule sind, müssen meist gehalten werden; sie erfolgen also mit Zwang, da ohne das Referat ein entsprechender Leistungsnachweis nicht ausgestellt wird. Zu Vorträgen hingegen meldet man sich meistens freiwillig, sie erfolgen also ohne Zwang.
- **Von der Form her offen oder geschlossen?** Es gibt Kommunikationssituationen, in denen es eher unpassend wäre, sich als Zuhörer verbal zu beteiligen; solche Formen bezeichnen wir als geschlossen. In anderen ist eine verbale Beteiligung der Zuhörer nicht nur möglich, sondern manchmal auch gewünscht; diese Formen sind offen. Uns interessieren hier allerdings nur die geschlossenen Formen – schließlich geht es ja um primär monologische Kommunikation!

Anhand verschiedener Kombinationen können Sie nun prototypische Kommunikationssituationen bestimmen.

Vortrag:

Inhalt:	den Zuhörern in der Regel unbekannt; Themenentwicklung frei; abgeschlossen und sachgebunden
Form:	im Ablauf institutionalisiert; ohne Zwang; geschlossen
Funktion:	Informationen aufbereiten und nutzbar machen
Stellenwert:	variabel, meist volle Anbindung an übergeordneten Rahmen

Ansprache/Festrede:

Inhalt:	den Zuhörern teilweise bekannt, teilweise unbekannt; Themenentwicklung frei; abgeschlossen und anlassgebunden

Form:	im Ablauf mehr oder weniger frei; ohne Zwang; geschlossen
Funktion:	unterhalten; eventuell Informationen wiederholen
Stellenwert:	volle Anbindung an übergeordneten Rahmen

Präsentation:

Inhalt:	den Zuhörern in der Regel unbekannt; Themenentwicklung vorgegeben; abgeschlossen und sachgebunden
Form:	im Ablauf meist frei; ohne Zwang; geschlossen (zu offenen Präsentationen s. Kap. 10.2.1)
Funktion:	Informationen aufbereiten und nutzbar machen
Stellenwert:	meist volle Anbindung an übergeordneten Rahmen

Referat:

Inhalt:	den Zuhörern in der Regel bekannt; Themenentwicklung vorgegeben; abgeschlossen und sachgebunden
Form:	im Ablauf institutionalisiert; in der Regel mit Zwang; offen oder geschlossen
Funktion:	Informationen wiederholen und aufbereiten
Stellenwert:	meist volle Anbindung an übergeordneten Rahmen

Diese Mini-Typologie kann Ihnen bei der Vorbereitung spezifischer Kommunikationssituationen dienen; es gibt allerdings einige Tipps, die sich als für alle primär monologischen Situationen gleichermaßen nützlich erwiesen haben.

10.1.2 | Tipps aus der Praxis

Bitte beachten Sie: Diese Tipps ergänzen die Ausführungen im Kapitel 6 und sollten in Verbindung mit den dort gegebenen Informationen umgesetzt werden!

→ Bereiten Sie die Situation gut vor!

Tipp

Das gilt für primär monologische wie für alle anderen Kommunikationssituationen auch. Bitte bedenken Sie, dass zu einer guten Vorbereitung nicht nur die inhaltliche Vorbereitung gehört, sondern vor allem auch die Analyse der Aspekte Kommunikat, Kommunikanten und äußere Umstände/Rahmenbedingungen.

Aber auch inhaltlich gilt: Stellen Sie sicher, dass Sie wissen, wovon Sie reden! Das gibt Ihnen Sicherheit und Gelassenheit.

Tipp

> → Richten Sie besonderes Augenmerk auf den Einstieg und das Ende!

Der erste Eindruck zählt, der letzte Eindruck bleibt! Gerade im universitären Umfeld schließen drei Viertel aller Referate und ein großer Teil der Vorträge mit der Standardfloskel: »Das war's!« Sie müssen nicht einmal besonders kreativ sein, um hier etwas Besseres zu finden. »Vielen Dank für Ihre Aufmerksamkeit. Ich freue mich auf eine anregende Diskussion!« ist zwar nicht aufregend oder gar innovativ, aber um Klassen besser als der Standard. Bitte vergessen Sie nicht: Sie dürfen auch witzig sein! Gerade an den Nahtstellen Anfang und Ende kann ein thematisch passender Witz dazu führen, dass die Aufmerksamkeit Ihrer Zuhörer ganz bei Ihnen liegt bzw. dass Ihre Zuhörer (noch) aktiver werden!

Tipp

> → Stehen Sie während Ihres Vortrages!

Sobald Sie sich setzen, signalisieren Sie Ihren Zuhörern: Ich bin auf Eurem Level. Natürlich wollen Sie sich nicht über Ihre Zuhörer erheben – zumindest nicht im übertragenen Sinne –, aber Ihre Rolle ist doch hervorgehoben. Schließlich haben Sie in der Situation das Wort, und diese Besonderheit Ihrer Rolle signalisieren Sie, indem Sie sich – vermutlich als einziger – hinstellen.

Daneben erzeugen Sie leicht den Eindruck von Statik, wenn Sie sitzen. Sie nehmen sich nämlich zahlreiche Möglichkeiten, aktiv und dynamisch zu agieren: Sie können Ihre Hände nicht mehr frei bewegen, Ihre Körperhaltung ist eingeschränkt usw.

Tipp

> → Verstecken Sie sich nicht hinter einem Rednerpult, einem Overhead-Projektor o. Ä.!

Zwei Gründe für diesen Tipp: Sie haben es erstens nicht nötig, sich zu verstecken. Sie sind gut vorbereitet; egal, was passiert: Sie können damit umgehen. Zweitens leidet Ihre Souveränität darunter. Auch Ihre körperliche Präsenz entscheidet mit darüber, wie Ihr Vortrag, Referat usw. ankommt. Körperliche Präsenz können Sie aber nur demonstrieren, wenn man Sie auch sehen kann – und sobald Sie sich verstecken, sieht man Sie nur noch teilweise. Das ist übrigens auch ein Grund, der dafür spricht, beim Vortragen stets zu stehen.

→ Nutzen Sie den Raum!

Tipp

Üblicherweise haben Sie bei einem Vortrag, Referat usw. Platz, den Sie auch nutzen können. Wenn Sie also mit einem OHP präsentieren, dann stehen Sie rechts oder links des Geräts (je nach Ihrer ›guten‹ Hand), solange Sie etwas am OHP machen müssen. Sobald Sie allerdings längere Passagen vor sich haben, in denen der OHP keine Rolle spielt, wechseln Sie Ihre Position! Damit sorgen Sie für Abwechslung, vor allen Dingen aber wird durch Ihre Position deutlich, was jetzt im Vordergrund steht: nämlich Sie! Der OHP ist nur noch Hilfsmittel, die projizierte Folie nur noch Beiwerk. (Außerdem sind Sie so nicht versucht, ständig auf den OHP zu deuten, daran etwas einzustellen usw.) Im Idealfall wird allein durch Ihre Position signalisiert: Aha, jetzt wird uns etwas Wichtiges mitgeteilt!

→ Achten Sie darauf, dass Sie sich immer den Zuhörern zuwenden!

Tipp

Ein einfaches Rezept, um das zu erreichen: »Egal, wo Sie sich gerade im Raum befinden, Ihre Schuhspitzen zeigen immer in die Mitte des Raumes« (Weigelt 2005, 66). Und zwar immer dann, wenn Sie reden oder zuhören. Einzige Ausnahme: Wenn Sie etwas ans Flipchart o. Ä. schreiben, wenden Sie sich von Ihren Zuhörern ab. Hören Sie dann aber auch auf zu reden, und fangen Sie niemals an zu schreiben, solange einer Ihrer Zuhörer noch etwas sagt! Kurz: Sprechen Sie niemals mit dem Rücken zu den Teilnehmenden! Nehmen Sie sich die Zeit, Dinge erst zu Ende zu schreiben, bevor Sie weiterreden.

→ Kommentieren Sie Ihr eigenes Verhalten höchst sparsam, am besten nie!

Tipp

Warum? Ganz einfach: Ihre Zuhörer sehen ja schon, was Sie tun. Wenn Sie ein Handout austeilen und kommentieren: »Ich teile jetzt das Handout aus!«, kann das schnell lächerlich wirken, vor allem, wenn es ständig geschieht. Dadurch leidet Ihre Souveränität. **Das gilt insbesondere für Fehler!** Wenn Sie während eines Vortrages merken, dass Sie einen wichtigen Punkt vergessen haben, dann sagen Sie nicht: »Ich stelle gerade fest, dass ich Punkt ABC vergessen habe«. Auch dadurch leidet das Bild, das sich Ihre Zuhörer von Ihnen machen. Ihre Zuhörer wissen normalerweise ja gar nicht, dass Sie etwas vergessen haben – warum sollten Sie sie darauf hinweisen? Wesentlich geschickter ist es, etwa Folgendes zu sagen: »Habe ich eigentlich schon erwähnt, dass ABC? Nicht? Aha, dann ist jetzt der richtige Zeitpunkt!«

Übrigens: Ein bisschen Nervosität ist – wie bei Prüfungen – auch bei Vorträgen, Referaten usw. gut, da sie Ihre Konzentrations- und Leistungsfähigkeit erhöht.

Tipp	→ Überraschen Sie Ihre Zuhörer gelegentlich!

Nein, Sie sollen nicht tanzen. Aber gerade bei längeren primär monologischen Kommunikationssituationen kommt es häufig zu einem eher monotonen Verlauf. Sie haben es in der Hand, diese Monotonie zu durchbrechen, ja gar nicht erst entstehen zu lassen. Das beste Mittel dazu: **mediale Brüche!** Wechseln Sie Ihre Medien, damit Ihre Zuhörer immer wieder neue Dinge in den Fokus ihrer Aufmerksamkeit nehmen müssen. Das kann ein Medienwechsel sein – vom Vortrag plus Beamer zum Flipchart –, das kann aber auch ein schlichtes Ausschalten des Mediums sein. (Erinnern Sie sich noch? Präsentationssoftware hat dafür spezielle Tasten!)

Tipp	→ Machen Sie Pausen!

Pausen geben Ihren Zuhörern Gelegenheit, das Gehörte zu verarbeiten, Fragen zu entwickeln, sich neu zu konzentrieren. Wenn Sie Fragen stellen, dann zählen Sie still mindestens bis 60, bevor Sie selbst eine Antwort geben. Ihre Zuhörer brauchen Zeit, sich mit der Frage auseinanderzusetzen, bevor sie Ihnen antworten können. Warten lohnt sich!

Tipp	→ Atmen Sie aus!

Wenn Sie anfangen zu reden und feststellen, dass Sie sich verkrampfen: Atmen Sie bewusst aus! »Ausatmen macht glücklich!« (Werner Voss, ehemaliger Rhetoriktrainer an der Ruhr-Universität Bochum). Wenn Sie ausatmen, entspannen Sie sich dabei; das Zwerchfell wird entlastet, Sie fühlen sich weniger angespannt und verkrampft. Selbstverständlich atmen Sie auch unbewusst aus, ansonsten würden Sie nach einiger Zeit kollabieren. Allerdings neigen wir dazu, uns in Stresssituationen zu verkrampfen; wir beginnen einzuatmen und dabei automatisch den Oberkörper nach hinten zu nehmen. Irgendwann sind wir dann völlig verkrampft; wenn Sie ausatmen, lösen Sie diese Anspannung und werden wieder lockerer!

→ Halten Sie Blickkontakt zur Ihren Zuhörern. Zu allen!   Tipp

Dass Sie Blickkontakt zu Gesprächspartnern halten sollen, hat sich mittlerweile herumgesprochen. Das gilt natürlich auch für das Reden vor größeren Gruppen. Da Sie nicht jeden ständig anschauen können, gehen Sie am besten strategisch vor. Teilen Sie die Menge Ihrer Zuhörer in Teilbereiche (›Quadranten‹), die Sie nacheinander ins Blickfeld nehmen. Innerhalb dieser Quadranten lassen Sie Ihren Blick schweifen, von links nach rechts, von vorn nach hinten – ganz wie es Ihnen passt. Vermeiden Sie auf jeden Fall den typischen Fehler, immer nur eine kleine Zahl an Personen in den Blick zu nehmen – alle hören Ihnen zu, alle haben das Recht auf Blickkontakt mit Ihnen!

10.2 | Dialogische Situationen

Für primär dialogische Kommunikationssituationen gilt auch der Grundsatz gründlicher Vorbereitung. Da die Interaktion zwischen den Kommunikanten hier aber entscheidend ist, steht die Analyse der Kommunikanten und ihrer Konstellation an erster Stelle.   Das Wichtigste in Kürze

10.2.1 | Interaktive Präsentation

Interaktive Präsentationen unterscheiden sich von den primär monologischen Präsentationen dadurch, dass die Zuhörer aktiv eingebunden werden (offene Form). Gerade in solchen interaktiven Situationen kommen sehr oft Hilfsmittel zum Einsatz, neben Folien hauptsächlich Flipchart, Whiteboard und Pinnwand. Im Unterschied zu Moderationen ist derjenige, der präsentiert, jedoch nicht ›Geburtshelfer‹ für Ideen, Wissen und Themen der Teilnehmer, sondern gibt diese vor. Ablauf und Struktur werden vom Präsentierenden vorgegeben und gesteuert, ebenso Inhalte. Die Interaktion mit den Zuhörern geschieht grundsätzlich nach Aufforderung durch den Präsentierenden.

Im Prinzip gelten für solche Präsentationen gleiche Regeln wie für ›normale‹ Präsentationen. Aus praktischen Erfahrungen leiten wir aber vor allem folgenden Tipp ab: **Wenn Sie interaktiv präsentieren wollen, dann präsentieren Sie auch interaktiv!** Das mag sich banal anhören, aber unsere Erfahrung zeigt, dass viele sogenannte interaktive Präsentationen eigentlich nur monologische Präsentationen sind, denen an einer, manchmal an zwei Stellen eine pseudo-interaktive Komponente hinzugefügt wird. So erleben Sie es sicher gelegentlich, dass am Anfang einer solchen ›interaktiven‹ Präsentation eine Erwartungsabfrage steht, der Präsentator aber stramm und stur sein Programm durchzieht. Wenn Sie also ein Thema interaktiv präsentieren möchten, dann treten Sie in echte Interaktion mit Ihren Kommunikationspartnern. Dazu gehört, dass Sie sich mit ihnen über die Inhalte verständigen, diese gemeinsam bearbeiten und mit Informationen unterfüttern und am Ende auch das Ergebnis gemeinsam festhalten. Hier zeigt sich übrigens auch ein wesentlicher Unterschied zwischen der interaktiven Präsentation und der primär monologischen Präsentation: Bei einer interaktiven Präsentation können Sie das Ergebnis nicht genau vorhersagen, sondern nur einen Ergebnisbereich definieren.

Beispiel

Wie also könnte eine interaktive Präsentation aussehen? Sie haben verschiedene Möglichkeiten, einen Ergebnisbereich zu erreichen. Spielen wir das einfach mal an einem fiktiven Beispiel durch, dessen Inhalt Sie beliebig wählen können.

Bitte beachten Sie, dass eine solche interaktive Präsentation von Ihnen fordert, dass Sie inhaltlich topfit sowie gut vorbereitet sind und vor allem flexibel auf die Wünsche der Teilnehmer reagieren können. Kurz: Sie sollten einige Erfahrung mitbringen, um eine solche Präsentation zu probieren. Eine Variation, die weniger herausfordert, finden Sie am Schluss. Vor allem, wenn Sie nicht gern oder nicht gut improvisieren können (das ist kein Manko, sondern typabhängig!), sollten Sie das Vorgehen viel stärker selbst steuern!

Beispiel

Kurze Skizze der Rahmenbedingungen

- interaktive Präsentation von ABC im Rahmen einer Fortbildungsreihe zum Oberthema XYZ
- Dauer: 180 Minuten, 13 Teilnehmer + Präsentator, Teilnehmer kennen sich untereinander vom Sehen
- präsentiert werden Inhalte, die den Teilnehmern teilweise neu sind
- Seminarraum mit Flipchart, Pinnwand, OHP, Beamer und Notebook
- Präsentationskoffer vorhanden

Bevor Sie eine solche oder ähnliche interaktive Präsentation konzipieren und planen, empfehlen wir Ihnen die Auseinandersetzung mit der **Checkliste zur Vorbereitung** (s. o.)!

A: Eröffnungsphase

1. Begrüßung durch Präsentator

Was passiert? Was tun Sie?

Nennung des Themas, der Dauer, der Kommunikationsform – keine Namensnennung; erfolgt im nächsten Schritt – Verweis darauf!

Material: –

Dauer: 5 Minuten

2. Vorstellung

Was passiert? Was tun Sie?

- Flipchart-Blatt aufblättern – durch Präsentator vorbereitet: »Ich heiße ...«, »Ich bin ...«, »Das Thema ABC ist für mich ...«
- Aufgabe für die Teilnehmer: genau einen Satz bilden, der mit diesen Worten beginnt – reihum; die anderen dürfen sich Notizen machen, aber nichts kommentieren – das gilt auch für den Präsentator!
- der erste, der die Sätze vervollständigt, gibt eine Marschrichtung, der die anderen oft folgen – daher stellt sich der Präsentator zuletzt vor!

Material: vorbereitetes Flipchart-Blatt, Notizpapier

Dauer: 15 Minuten

3. Erwartungsabfrage

Was passiert? Was tun Sie?

- »Ich möchte Ihnen gern zwei Fragen stellen. Erstens: Was wissen Sie schon über ABC? Und zweitens: Was möchten Sie gern über ABC erfahren?«
- Karten austeilen
- Anweisung: »Bitte schreiben Sie zur ersten Frage ein Stichwort auf die blaue Karte und zur zweiten Frage ein Stichwort auf die grüne Karte. – Ich habe die beiden Fragen hier noch einmal auf Flipchart-Papier. Bitte warten Sie noch einen Augenblick, bevor Sie schreiben; Sie erhalten noch Permanentmarker! Schreiben Sie bitte so groß und deutlich, dass jeder das später lesen kann!«
- Flipchart umschlagen, Fragen zeigen; Permanentmarker austeilen
- abwarten, bis alle jeweils ein Stichwort notiert haben (ca. 3 Minuten)
- »Bitte geben Sie mir jetzt die grünen Karten zurück« – Karten einsammeln – »Ich werde die Karten jetzt an die Pinnwand anheften.« – ungeordnet abheften; vorher die Karte zeigen und das Stichwort laut vorlesen (beim Anheften nicht reden!). Falls Sie bei der Arbeit mit Karten ein Stichwort nicht lesen können, geben Sie die Karte an einen der Teilnehmer, damit dieser sie entziffert. Klappt das nicht, dann einen weiteren bitten, es zu versuchen, usw.
- Teilnehmer am Schluss nach vorn kommen lassen: »Bitte sortieren Sie die Karten so, dass wir daraus eine Struktur ableiten können!« – Cluster/›Inhaltspäckchen‹ bilden lassen; die Teilnehmer dürfen die Karten gern selbst umhängen – Sie achten darauf, dass maximal fünf solcher Cluster entstehen

- »Bitte entscheiden Sie nun, in welcher Reihenfolge wir das behandeln sollen!« – weiße Karten mit Ziffern an die Cluster heften lassen – »Vielen Dank; das wird die Struktur für die nächsten anderthalb Stunden sein!«
- Am besten ein Foto der Struktur machen!

Material: vorbereitetes Flipchart-Blatt, genügend verschiedenfarbige Karten (blau und grün), Permanentmarker (schwarz), Pinnwand, Nadeln, vorbereitete weiße Karten mit Zahlen von 1 bis 5
Dauer: 20 bis 30 Minuten

B: Kernphase
4. Abarbeitung der Inhaltspäckchen nach der Reihenfolge der Teilnehmer
Was passiert? Was tun Sie?

- Variation in der Präsentation der einzelnen Themen – hier nutzen Sie abwechselnd auch kurze primär monologische Kommunikationsformen:
  - Kurzvortrag (mit anschließender Diskussion einzelner Aspekte – ›Impulsvortrag‹)
  - Kurzreferat bzw. Kurzvortrag mit medialer Unterstützung
  - Gruppenarbeiten mithilfe von Materialien, die Sie mitgebracht haben und verteilen usw.
- Herstellung von Interaktion durch die blauen Karten der Teilnehmer: sobald Sie einen Aspekt präsentieren, der bei einem der Teilnehmer auf dessen blauer Karte auftaucht, soll dieser sich melden; unterbrechen Sie dann und lassen den Teilnehmer den Aspekt aus seiner Sicht schildern; danach wird die blaue Karte zu den grünen Karten des entsprechenden Clusters geheftet
- Bitten Sie am Ende jedes Inhaltspäckchens einen der Teilnehmer, die Karten – grüne und blaue – abzunehmen und bei sich zu behalten.
- **Versuchen Sie, Inhalte zu antizipieren.** Wir empfehlen Ihnen bei einem solchen Vorgehen außerdem, potentielle Inhalte umfassend aufzubereiten und in kleine, unabhängige Einzelmodule zu überführen, die Sie je nach Bedarf ›aus dem Ärmel schütteln‹ können! Dabei bereiten Sie sinnvollerweise mehr Module vor, als zeitlich realistisch sind. (Zum Thema Module gibt Weigelt 2005, 115 ff. viele praxisorientierte Tipps!)
- Und was tun mit Inhalten, auf die Sie nicht vorbereitet sind? **Bleiben Sie gelassen, versuchen Sie die Inhalte so gut wie möglich aufzugreifen, benutzen Sie das Wissen der Teilnehmer.** Geben Sie Fragen an die Teilnehmer zurück, und vor allem: Wenn Sie etwas partout nicht wissen, dann stehen Sie auch dazu! Als Präsentator einen Aspekt eines umfangreichen Themas trotz intensiver Vorbereitung nicht zu kennen, ist ärgerlich, aber lässlich; den Teilnehmern als Präsentator wissentlich Dinge zu erzählen, von denen Sie keine Ahnung haben, ist unprofessionell und potentiell peinlich!

Dauer: 70 bis 80 Minuten – Pausen nicht vergessen!
Material: je nach Kommunikationsform

C: Beendigungsphase
5. Ergebnissicherung

Was passiert? Was tun Sie?

- Teilen Sie die Teilnehmer in drei Gruppen ein, indem Sie anfangen abzuzählen: »Sie sind Gruppe 1, Sie sind Gruppe 2, Sie sind Gruppe 3, Sie sind Gruppe 1 ...« – zählen Sie am Ende zweimal nur Gruppe 1 und Gruppe 2, nicht aber Gruppe 3 (Ergebnis: fünfmal Gruppe 1, fünfmal Gruppe 2, dreimal Gruppe 3)
- Aufgabenverteilung: »Jedes Mitglied der Gruppe 1 hat die Aufgabe, eines der Inhaltspakete noch einmal zusammenzufassen. Bitte tragen Sie Ihre Zusammenfassung in maximal sieben Sätzen vor. Jedes Mitglied der Gruppe 2 hat die Aufgabe, jeweils eine Zusammenfassung am OHP in Stichpunkten auf Folie mitzuschreiben. Die Gruppe 3 kontrolliert die Arbeit der beiden anderen Gruppen«
- Mitglieder der Gruppe 3 haben zunächst etwas Leerlauf; Tipp: zusammensetzen und besprechen lassen, wer schwerpunktmäßig bei welchem Thema kontrolliert
- Einbindung der Karten nicht vergessen – lassen Sie die Mitglieder der Gruppe 1 aufstehen und sich jeweils die zu ihrem Thema passenden Karten holen
- Vorteil dieser Ergebnissicherung: jeder wird noch einmal aktiv; die Folien können Sie einsammeln und hinterher als Kopie verteilen; greifen Sie nur ein, wenn etwas massiv aus dem Ruder läuft
- Wenn das Thema das zulässt: spannen Sie am Ende noch einmal einen größeren Bogen, ordnen Sie ABC in den Rahmen XYZ ein; fassen Sie aber nicht noch einmal zusammen!

Dauer: 45 Minuten = 5 Minuten erklären + 10 Minuten Vorbereitung + 15 (jeweils 3) Minuten Vortrag + 15 (jeweils 3) Minuten besprechen, korrigieren, ergänzen

Material: Notizpapier, bereits beschriftete Karten, OHP-Folien, Folienstifte

6. Feedback

Was passiert? Was tun Sie?

- Falls Sie Bögen ausfüllen lassen (müssen): führen Sie die Seminarbewertung durch
- Blitzlicht – »Bitte ergänzen Sie die beiden folgenden Sätze [Flipchart aufklappen]. Fassen Sie sich kurz, kommentieren Sie Aussagen der anderen nicht!«; Sätze auf dem Flipchart-Blatt: »Ich fühle mich jetzt ... Ich nehme heute mit ...«
- Der Präsentator ergänzt wieder zuletzt – hier müssen Sie das letzte Wort haben dürfen!
- Notizen machen!

Dauer: 10 Minuten

Material: vorbereitetes Flipchart-Blatt, ggf. Evaluationsbögen

7. Verabschiedung
Was passiert? Was tun Sie?
- Dank für die Mitarbeit
- Förmliche Verabschiedung
Dauer: 5 Minuten
Material: –

Alternatives Vorgehen: Wie bereits erwähnt, erfordert dieses Vorgehen, diese Art der interaktiven Präsentation auf Seiten des Präsentators einige persönliche und methodische Kompetenzen. Falls Sie sich dies nicht zutrauen, aber einmal eine interaktive Präsentation in ähnlicher Weise probieren möchten, dann **variieren Sie den Verlauf und die Methodik.** Zum Beispiel könnten Sie in der Eröffnungsphase die Kartenabfrage zum Thema »Was möchten Sie gern über ABC erfahren?« weglassen, die andere Kartenabfrage allerdings beibehalten. Interaktivität würde hierbei dadurch ebenfalls erzeugt, dass die Teilnehmer im Rahmen Ihrer Präsentation eigenes Wissen einbringen können, wenn es gerade passt: Wird von Ihnen ein Thema angesprochen, zu dem einer der Teilnehmer ein Stichwort auf seine Karte geschrieben hat, dann kann er sich melden und sein Wissen mitteilen.

Auch bei einem solchen Vorgehen empfehlen wir Ihnen übrigens, Ihre Inhalte modular aufzubauen. Das bietet den Vorteil, dass Sie die einzelnen Module auf unterschiedliche Weise präsentieren können – so bringen Sie Abwechslung in Ihre Präsentation und sorgen für mediale Wechsel.

10.2.2 | Besprechung, Konferenz, Meeting

Zunächst müssen wir zwei grundlegende Typen unterscheiden:
Erster Typus: Es gibt Besprechungen, Konferenzen, Meetings, an denen Sie routinemäßig teilnehmen, bei denen Sie keine gravierenden inhaltlichen oder formalen Differenzen erwarten. Nehmen Sie als Beispiel eine regelmäßig stattfindende Abteilungsbesprechung, auf der Informationen zielgerichtet und effizient verteilt werden können, bei der aber in der Regel Kontroversen nicht ausgetragen werden.

Zweiter Typus: Daneben gibt es aber noch einen Typus von Besprechung, Meeting, Konferenz, der gerade für kontroverse Diskussionen genutzt wird, der inhaltlich brisante Themen birgt, bei dem es zur Sache geht. Gerade für diesen zweiten Typus gilt das bereits Gesagte: Bereiten Sie die Kommunikationssituation gewissenhaft vor! Verstehen Sie uns nicht falsch: Selbstverständlich sollten Sie auch den ersten Typus vorbereiten, Inhalte anhand der Tagesordnung oder des Ablaufplanes vordenken und mögliche Diskussionen antizipieren.

Insbesondere aber für Situationen des zweiten Typs gilt: Analysieren Sie die Kommunikationsteilnehmer! Wer wird Sie unterstützen, wer wird gegen Sie sein? Ohne auf den sehr umfangreichen Komplex der Verhandlungsführung (vgl. dazu z. B. Goossens 1981, Heeper/Schmidt 2003 oder Ruede-Wissmann 2006) hier näher eingehen zu können, möchten wir dennoch erläutern, inwiefern Sie Ihre Vorbereitung modifizieren sollten, um in solchen Situationen erfolgreich zu kommunizieren, zu verhandeln. Im ersten Schritt sollten Sie dazu eine sorgfältige **Analyse der eigenen Position** durchführen – nur wenn Sie Ihre Ziele, Ihre Inhalte, Ihren Standpunkt kennen, können Sie die Ziele, Inhalte und Standpunkte der anderen Kommunikationsteilnehmer ansatzweise antizipieren.

Nützlich dabei sind Fragen wie die folgenden:

- Was sind mein Hauptziel und meine Teilziele? Prioritäten?
- In welchen Punkten kann ich welche Zugeständnisse machen?
- Was ist mein Minimalziel?
- Welche Argumente habe ich?
- Welche Informationen benötige ich?

Sobald Sie sich über diese Punkte Klarheit verschafft haben, stellen Sie sich folgende **Fragen zu Ihrem Kommunikationspartner** (bzw. Ihren Kommunikationspartnern):

- Welche Informationen habe ich über meinen Kommunikationspartner (Unternehmensinformationen, Status/Position, Kenntnisstand, Ruf, persönliche Interessen, frühere Gespräche, bisherige Zusammenarbeit etc.)?
- Wie schätze ich die Ziele meines Kommunikationspartners ein?
- Welche Zugeständnisse wird mein Kommunikationspartner fordern?
- Wo liegen Gemeinsamkeiten, wo liegen Unterschiede?
- Mit welchen Einwänden muss ich rechnen, und wie antworte ich darauf?

Wenn Sie kontroverse dialogische Kommunikationssituationen planen und vorbereiten, dann raten wir Ihnen, stets auf einen Konsens hinzuarbeiten! Ein Kompromiss ist immer nur die zweitbeste Lösung!

Kompromiss oder Konsens? Ein hervorragendes Beispiel, um den Unterschied zu illustrieren, beschreiben Dürrschmidt u. a. (2005, 359 ff.) in ihrer Übung »Zitronen auf Kauai«. Kurz gesagt geht es darin um Vertreter zweier konkurrierender Firmen, die aus unterschiedlichen Gründen jeweils darauf angewiesen sind, die gesamte Ernte der sehr seltenen, exotischen Kauai-Zitrone aufzukaufen. Erschwerend kommt hinzu, dass derjenige, der über die gesamte Ernte verfügt, diese ebenfalls benötigt, und zwar für illegale Geschäfte. Die beiden Firmenvertreter, die ja im Wettbewerb miteinander stehen, treffen sich bei der Anreise im Flugzeug zufällig. Für das Szenario gibt es unterschiedliche

Beispiel

Lösungen: Beide Vertreter können versuchen, einander auszustechen, indem sie jeweils mehr bieten als der Wettbewerber (Win-Lose- bzw. Lose-Win-Situation); sie können den Besitzer durch ihren Zwist verärgern und gar nichts erhalten (Lose-Lose-Situation). Sie können allerdings auch kommunizieren und einen **Kompromiss** schließen: Gemeinsames Auftreten und Teilung der aufgekauften Menge. Kommunizieren beide Vertreter allerdings intensiver miteinander, werden sie feststellen, dass der eine den Saft der Kauai-Zitrone benötigt, der andere die Schale. Ein gemeinsames Auftreten würde damit letztlich zu einem **Konsens** führen – beide haben ihre Maximalziele erreicht.

Dahinter steckt übrigens das Harvard-Konzept zur Verhandlungsführung, das Fisher/Ury/Patton (2004) ausführlich erläutern.

Tipp

→ Vergessen Sie bei der Analyse der Kommunikanten auf keinen Fall, sich auch um Kommunikationsgegenstand und äußere Umstände/Rahmenbedingungen zu kümmern!

10.2.3 | Prüfungsgespräch an der Hochschule

Prüfungsgespräche sollten den krönenden Abschluss eines Studiums bilden; sie tragen oft erheblich zum messbaren Studienerfolg (vulgo: Note) bei. Dennoch befassen sich viele Studierende erst mit diesem Thema, wenn es schon fast zu spät ist. Das muss nicht sein; abgesehen davon, dass an vielen Hochschulen Hospitationen bei Prüfungen prinzipiell möglich sind, erfahren Sie viel Wissenswertes, wenn Sie sich bei Ihren Kommilitonen umhören. Zwar gilt es dort, Wahrheit und Dichtung (besser: Tatsache und Gerücht) auseinanderzuhalten; brauchbare Informationen erhalten Sie dennoch immer.

Ende der 1990er Jahre haben gerade in Nordrhein-Westfalen viele Hochschulen Programme eingerichtet, die Studierenden bei der Vorbereitung des Examens helfen sollten. Exemplarisch sei hier das sogenannte Mentorenprogramm der Ruhr-Universität Bochum genannt. Im Rahmen der Informationen, die diese Programme zur Verfügung gestellt haben, wurden regelmäßig auch Informationen zu den Prüfungsberechtigten angeboten; diese waren sehr wertvoll für die Vorbereitung von Prüfungen! Hier sind wir nämlich wieder bei einem Punkt, den Sie schon gut kennen, der aber gerade für Prüfungsgespräche gar nicht überschätzt werden kann: Vorbereitung!

Vorbereitung von Prüfungen: Klassischerweise fallen Studierenden beim Thema ›Vorbereitung von Prüfungsgesprächen‹ natürlich sofort die inhaltlichen Vorbereitungen ein. Ohne diese geht es nicht, wer sich inhaltlich nicht vorbereitet, ist entweder ein Genie, faul oder wahnsinnig. (Nach unseren Erfahrungen sind die Genies recht selten.) Daneben steht aber eine Säule der Vorbereitung, die gern unterschätzt wird: die Vorbereitung auf die Kommunikationssituation selbst!

Was ist besonders an der Kommunikationssituation ›Prüfungsgespräch‹? Nun, auf den ersten Blick zunächst nur, dass dort ein extrem **asymmetrisches Verhältnis zwischen den Kommunikationspartnern** herrscht: Einer prüft, der andere wird geprüft; einer entscheidet, über den anderen wird entschieden. Da solche Prüfungen (vielmehr: deren Ergebnis) den Lebensweg des Prüflings oft massiv und nachhaltig beeinflussen, ist der Druck für diesen enorm. Druck besteht aber auch auf Seiten des Prüfers: Normalerweise sitzen ja nicht nur Prüfling und Prüfer beieinander, üblicherweise ist auch mindestens noch eine dritte Person anwesend (Protokollant, Beisitzer, Vorsitzender o. Ä.). Dadurch gerät auch der Prüfer unter Druck: Eine schlechte Prüfung kann u. U. auch negative Konsequenzen für das Image des Prüfers haben – ein Punkt, der oft vergessen wird. Wir wollen diesen Punkt nicht überbewerten; gleichwohl spielt er bei der Konstellation der Kommunikanten eine Rolle.

Kommunikationssituation Prüfungsgespräch

Daneben stellt sich ganz grundsätzlich die **Frage nach Inhalten und Anforderungen**. Bei Prüfungen können Sie Inhalte im Regelfall antizipieren, seltener genau planen. Unabhängig von den Inhalten selbst müssen Sie im Vorfeld vor allem eine Frage klären: Was wird von Ihnen gefordert?

Grundsätzlich können Prüfungen Folgendes fordern:

1. die reine **Reproduktion** gelernten Wissens
2. die **Reorganisation** und den **Transfer** von Wissen
3. die **Reflexion** und **Problemlösung**

Abschlussprüfungen an der Hochschule werden im Regelfall die Bereiche 2 und 3 umfassen; die Reproduktionskomponente spielt – je nach Studienfach – eine unterschiedliche Rolle. **Machen Sie sich klar, worauf es bei der Prüfung ankommt, die Sie ablegen werden; bereiten Sie Inhalte entsprechend vor!** Wenn Ihnen klar ist, dass es vor allem auf die Reflexion und Problemlösung ankommt, dann nutzt es wenig, einfach alle Inhalte auswendig zu lernen. Unsere Erfahrung zeigt, dass eine Visualisierung von Inhalten (zum Beispiel mithilfe von Mind Maps, s. Kap. 7.4.3) für die Vorbereitung besser geeignet ist als das reine Lesen von Texten. (Das hängt allerdings stark mit Ihrem Lerntyp zusammen; wenn Sie dieser Bereich interessiert, dann bieten Arnold (2000) einen einfachen und Noer (1998) einen weiterführenden Einstieg ins Thema.)

Die **Rahmenbedingungen und äußeren Umstände** sollten Sie ebenfalls so gut wie möglich kennen, wenn Sie in eine Prüfung gehen: Wo wird die Prüfung stattfinden? Gibt es eine Sitzordnung? Ist der Prüfungsraum hell oder dunkel? usw.

→ Reden Sie! Fragen Sie! Steuern Sie!

Reden Sie: Prüfer können nur das beurteilen, was Sie sagen. Wenn Sie also mehr schweigen als reden, dann wirkt sich das nicht positiv auf das Prüfungsergebnis aus, im schlimmsten Fall negativ. In der Prüfung stehen Sie im Mittelpunkt; Ihre Redeanteile sollten am größten sein. Daraus leitet sich unserer Meinung nach auch Ihr Recht ab, den Prüfer gegebenenfalls – mit der gebotenen Höflichkeit und Vorsicht! – zu unterbrechen, wenn dieser zu einem längeren Monolog ansetzt. (Daran zeigt sich übrigens oft die manchmal unglücklich Konstellation in Prüfungen: Der Prüfer redet manchmal gar nicht mit Ihnen, sondern für die anwesenden Kollegen!) Sie sollten so oft wie möglich das Rederecht übernehmen – denken Sie daran, dass nur bewertet werden kann, was Sie auch sagen!

Was Sie allerdings nicht tun sollten, ist einfach nur dahinzuplappern! Wenn Ihnen etwa eine Frage gestellt wird, die Sie nicht beantworten können, dann sagen Sie das. Es ist besser, diesen Themenkomplex zu überspringen, als einfach irgendetwas dazu zu sagen – wenn Sie nur spekulative, vage Äußerungen zu einem Thema machen, von dem Sie keine Ahnung haben, dann wird das Ihr Prüfer schnell merken. Wenn Sie hingegen Ihr Unwissen eingestehen und dann eine neue Frage gestellt bekommen, können Sie wieder Ihr Wissen anbringen und punkten.

Fragen Sie: Wenn Ihnen eine Frage, Aussage oder These des Prüfers nicht einleuchtet oder Sie sie nicht verstanden haben: Fragen Sie nach! Und zwar so lange, bis Sie wirklich verstanden haben, was Ihr Prüfer von Ihnen will. Es ist gerade bei Fragen, die in längere monologische Einheiten des Prüfers eingebettet sind (s. o.), oft genug der Fall, dass die eigentliche Frage nur sehr schlecht auszumachen ist. Nutzen Sie die Technik des Spiegelns: »Habe ich Sie richtig verstanden, dass ich Ihnen jetzt erklären soll, wie ...?«, »Sie möchten also, dass ich nun ....«

Gute Fragen demonstrieren mehr Verständnis und Sachkompetenz als schlechte, weil nicht zur Frage passende Antworten!

Steuern Sie: In mündlichen Prüfungen haben Sie eine einmalige Gelegenheit: Sie können den Gesprächsverlauf beeinflussen! Sicherlich wird sich Ihr Prüfer nicht dazu bewegen lassen, im Rahmen einer Lateinprüfung plötzlich über die Weltwirtschaft zu reden (es sei denn, Sie sollen so Ihre Kenntnisse des modernen Lateins demonstrieren ...); innerhalb eines Themas können Sie aber Aspekte in den Vordergrund treten lassen, andere geschickt übergehen usw.: »Ja, genau, zum Thema ABC sehe ich das auch so. Bei DEF allerdings meine ich, dass ...«

Übrigens: Prüfungsgespräche zu führen ist eine Kompetenz, die auch Prüfer oft nur ›on the job‹ lernen können. Aus dem Bereich der Gesprächslinguistik gibt es fundierte Analysen, die Ihnen vielleicht einen Eindruck vermitteln können, wie Prüfer sich verhalten und worauf sie achten (vgl. insbesondere Meer 1998).

→ Am Schluss noch eine Empfehlung für die Vorbereitung: **Proben bzw. simulieren Sie Prüfungen!** Das kann im Rahmen von Seminaren sein, bei denen Sie Probeprüfungen ablegen können; das kann aber auch in wirklichen Simulationen geschehen, die Bestandteil verschiedener Repetitorien oder Examenskolloquien sind. Wann immer Sie Gelegenheit dazu haben: Nutzen Sie sie!

Tipp

11. Literatur

11.1 | Grundlegende Literatur

Allhoff, Dieter W./Waltraud Allhoff: Rhetorik & Kommunikation. Ein Lehr- und Übungsbuch. 14., vollst. neu bearb. u. erw. Aufl. München 2006.

Bonfadelli, Heinz: Medienwirkungsforschung. Bd. I: Grundlagen und theoretische Perspektiven [1999]. Konstanz ²2001.

Buzan, Tony/Barry Buzan: Das Mind-Map-Buch. Die beste Methode zur Steigerung Ihres geistigen Potentials. 5., aktual. Aufl. München 2002.

Felser, Georg: Werbe- und Konsumentenpsychologie. Eine Einführung. Stuttgart u. a. 1997.

Heeper, Astrid/Michael Schmidt: Verhandlungstechniken. Vorbereitung, Strategie und erfolgreicher Abschluss. Berlin 2003.

Heßelmann, Peter: Rhetorische Grundbegriffe. In: Brackert, Helmut/Stückrath, Jörn (Hg.): Literaturwissenschaft. Ein Grundkurs. Erweiterte Ausg. Reinbek bei Hamburg 1995, 118–129.

Hoffmann, Klaus-Dieter: Moderieren und Präsentieren. Wirksame Kommunikation und gezielter Medieneinsatz. Berlin 2002.

Karbach, Rolf: Einführung in die Rhetorik. Werkzeugkasten zur Aneignung einer Schlüsselqualifikation. Altenberge 2005.

Kopperschmidt, Josef: Argumentationstheorie zur Einführung. Hamburg 2000.

Langer, Inghard/Friedemann Schulz von Thun/Reinhard Tausch: Sich verständlich ausdrücken. München ⁸2006.

Lausberg, Heinrich: Elemente der literarischen Rhetorik. Ismaning ¹⁰1990.

Pabst-Weinschenk, Marita (Hg.): Grundlagen der Sprechwissenschaft und Sprecherziehung. München 2004.

Pabst-Weinschenk, Marita: Reden im Studium. Ein Trainingsprogramm. Frankfurt a. M. 1995.

Pawlowski, Klaus/Helmut Lüngershausen/Fritz Stöcker: Jetzt rede ich! Ein Spiel- und Trainingsbuch zur praktischen Rhetorik. Hannover 1995.

Roelcke, Thorsten: Kommunikative Effizienz. Eine Modellskizze. Heidelberg 2002.

Schneider, Jost: Einführung in die moderne Literaturwissenschaft. 4., aktual. Aufl. Bielefeld 2002.

Schröder, Monika/Seidel, Jürgen: Rhetorik oder die Kunst, gut zu reden. Schwerin 2005.

Soudry, Rouven (Hg.): Rhetorik. Eine interdisziplinäre Einführung in die rhetorische Praxis. 2., neu bearb. u. erw. Aufl. Heidelberg 2005.

Sowinski, Bernhard: Stilistik. Stiltheorien und Stilanalysen. 2., überarb. u. aktualis. Aufl. Stuttgart 1999.

Ueding, Gert (Hg.): Rhetorik. Begriff – Geschichte – Internationalität. Tübingen 2005.

Ueding, Gert/Steinbrink, Bernd: Grundriß der Rhetorik. Geschichte – Technik – Methode. Stuttgart/Weimar ⁴2005.

Wagner, Roland W.: Grundlagen mündlicher Kommunikation. Sprechpädagogische Informationsbausteine für alle, die viel und gut reden müssen. 8., erw. Aufl. Regensburg 1999.

Weidemann, Bernd: 100 Tipps & Tricks für Pinnwand und Flipchart. Weinheim/Basel ³2003.

Weigelt, Lutz: Gegen Reizhusten. Überlebensrezepte für Trainer. Bonn 2005.

11.2 | Zitierte bzw. weiterführende Literatur

Arnold, Ellen: Jetzt versteh' ich das! Bessere Lernerfolge durch Förderung der verschiedenen Lerntypen. Mülheim an der Ruhr 2000.

Austin, John L.: Zur Theorie der Sprechakte. Stuttgart 1972 (engl. How To Do Things With Words. Oxford 1962).

Bernhard, Barbara Maria: Sprechen im Beruf. Der wirksame Einsatz der Stimme. Wien 2003.

Bernhard, Barbara Maria: Sprechtraining. Professionell sprechen – auf der Bühne und am Mikrofon. Wien 2002.

Boettcher, Wolfgang/Dorothee Meer (Hg.): »Ich hab nur ne ganz kurze Frage« – Umgang mit knappen Ressourcen. Sprechstundengespräche an der Hochschule. Neuwied 2000.

Bourdieu, Pierre: Homo academicus [1984]. Übers. v. Bernd Schwibs. Frankfurt a. M. 1992.

Bourdieu, Pierre: Meditationen. Zur Kritik der scholastischen Vernunft. Übers. v. Achim Russer unter Mitw. v. Hélène Albagnac u. Bernd Schwibs. Frankfurt a. M. 2001 (frz. 1997).

Brandis, Hans-Joachim von/Winfried Schönberger: Anatomie und Physiologie für Krankenschwestern und andere Medizinalfachberufe. 6., völlig neu bearb. u. erw. Aufl. Stuttgart 1985.

Brinker, Klaus/Sven F. Sager: Linguistische Gesprächsanalyse. Eine Einführung. 4., durchges. u. erg. Aufl. Berlin 2006

Brinkmann, Hennig: Die deutsche Sprache. Gestalt und Leistung. 2., neubearb. u. erw. Aufl. Düsseldorf 1971.

Brügge, Walburga/Katharina Mohs: Therapie funktioneller Stimmstörungen. Übungssammlung zu Körper, Atem, Stimme. München 2005.

Coblenzer, Horst/Franz Muhar: Atem und Stimme. Anleitung zum guten Sprechen. Wien ¹³1994.

Coblenzer, Horst: Erfolgreich sprechen. Wien ²1990.

Duden-Aussprachewörterbuch. Wörterbuch der deutschen Standardaussprache. 4., neu bearb. u. aktual. Aufl. Mannheim 2000.

Dürrschmidt, Peter/Joachim Koblitz/Marco Mencke/Andrea Rolofs/Konrad Rump/Susanne Schramm/Jochen Strasmann (Hg.): Methodensammlung für Trainerinnen und Trainer. Bonn 2005.

Dürscheid, Christa: Medien, Kommunikationsformen, kommunikative Gattungen. In: Linguistik online 22, 1/2005 [http://www.linguistik-online.de/].

Eckert, Hartwig/John Laver: Menschen und ihre Stimmen. Aspekte der vokalen Kommunikation. Weinheim 1994.

Edmüller, Andreas/Thomas Wilhelm: Moderation. 3., aktual. Aufl. Planegg 2005.

Fisher, Roger/William Ury/Bruce M. Patton: Das Harvard-Konzept. Sachgerecht verhandeln, erfolgreich verhandeln. 22., durchges. Aufl. Frankfurt a.M. 2004.

Fiukowski, Heinz: Sprecherzieherisches Elementarbuch. 7., neu bearbeitete Aufl. Tübingen 2004.

Folie, Pinnwand, Chart & Punkt. Wege zu gelungener Präsentation und Moderation. Ein Trainingsbuch. Bonn 2005.

Foucault, Michel: Die Ordnung des Diskurses. München 1974 (frz. 1971).

Geißner, Hellmut K.: Rhetorik. München ²1974.

Geißner, Hellmut K.: Sprechwissenschaft. Theorie der mündlichen Kommunikation. Königstein 1981.

Goossens, Franz: Konferenz- und Verhandlungstechniken. Erw. u. aktualis. Neuausgabe. München 1981.

Gundermann, Horst: Heiserkeit und Stimmschwäche. Ein Leitfaden zur Selbsthilfe, wenn die Stimme versagt. 4., durchges. Aufl. Stuttgart 1995.

Habermas, Jürgen: Theorie des kommunikativen Handelns. Frankfurt a.M. 1981.

Hartmann, Martin/Rainer Röpnack/Hans-Werner Baumann: Immer diese Meetings! Besprechungen, Arbeitstreffen, Telefon- und Videokonferenzen souverän leiten. Weinheim/Basel 2002.

Klebert, Karin/Einhard Schrader/Walter G. Straub: ModerationsMethode. Das Standardwerk. Hamburg ³2006.

Königswieser, Roswita/Marion Keil (Hg.): Das Feuer großer Gruppen. Konzepte, Designs, Praxisbeispiele für Großveranstaltungen. Stuttgart 2000.

Kopperschmidt, Josef (Hg.): Wirkungsgeschichte der Rhetorik. Darmstadt 1991.

Kuhn, Thomas: Die Struktur wissenschaftlicher Revolutionen [1962]. Frankfurt a.M. 1967.

Linklater, Kristin: Die persönliche Stimme entwickeln. Ein ganzheitliches Übungsprogramm zur Befreiung der Stimme. Aus dem Englischen von Thea M. Mertz. 2., veränd. Aufl. mit Audio-CD. München 2001.

Lodes, Hiltrud: Atme richtig. Der Schlüssel zu Gesundheit und Ausgeglichenheit. München 1997.

Meer, Dorothee: Der Prüfer ist nicht der König. Mündliche Abschlußprüfungen in der Hochschule. Tübingen 1998.

Meggle, Georg: Theorien der Kommunikation. Eine Einführung. In: Lueken, Geert-Lueke (Hg.): Kommunikationsversuche: Theorien der Kommunikation. Leipzig 1997, 14–40.

Mehrabian, Albert: Silent Messages. Belmont, Kalifornien ²1981.
[ergänzend dazu: http://www.kaaj.com/psych/smorder.html; letzte Sichtung 7.5.2007]

Meibauer, Jörg et al.: Einführung in die germanistische Linguistik. 2., aktual. Aufl. Stuttgart 2007.

Menninghaus, Winfried: Das Versprechen der Schönheit. Frankfurt a. M. 2003.

Noer, David M.: Die vier Lerntypen. Reaktionen auf Veränderungen im Unternehmen. Stuttgart 1998.

Noodt, Heidi: Atmung – Stimme – Bewegung. Grundelemente der Lehre von Clara Schlaffhorst und Hedwig Andersen. Norderstedt 2006.

Pabst-Weinschenk, Marita: Die Sprechwerkstatt. Sprech- und Stimmbildung in der Schule. Braunschweig 2000.

Pasierbsky, Fritz/Sara Rezat: Überreden oder überzeugen? Sprachlichen Strategien auf die Schliche kommen. Tübingen 2006.

Rossié, Michael: Sprechertraining: Texte präsentieren in Radio, Fernsehen und vor Publikum. 2., überarb. Aufl. München 2000.

Ruede-Wissmann, Wolf: Satanische Verhandlungskunst und wie man sich dagegen wehrt. Erftstadt ²2006.

Schmid-Tatzreiter, Edith/Reinhard Schmid: Hallo, Stimme! Das bonavox-Trainingsbuch. Wien ²2004.

Schulz von Thun, Friedemann: Miteinander reden: Störungen und Klärungen. Reinbek bei Hamburg 1981.

Schwarz, Monika: Einführung in die kognitive Linguistik. 2., überarb. u. aktual. Aufl. Tübingen/Basel 1996.

Searle, John R.: Sprechakte. Ein sprachphilosophischer Essay. Frankfurt a. M. 1971 (engl. Speech Acts. An Essay In The Philosophy Of Language. Cambridge 1969).

Stengel, Ingeburg/Theo Strauch: Stimme und Person. Personale Stimmentwicklung, personale Stimmtherapie. Stuttgart 1997.

Thiele, Albert: Die Kunst zu überzeugen. Faire und unfaire Dialektik. 7., überarb. u. erw. Aufl. Berlin u. a. 2003.

Ueding, Gert (Hg.): Historisches Wörterbuch der Rhetorik. Tübingen 1992 ff.

Ueding, Gert: Moderne Rhetorik. Von der Aufklärung bis zur Gegenwart. München 2000.

Weber, Max: Wissenschaft als Beruf [1917]. München/Leipzig 1919.

Weichold, Bettina Irene: Bewegungsfluss. Atmung und Bewegung in Balance. Ein Praxisbuch. Dortmund 2001.

Wittgenstein, Ludwig: Logisch-philosophische Abhandlung. Tractatus logico-philosophicus [1918/1922]. Frankfurt a. M. 2003.

In zwei Fällen ist es uns nicht gelungen, die Quellen der abgedruckten Bilder ausfindig zu machen. Hier ist der Verlag bereit, nach Meldung berechtigte Ansprüche abzugelten.

Printed in the United States
By Bookmasters